中共江西省委党校（江西行政学院）科研资政工程文库

兴赣策论（十）

XINGGAN CELUN (SHI)

下册

主　　编／曾志刚

执行主编／高莉娟

副 主 编／许　立　郭金丰

杨和明　高佳俊

目　录

红色基因传承

双“一号工程”

经济高质量发展

红色基因传承

数字赋能江西红色基因传承的优化路径研究

曾志刚　万华颖*

【摘要】以数字赋能红色基因传承是江西打造全国红色基因传承示范区的重要支撑，既能够满足数字转型与红色基因传承的双重需求，又能够为红色资源的可持续发展、红色教育的常态长效、红色旅游的融合创新、红色文化的创造性转化提供动力引擎。江西在推进数字赋能红色基因传承的过程中，取得了系列成效、积累了宝贵经验，但在协同发展、创新发展、融合发展、开放发展等方面仍有不足。为解决当前发展困境，需要立足“江西圣地”、激活“江西元素”，充分发挥数字技术的赋能效应，积极完善政策体系、夯实硬件优化软件、开发数字创意产品、着力营造浓厚红色氛围，不断提升红色基因传承实效，为全面建设社会主义现代化江西注入源源不断的精神动力，更好地满足新时代人民群众美好生活需要。

【关键词】数字赋能；红色基因传承；智慧化；网络化；创新性发展

江西最大的财富、最亮的品牌就是红色。近年来，江西省委、省政府始终高度重视做好红色基因传承工作，全面贯彻落实习近平总书记视察江西时的重要讲话精神，充分发挥红色资源优势，赓续红色血脉，擦亮红色品牌，大力弘扬党的光荣传统和优良作风，红色资源焕发活力、红色教育提质增效、红色

* 曾志刚　省委党校常务副校长、教授
万华颖　省委党校马克思主义研究院副研究员

旅游持续繁荣、红色文化广为弘扬，在推进红色基因传承深入拓展方面取得了突破性进展，积累了许多行之有效的好经验好做法。党的二十大报告指出，要“传承红色基因，赓续红色血脉”[①]，为我们进一步做好红色基因传承工作提供了纲领性文件。尹弘书记在赣州调研时强调，“我们要从党的光辉历史中不断汲取养分，饮水思源、不忘初心，努力在新征程上挖更多的‘红井’、办更多的实事，为老区人民创造更加美好的生活”，对江西今后做好传承发展红色基因工作提出了具体要求。结合江西实践，数字技术在红色资源的可持续发展、红色教育的常态长效、红色旅游的融合创新、红色文化的创造性转化中发挥了重要作用。顺应数字产业化和产业数字化的发展趋势，江西要找准定位、创新探索，多措并举推进红色基因传承与数字化建设的有机结合，充分激活数字技术的强大动能，助推江西打造全国红色基因传承示范区，奋力谱写全面建设社会主义现代化江西的新篇章。

一、深刻认识数字赋能红色基因传承的时代价值

数字赋能红色基因传承，就是要充分运用大数据、人工智能、云计算、区块链等新一代信息技术，发挥其效率高、精准性强、辐射广等优势，作用于红色基因传承各环节各方面。随着数字文化经济蓬勃兴起，更要以数字赋能为引擎，让红色资源活起来、让红色教育潮起来、让红色旅游热起来、让红色文化火起来，不断推进红色基因的创造性转化与创新性发展，积极把红色基因优势转化成发展优势，持续推动经济社会高质量跨越式发展。

（一）数字加工有利于加强科学保护，让红色资源活起来

红色资源，是传承红色基因的重要载体，也是学党史、悟思想的鲜活教材。习近平总书记强调，“红色资源是不可再生、不可替代的珍贵资源，保护是首要任务”[②]。随着时代的发展和环境的变化，传统保护方式逐渐呈现出无法

① 习近平．高举中国特色社会主义伟大旗帜 为全面建设社会主义现代化国家而团结奋斗——在中国共产党第二十次全国代表大会上的报告［M］．北京：人民出版社，2022：65.

② 习近平．用好红色资源 赓续红色血脉 努力创造无愧于历史和人民的新业绩［J］．求是，2021（19）.

长期保存红色史料、无法再现红色遗址等缺点。在数字技术研发日趋成熟的背景下，立足红色资源构建数字化空间，已然成为让红色资源可再现、可再生、可共享的有效路径。一方面，红色资源数字化有利于为红色资源的保护研究奠定扎实的数据基础。通过广泛应用3D影像、VR、AR、MR、多点触控等手段，分门别类地将红色资源完整、真实、准确地转为数字化模式，进行立体化储存；或是通过对部分破损或即将消失的红色资源进行数字化修复，更直观、更立体、更生动地再现红色资源原貌，有效提升红色资源防灾抗灾能力，实现红色资源的永久保存和永续利用。另一方面，红色资源数字化有利于红色资源数据信息的共建共享、互联互通。通过各地对红色资源信息的录入采集和梳理整合，运用数据处理技术将分散的红色资源系统化、集约化，形成丰富的红色资源大数据库，建立多主题、多层次的数字化红色“云平台”，集中展示、全面盘活红色资源以发挥资源聚合共享最大效应，实现对红色资源的整体性保护和协调性保护。

（二）数字技术有利于提升学习实效，让红色教育潮起来

红色教育，是通过运用红色资源组织开展增强理想信念的思想教育活动[①]。当前，红色教育大多采用专题讲座、实地参观等方式，教育对象不够广、教育方式不够新。充分运用数字手段丰富教育方式和载体，有利于让红色教育的打开方式更生动、更有趣，增强红色教育的互动性、体验性，实现红色教育的变革。一方面，数字技术能够打破学习的时空限制，利用虚拟仿真技术让历史事件场景重现。依托网络云平台在线瞻仰革命圣地，不仅能让学习者自由安排时间、降低学习成本，提高有限资源的普惠化水平，而且能让学习者足不出户就与历史人物、历史事件进行隔空对话，接受红色精神洗礼，达到铭记奋斗历史、坚定理想信念、厚植家国情怀的效果。正如井冈山革命博物馆副馆长所说，“云展厅给红色文化插上了数字的翅膀，不仅让红色历史活起来，也让红

① 陈艳红，陈晶晶.数字人文视域下档案馆红色档案资源开发的时代价值与路径选择［J］.档案学研究，2022（3）.

色文物活起来，突破时间和空间限制，受到年轻人追捧”。另一方面，通过整合线上线下红色资源，借助数字人文的理念和技术打造全方位、沉浸式、立体式课堂。学习者在体验中感受红色基因的独特魅力、在参与中感知红色基因的精神内核，让红色教育变得更加“触手可及”和“身临其境”，能够增强受教育者赓续红色血脉、传承红色基因的使命感和责任感。

（三）数字元素有利于推进转型升级，让红色旅游热起来

红色旅游，是革命传统教育观念和旅游产业与时俱进的结果，是红色革命精神和现代旅游经济相结合的产物[①]。近年来，以人工智能、元宇宙为代表的数字技术不断深入红色文旅产业，催生出了许多新业态、新产品。红色景区已经成为人们出游的重要选择，红色旅游也成为拉动经济增长的重要动力。据中国旅游研究院发布的《中国红色旅游消费大数据报告（2021）》显示，从2004年到2019年，每年参加红色旅游的人次从1.4亿增长到14.1亿，到2023年中国红色旅游市场规模有望接近万亿元[②]。取得这些成绩的重要原因，就在于将数字产业与红色旅游深度融合起来，最大化激活红色资源的文旅价值，推动形成融合数字元素的红色旅游创新发展模式。一方面，通过整合红色旅游资源、完善公共数字设施，突破重技术轻组织的发展误区，将有形的红色旅游资源开发为宽领域、多维度的红色产品，将无形的红色精神打造为有内容、有载体的红色空间，让游客在真实中体验虚拟、在虚拟中融入真实，有效满足游客的消费需求和视听体验，掀起红色旅游新热潮。另一方面，通过加快数字景区建设，突破重形式轻内涵的发展误区，依托数字技术动态准确地评价游客的消费偏好，用平台思维优化红色旅游资源结构，串点成线、由线成面，助推红色旅游以“资源共享、协同发展”的方式迈向提质增效的发展之路。

（四）数字产品有利于营造浓厚氛围，让红色文化火起来

相较于传统的宣传媒介，立体化、影像化的数字产品更易于检索、便于

① 黄细嘉，龚志强，曾群洲．江西红色旅游资源及其开发述论［M］．南昌：江西人民出版社，2013：196.

② 刘源隆．2022，红色旅游别样红［N］．中国文化报，2022-12-31（3）．

保存、节省空间、用户使用成本低。红色文化数字化建设，打破了传统思维模式和固有开发模式，弥补了传统传播方式的限制，主要以微观视频、轻量图景等多元技术手段对红色文化进行多维度创新表达，以无缝连接微信、短视频、抖音、微博等新媒体渠道对红色文化进行精准传播，既满足了大众的体验需求和审美习惯，又能够跨越时空界限传递红色历史，强化红色氛围的营造。通过发挥数字技术的赋能效应，对红色文化进行更深层次的提炼加工，能够充分释放红色文化所蕴含的多元价值，增强红色文化的时代感和表现力。另外，红色文化数字化建设更为注重的是互动而非说教、是近距离体验而非远距离想象，能够实现线上线下一体化、在线在场相结合，有利于在数字化场域中增强红色文化的影响力和感染力，引发思想共鸣、强化情感认同，丰富人民群众的精神文化生活。

二、全面把握数字赋能江西红色基因传承的实践经验

江西保留着大量具有重大历史意义的革命遗址旧址、名人故居等红色资源，是井冈山精神、苏区精神、长征精神的发祥地，完全有条件在传承红色基因方面走在全国前列，完全有能力把红色文化打造成江西文化的靓丽名片。近年来，江西深入学习领会习近平总书记关于传承红色基因的重要论述，发挥独特优势、彰显比较优势、挖掘潜在优势、形成竞争优势，在推进数字赋能红色基因传承中积累了一系列经验、取得了一系列成绩，忠实地把习近平总书记在江西视察时提出的“推进红色基因传承”重要要求落实落地、见行见效，为奋力谱写全面建设社会主义现代化江西的新篇章凝聚力量、提振信心。

（一）充分发挥独特优势，红色资源焕发时代光彩

作为有着光荣传统的革命老区，江西发生的重大事件多、产生的重要人物多、建立的革命根据地多、留下的重要遗迹多，为革命作出的牺牲贡献大，堪称“红色宝山”。也因此，江西有着分布广泛、数量众多、种类齐全的红色资源，这些都是推进红色基因传承的丰富资源和生动教材，也是做好红色资源保护工作的坚实基础和殷实家底。目前，江西现存不可移动革命文物 2960 处，

可移动革命文物 43650 件（套），全国重点文物保护单位 42 处 193 个点，省级文物保护单位 432 处 772 个点，87 个县（市、区）被列入革命文物保护利用片区分县名单，各类纪念设施、爱国主义教育基地分布广泛、类别丰富、特色鲜明[①]。

随着数字经济的蓬勃发展，数字技术在推动红色基因传承、优化红色资源配置方面具有重要作用。为更好保护红色资源、守好红色家园，江西省把政治属性摆在首要位置，严格贯彻落实“在保护中发展、在发展中保护”的要求，出台了一系列政策文件，不断加强组织领导、完善传承机制、加大资金投入、强化要素支撑。2019 年 3 月，印发的《江西省革命文物保护利用工程（2018—2022 年）实施方案》中明确提出，要加强可移动革命文物预防性保护和数字化保护利用，加强革命文物数字资源开发利用，建设江西红色文化资源大数据库，打造江西红色数字家园。2021 年，出台了《关于深入推进红色基因传承的意见》，提出要建立健全红色基因传承长效机制，在建设全国红色基因传承示范区上迈出了坚实步伐。2022 年 4 月，江西省文化和旅游厅印发《关于推动数字文旅产业高质量发展的实施方案》，提出要培育文旅数字化新业态，强化数字技术对红色文化、山水文化、书院文化等特色文化资源的改造和提升，有利于推动数字红色文旅产业高质量跨越式发展。此外，还编制了《江西省红色文化资源保护利用规划及三年行动计划》《江西省非物质文化遗产进景区行动方案（2020—2025）》等文件，指导各地在保护好红色资源的同时，积极挖掘和充分发挥数字技术的优势，推动形成红色资源的政治效益优先，经济效益、社会效益、文化效益、生态效益协调凸显的良好发展格局。在此背景下，江西省在优化红色资源传统保护方式的同时，也积极构建、完善红色资源基础数据库，探索更多展陈形式、拓宽数字传播方式。2023 年 1 月，由江西省网络社会组织联合会、人民网、吉安市委宣传部联合主办的“新时代红色基

① 赖永峰，刘兴 . 江西用好红色资源“活教材”［N］. 经济日报，2021-4-28（2）.

因传承数字化行动”正式启动，为推动红色基因传承、保护开发红色资源、激活网络空间“神经末梢”提供了新动能。

（二）注重彰显比较优势，红色教育走深走实走心

江西，是人民军队的摇篮、中国革命的摇篮、共和国的摇篮，也是中国工人运动的重要策源地。由于中国共产党在江西的活动时间长、活动范围广，这种时间与空间的优势决定了江西红色基因在中国共产党人精神谱系中有着突出的数量优势和质量优势。从数量上看，在中央宣传部发布的第一批中国共产党人精神谱系中，江西共有井冈山精神、苏区精神和长征精神这 3 种伟大精神被纳入，占比 6.52%（如表 1）；从内容上看，这 46 种精神既有共性又有个性，充分体现了始终贯穿于中国共产党的一般性精神内容，又生动彰显了不同历史时期因历史任务不同而形成的多样化个性化精神元素，从而深刻地证成了红色基因精神内涵变与不变的辩证统一（如图 1）。通过深入挖掘独有精神的科学内涵，江西不断加强红色基因理论研究、创新红色基因教育体系，全力打造全国红色文化教育高地。

表 1　中国共产党人精神谱系

时期	精神名称
新民主主义革命时期	建党精神、井冈山精神、苏区精神、长征精神、遵义会议精神、延安精神、抗战精神、红岩精神、西柏坡精神、照金精神、东北抗联精神、南泥湾精神、太行精神（吕梁精神）、大别山精神、沂蒙精神、老区精神、张思德精神
社会主义革命和建设时期	抗美援朝精神、“两弹一星”精神、雷锋精神、焦裕禄精神、大庆精神（铁人精神）、红旗渠精神、北大荒精神、塞罕坝精神、“两路”精神、老西藏精神（孔繁森精神）、西迁精神、王杰精神
改革开放和社会主义现代化建设时期	改革开放精神、特区精神、抗洪精神、抗击“非典”精神、抗震救灾精神、载人航天精神、劳模精神（劳动精神、工匠精神）、青藏铁路精神、女排精神
新时代中国特色社会主义发展时期	脱贫攻坚精神、抗疫精神、“三牛”精神、科学家精神、企业家精神、探月精神、新时代北斗精神、丝路精神

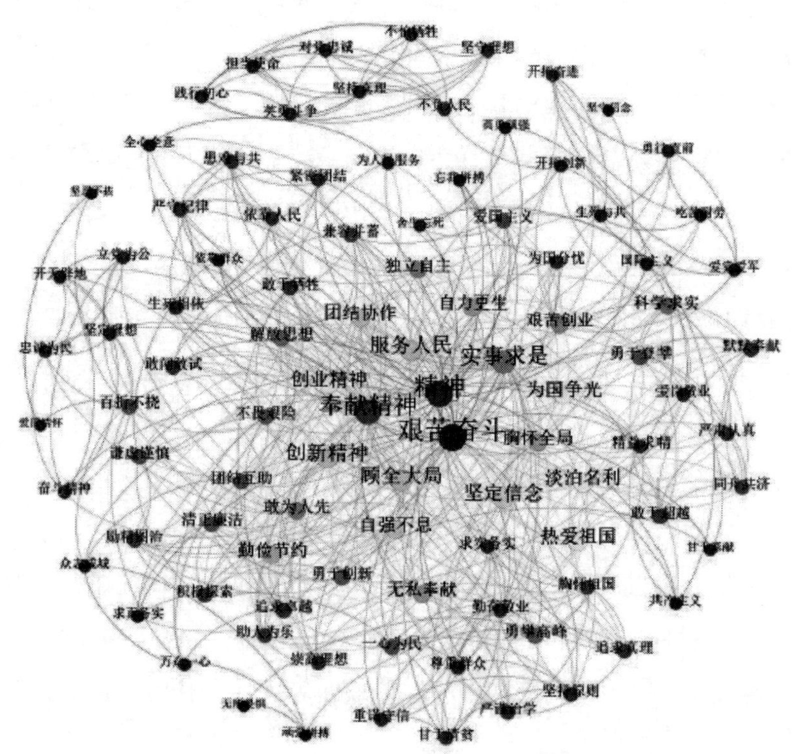

图 1 精神谱系（1921—2021 年）关键词图谱①

借助数字技术，依托历史事件和革命遗迹，江西省构建了“红色培训”大课堂，推动形成了技术赋能、主题鲜明、多元融合的红色教培体系，既对党员干部进行培训，又对广大群众进行普及宣传。一是教育资源上，探索红色资源数字化建设与党性教育相结合的新模式，确保红色教育培训不虚不空、有实有效。如中国井冈山干部学院通过对 400 多位老红军老革命后代进行采访，录制了 4 万多分钟视频资料，建立了“中共党史期刊数据库”“党性党风党纪资料数据库”，这些都是红色教育的珍贵教材。又如上饶移动利用全自动、高精

① 上官酒瑞．中国共产党精神谱系构建：历史传承与适应性变迁——基于系列精神的图谱分析［J］．理论与改革，2021（6）．

度数据采集等手段，对上饶市方志敏革命旧址管理中心纪念馆进行了数字化的资源整合、分析和存储，有效保护了红色教育资源。二是教育载体上，高度重视博物馆、纪念馆和陈列馆的智能化和数字化建设，充分利用“博物江西”数据服务平台等，向公众公开共享红色资源信息，做大做强红色教育品牌。2020年7月，江西省爱国主义教育基地数字展馆云平台上线运行，其主要涵盖红色资讯、红色读本、红色影音、场馆列表等6个频道，群众可以通过手机和电脑客户端畅游10个地市的24个红色展馆，在互动学习中了解江西各地红色历史。三是教育形式上，发挥线上线下红色教育资源优势，讲述红色文化、阐释红色精神、传递红色力量。如江西省委党校通过专题教学、现场教学、情景教学、互动教学、体验式教学、红色拓展训练等方式，深入推进精品专题、经典案例、精彩现场的打造工作，理论教育和党性教育水平不断提升。又如江西共青团根据青少年的特点和需求，把党史书籍电子化，推出“团团陪你学党史”“党史学习教育进行时”等栏目；用音画演绎革命故事，如《菠菜侠“画”说党史》等作品；同时运用系列短视频、红色歌曲等方式，让红色成为赣鄱青少年的最亮本色。

（三）积极挖掘潜在优势，红色旅游热度持续上升

2021年5月，文化和旅游部联合中央宣传部、中央党史和文献研究院、国家发展改革委公布“建党百年红色旅游百条精品线路”，江西省共有5条线路入选，涉及上百个红色景点。截至2021年底，江西共有47个红色A级旅游景区，其中5A级景区3个、4A级景区17个。按照《2016—2020年全国红色旅游发展规划纲要》，全国共有300处红色旅游经典景区进入《全国红色旅游经典景区名录》（不含香港、澳门和台湾）。从空间上看，江西红色旅游经典景点空间分布属于高密度核心区；从数量上看，江西红色旅游经典景区在全国范围内处于优势地位（如表2）。

表 2　中国红色旅游经典景区分布统计

省份	全部（个）	占比（%）	省份	全部（个）	占比（%）
北京	15	5	湖北	14	4.67
天津	6	2	湖南	14	4.67
河北	14	4.67	广东	13	4.33
山西	9	3	广西	5	1.67
内蒙古	8	2.67	海南	8	2.67
辽宁	12	4	重庆	4	1.33
吉林	8	2.67	四川	9	3
黑龙江	12	4	贵州	8	2.67
上海	7	2.33	云南	9	3
江苏	11	3.67	西藏	5	1.67
浙江	10	3.33	陕西	13	4.33
安徽	8	2.67	甘肃	10	3.33
福建	9	3	青海	5	1.67
江西	11	3.67	宁夏	4	1.33
山东	13	4.33	新疆	12	4
河南	14	4.67			

借助“内合外联”优势，江西省因地制宜、积极创新、融合发展，形成了独具特色的红色数字文旅品牌。一是在协同战略上实现新突破。以中国红色旅游推广联盟、红色旅游博览会等平台为依托，与周边省份红色旅游合作交流不断加强。截至目前，江西省共有 18 个市县成为“国家全域旅游示范区创建单位”，成为全国红色旅游发展的“领跑者”；连续成功举办九届红色旅游博览会，2021 年借助数字手段着力打造了“圣地红博”“云上红博”“科技红博”“创意红博”等红色旅游品牌。二是在融合发展上达到新水平。顺应当今世界数字潮流，江西着力推进红色旅游与科技智能产业的深度融合，大力打造线下数字空间的同时，还聚焦线上互动平台的运营，全面打通了红色旅游全产业链闭环。如 2022 年井冈山将红色历史、人文环境、自然资源全面融合起来，

聚焦红色主题，结合虚拟技术，打造了沉浸式红色文旅体验项目“元宇宙·井冈”，这是国内第一家元宇宙概念综合体验的项目，焕发出红色旅游新活力。另外，井冈山还借助大数据、物联网等技术，推进数字景区建设，实现了“一部手机游井冈”，引来无数人前往打卡。

（四）逐步形成竞争优势，红色文化实力“圈粉”“圈心”

建设全国红色基因传承示范区，离不开红色文化创作力和传播力的全面提升。相较于全国红色资源更为丰富、红色品牌更为响亮、红色故事更为广传的地方，江西坚持“精心规划、精致建设、精细管理、精美呈现”的原则，极力在应用数字技术创新传播载体、宣传策略、表现形式等方面下功夫，推出了系列凸显江西红色优势、代表江西红色形象的精品力作和优质项目，努力在传承红色基因、传递信仰力量、传播时代声音上作示范、勇争先。

在红色活动方面，从周边省会逐渐辐射到全国各一线城市，有层次、有重点、有针对性地开展江西红色文化推介活动。如 2019 年初央视春晚井冈山分会场、“共和国从这里走来”网络主题宣传教育、共和国故事汇、2020 江西文化发展巡礼展、江西省庆祝中国共产党成立 100 周年大会等重点活动，运用 VR、AR 等现代智能手段鲜活展现，让省内外广大党员干部充分感悟红色文化的真理力量。在红色宣传方面，充分利用官方媒体以各地红色景点、红色地标为主，用全局性、整体性思维制作内容精良、极具观赏性的视频，打造江西红色品牌，如“这就是江西”等；融媒体根据地方特色传播红色文化，如南昌县融媒体结合当地历史事件所拍摄的令公庙日军大屠杀遗址短片；自媒体则发挥其传播速度快、自带“文化流量”等特点，营造沉浸式体验，全方位对外展示江西红色文化的独特魅力，如抖音名为“沐子酱”的 UP 主利用短视频带领大家深入浏览井冈山，让红色景点受到大批年轻人的关注和追捧。在红色文艺方面，以经典革命历史事件为题材，创新红色文化表达、创作红色文艺作品，对江西红色文化进行全景式、立体式、延伸式展示。如运用虚拟现实、数字孪生等技术，打造了吉安的《井冈山》、赣州的《浴血瑞京》、南昌的《那年八一》等大型实景演出，创作了音乐剧《闪闪的红星》、电视剧

《可爱的中国》、电影《三湾改编》、话剧《支部建在连上》、赣南采茶戏《一个人的长征》、红色人文节目《跨越时空的回信》、3D 动画片《长征先锋》等不同形式的红色作品，引起了广泛关注、好评如潮，在宣传推介上实现了新突破、展现了新面貌。

三、精确找准数字赋能江西红色基因传承的现有不足

近年来，江西在推进数字赋能红色基因传承过程中取得了良好成绩，积累了许多可借鉴可推广的宝贵经验。然而，我们也发现江西在红色基因传承数字化进程中仍面临着不平衡不充分的问题，一定程度上制约了红色基因传承的有效性，降低了数字赋能的效果。

（一）共享平台尚不完善，协同发展有待进一步加强

近年来，无论是国家层面还是省级层面，都出台了很多关于红色基因传承的政策文件，强调要充分运用数字技术做好红色基因传承发展工作。然而，由于江西各地经济发展水平不同，有些地方不具备与数字赋能相匹配的基础设施、人才队伍、技术支持等保障条件，无法全面调动和切实协调好资源、资金、技术、人才的关系，导致有些政策文件尚停留在纸上，难以真正落实到具体行动中。在实际执行过程中，多级联动、多部门联合的沟通协调机制还不够健全，全省各地在红色资源专题数据库建设方面参差不齐，多处于单个或者分散的状态，红色资源的系统性整合和共享程度有所欠缺，跨系统间数据的传输和交换存在障碍。另外，全省各级融媒体中心的信息内容、技术运用、平台终端、管理手段的共融互通也还有较大提升空间，这些都阻碍了红色基因传承数字化行动的进程。

（二）技术力量较为薄弱，创新发展有待进一步推动

江西各地都充分发挥红色资源丰富、红色底蕴深厚的优势，尝试将数字技术应用到红色基因传承中，对当地红色资源进行深度挖掘和优化升级。然而，由于技术赋能具有内在的限度，在实践过程中存在着创新开发能力较为薄弱、专业技术水平不够强等问题。目前，大部分红色阵地依然是“照片 + 展柜

+ 文物”老三样的静态呈现方式，仍旧是“红色建筑观光 + 导游讲解”的静态参观形式，场馆布展存在资源分布碎片化、主题关联松散化、精神提炼单一化等问题，没有真正把现代数字技术与红色文化产业深度结合、立体开发，创新动能仍显不足，既缺乏时代元素和独特体验，也缺乏对当地特有红色传统政治价值、文化价值的系统研究及大力宣讲，导致游客不易被留住、文化不易被传播、精神不易被弘扬。另外，由于红色资源数字化转化的复合型、实用型人才相当有限，特别缺乏兼具文化内涵和技术水准的人才，导致红色基因传承数字化程度不够高、数字化场景应用不够多，大量有丰富教育意义的红色展馆也还未通过线上平台展出。这些都直接制约了江西红色基因传承发展的总体影响力。

（三）产业开发仍有不足，融合发展有待进一步提升

江西是红色摇篮、绿色家园和古色厚土，但是在运用数字技术深入推进红色文化与自然生态、传统文化、现代农业等要素融合发展方面还不够，影响了红色数字产业的高质量发展。一方面，红色数字产业模式较为单一，主要集中于红色教育、红色旅游等传统产业领域，结合 5G、互联网、大数据等新技术新手段的新型业态较少，如红色情景演绎、红色动漫、红色游戏等还处于起步发展阶段，红色展馆和红色景区的沉浸式体验项目较为雷同，需继续拓展开发。另一方面，红色数字产业链条不够完整，部分地区整体性规划意识不够强、经营管理方式不够新，现代数字技术、红色旅游资源与自然人文等旅游资源的有机结合、系统联动偏弱，难以生产出大量既具有地方特色又满足市场需求的红色数字创意产品，红色文创产品与社交电商、网络直播等在线新经济的结合程度也有所欠缺，尚未构建起优势互补、合作共赢的“数字生态圈”，制约了红色数字产业的发展壮大。

（四）红色数字 IP 不够突出，开放发展有待进一步深化

当前，江西红色数字产品“应景化”的问题有待重视，在运用数字技术讲好江西红色故事、打造具有示范价值的江西红色 IP 方面仍有较大提升空间。一是传播形式存在“一刀切”的问题，红色文化资源的历史性、文化性、严谨性与数字媒介时代的娱乐性、碎片化、个性化存在一定的矛盾①，这就要求我们必须准确聚焦不同群体的需求选择传播媒介、开发特色内容。二是红色数字作品内容存在同质化的问题，各大媒体传播平台基本都是介绍革命旧址、讲述红色故事及推荐旅游景点，内容缺乏新颖度和延展度，对江西井冈山精神、苏区精神、长征精神等文化内涵、品牌价值的系统性挖掘和集中性阐释还不够，精品力作不多，尤其是贴近人民群众现实生活的研究成果不够多。虽然自媒体的流量对传播红色文化有促进作用，但是由于创作短视频的并非是懂党史、懂数字技术的专业人员，内容的生动性、真实性、系统性有所欠缺，对江西红色文化对外的知名度美誉度可能会产生不利影响。三是表现方式存在单一化的问题，无论是何种传播媒介和宣传方式，都较为注重对受众群体进行感官刺激，利用精美的图片、激昂的音乐配上解说词来推介江西红色文化，结合人物访谈、历史材料的运用有所不足，一定程度上会影响江西红色 IP 的塑造。

四、创新探索数字赋能江西红色基因传承的有效路径

数字赋能红色基因传承是一项系统工程，涉及到区域政治、经济、生态及社会等多方面因素。因此，江西必须要坚持整体谋划、科学布局，创新工作思路、拓宽传承路径，把红色基因传承数字化建设作为加快文化强省的重要战略之举，有目的、有计划、有步骤地从点到线、由线到面逐渐铺开，真正盘活红色资源，让红色文化破壁出圈，让红色基因世世代代、与时俱进地传承下去。

（一）积极完善政策体系，组织引导红色基因传承数字化建设

强化战略思维，建立健全协调发展、高效运行的政策体系，能够为扎实推进红色基因传承数字化建设提供有效保障。在认真贯彻落实相关政策时，既要统一规划，又要彰显地方特色，明确各地各部门相关职责，形成系统集成、

① 金青梅，刘琴，苏卉．数字技术赋能红色文化资源创新转化的逻辑机理与路径选择［J］．长江师范学院学报，2023（1）．

精准施策的工作体系，确保红色基因科学有效地传承。

首先，建立健全红色基因传承数字化建设的工作机制。建议在省级层面已完善红色基因传承领导体制和工作机制的基础上，将省委宣传部、省文旅厅、省委党史研究室、省发改委、省委党校、省档案馆与各级红色阵地统筹起来，健全信息互联共享机制，持续推动形成党委领导、政府负责、社会协同、公众参与和科技支撑相结合的工作格局，深入实施红色基因传承的数字化、智能化、网络化建设。充分发挥南昌 VR 产业基地、VR 科创城及各设区市数字文化产业园的优势，积极建设红色移动虚拟现实（VR）全国示范省，打造全国红色文化传承创新高地。

其次，建立健全红色资源数字化保护与开发利用政策法规。强化资源开发、保护先行的工作理念，突出保护重点、分层分类分级，大力推进出台鼓励数字赋能红色基因传承的宏观政策，包括完善基础设施建设、技术标准、行业规范、人才队伍等相关配套政策，制定具有地方特色、层层细化的微观实施细则。同时，建立健全红色资源数字化保护开发的法律体系，鼓励红色资源丰富的设区市制定地方性法规，为实现红色资源数字化发展提供强有力的法律保障。

第三，建立健全红色基因传承数字化建设财政保障机制。加大资金投入、拓宽融资渠道，设立红色资源保护利用数字化转化专项资金，完善金融财税保障等相关政策，积极引导和支持社会资金参与红色基因传承数字化建设中。坚持改造与保护并举，高标准挖掘、修缮、提升重点项目，分批次、分类别地在红色阵地维修改造、设施更新、环境提升、功能完善等方面给予资金扶持，借助数字化手段确保红色资源的完整性和延续性。

（二）夯实硬件优化软件，着力搭建红色基因传承数字化平台

江西要在数字赋能红色基因传承上当好先行者、走在全国前列，就要按照“全力抓、创意新、推进快”的总要求，着力完善红色资源数字化建设的软硬件设施，在形式上融合融入、在服务上优化提升，高站位搭建数字平台、打造红色基地，实现红色文化资源数据体系化、表达全息化、服务个性化。

第一，加强信息网络基础设施建设。按照“数字转型、智能升级、融合创新”原则，加快5G基站、大数据中心等新型基础设施建设，推进城乡文化信息资源共享网络建设，优化红色阵地的宽带网络、智能化设备的全面覆盖，加快拓展数字化应用场景，进一步提升红色基因传承的智慧化、数字化水平。大力推进地理信息系统、智能识别系统、物联网感知设备等基础建设，有序推动博物馆、展览馆、档案馆、爱国主义教育基地、新时代文明实践中心等进入智慧公共服务体系，完善红色资源公共服务的便捷通道。健全数据安全管理政策、强化网络安全管理技术，确保系统有序运行、信息安全保护。

第二，健全人才引进培养激励机制。一要优化人才引进机制，充分借助资源优势与地域优势，采用岗位聘用、兼职挂职等方式吸引专业人才、跨界人才，同时通过项目申报、项目合作等方式引进外来人才。二要健全产学研协同培养人才机制，根据红色基因传承数字化建设的需要，鼓励红色场馆与高校、企业、文化研究所等部门进行人才交流、项目共建，整合红色文化领域专家、网络大V、互联网企业等人才资源，打破壁垒、协同合作，促进人才交流与知识流通。三要完善激励机制，加大对引进人才的补贴力度，逐步提高基层红色阵地员工的薪资标准，拓宽基层红色阵地专业人员上升通道，让熟知红色文化、精通数字技术、善于媒体传播的创新型、复合型、专业型人才留下来、干起来。

第三，推进红色资源智慧化工程。按照红色资源全周期全闭环管理的原则，全面搜索提炼、有效分类整合现有红色文化资源，包括红色文献、红色文物、红色人物、红色阵地等方面，建立共建共享的江西红色资源基础数据库，让信息集成起来、共享出去。继续推进中华民族文化基因库红色基因库建设，积极打造红色文献收藏中心，面向全社会开放，提供红色资源的检索服务、学科服务、机构知识库服务，让人们通过互联网或移动终端检索所需信息，促进红色数字资源便捷使用和开放共享。同时，也要制定完善的管理制度，明确网络信息发布规则，确保红色资源数据库的可持续发展。

（三）开发数字创意产品，加快推进红色文化产业融合发展

坚持创造性转化、创新性发展，应用数字技术把江西深厚的革命历史底蕴、丰富的红色文化资源转化为红色基因传承的有效支撑，以创新发展催生新动能、新业态，提高数字文化产业的品质内涵，使红色文化动起来、活起来，让红色空间有温度、有故事、有品位、有体验，努力实现满足人民文化需求和增强人民精神力量相统一。

第一，构建红色旅游智慧化格局。完善江西红色文化旅游宣传手册的编印，开发红色文化电子地图，加大中央和地方各类媒体推广江西红色旅游的力度，打造红色快闪店、红色 IP 主题房车、红色公交地铁等，进一步扩大红色旅游公益宣传广告的覆盖面。利用“互联网 +”思维，开发红色旅游数字化体验产品，培育“网络体验 + 消费”模式，加大线上营销力度，发展线上数字化体验产品，逐步将线上体验转为线下实地参观。大力推广智慧导览、虚实交互体验、非接触式服务等应用，借助数据分析服务体系差异化、精准化地向游客推荐合适的红色旅游景点，让数字服务贯穿于检索查询、预约服务、游览体验、消费购物等红色旅游全过程，给游客便捷化、个性化的智慧景区服务体验。

第二，开发红色展馆数字化模式。重点抓好国家级和省级重点项目的数字化建设，同时引导各地结合实际、因地制宜地挖掘地方红色历史、红色文化，分类推进建设独具特色、永不落幕的数字博物馆，让红色展馆成为圈粉无数年轻人的打卡地。在展馆设计上，利用先进数字技术复原或再现已损坏或消失的红色旧址、红色建筑、革命遗迹等，将场馆和展品搬上“云端”，让革命遗物活起来，展示和宣传江西红色文化魅力。在实景演绎上，运用立体成像、裸眼 3D 等技术，配上高科技声光电，打造红色云展示、云展览和互动体验项目，让现场成为融投射、声音与光线于一体的红色文化空间，使游客身临其境、激发共鸣。

第三，多举措创新红色教育方式。建议在“准、新、微、快”上做文章，运用数字技术推动红色教育的改革创新，提供个性化、精准化、定制化的红色

教育服务。可以围绕红色故事、红色题材开发红色数字文化产品，如开发“红色足迹”游戏棋、引入红色主题“狼人杀”、动景穿越、手游直播等，通过游戏、答题、竞赛等方式追寻红色足迹、重温红色故事，在寓教于乐中扩大红色教育的覆盖面。整合线上线下红色文化资源，运用虚拟现实、VR 全景展示等技术，打造红色虚拟仿真云党课，创作微视频、微电影等专题式微课堂，策划线上 VR 红色故事展，增强红色文化的时尚感和辐射力，让参与者在潜移默化中接受红色思想教育、感受红色精神内核。

（四）着力造浓红色氛围，增强红色基因传承的渗透力影响力

数字赋能时代，传承红色基因必须要顺应网络化、智能化发展趋势，将江西重大历史事件、先进革命事迹、伟大革命精神等数据化、信息化，拓宽宣传平台、推出精品力作，加强传播手段和话语方式创新，传递江西好声音、宣传江西好故事，让红色基因传承有温度显情怀、接地气聚人气。

第一，集力推行全媒体联动机制。继续推动传统媒体与新兴媒体的深度融合，加快形成省市县全媒体传播格局，实现双向破壁与功能互补融通，打造立体化红色文化传播空间。坚守正确舆论导向和价值标准，突破传统表达方式，运用短视频、漫画、有声书、表情包等多样化符号，对经典红色人物、红色史迹等进行报道，叠加呈现江西红色文化的思想内涵和时代价值。根据目标受众的认知体系和行为习惯，采取专业化、多元化的信息生产与内容分发方式，多平台、分片化、个性化传播江西红色文化，通过“建圈”实现“破圈”。借助互联网、广播电视网等载体，在全省各设区市推广有声红色图书馆，在农村地区推动红色书屋、红色长廊建设，扫码即可看书听书，让红色基因入脑入心、形成声势、产生效应。

第二，大力创作红色文化数字作品。围绕江西红色题材，在课题研究、理论研讨、主题宣传、文艺创作等方面作出具体规划，开展红色文化展演、红色故事大赛、红色歌曲大赛、红色话剧编排、红色短片拍摄等活动。充分运用数字技术，积极创作红色影视、戏剧、音乐、文学等精品，讲深讲透讲好红色故事，让历史典故从枯燥的文字变成生动的影像，打造一批政治性、思想性、

艺术性相统一的红色文化品牌，把有筋骨、有道德、有温度的东西表现出来，尤其是每年要着力重点推出 1—2 个在全国知名的红色经典剧目，打造全国红色文艺创作基地。

第三，全力打造红色文艺作品网络平台。推动红色文艺与互联网深度融合，编制“江西网络视听节目精品创作规划”，推出具有江西特色的网络动漫、网络游戏、网络音乐等红色作品，使红色基因活化为可视、可听、可读的数字产品，打造传承红色基因的网络文化品牌。搭建线上展厅、网络剧场，拓展线上演艺、形成“云演艺”模式，将全省优秀的红色影视作品、展览、纪录片等汇集起来，以供广大群众随时在线观看，让网络成为红色文化传播的重要阵地，提升优秀红色文艺作品的数字化供给和网络化服务。

江西高质量建设全国红色基因传承示范区突破路径研究

冯志峰 谈慧娟 万华颖 郑 熠 冯 涛*

【摘要】 习近平总书记高度重视红色基因传承，在多次讲话中反复强调要“把红色资源利用好，把红色传统发扬好，把红色基因传承好”。江西红色资源厚集、红色文化厚重、红色传统厚实、红色基因厚植，完全有条件在传承红色基因方面走在全国前列，为全面建设好“六个江西”注入强大精神动力。可以通过明确江西建设全国红色基因传承示范区的建设标准、独特优势，在科学分析论证基础上形成江西建设全国红色基因传承示范区的突破路径，推动江西在全国红色基因传承示范区建设中作示范、勇争先。

【关键词】 红色基因传承；优势载体；建设标准；实现路径

党的二十大报告指出，坚持理论武装同常态化长效化开展党史学习教育相结合，引导党员、干部不断学史明理、学史增信、学史崇德、学史力行，传承红色基因，赓续红色血脉。百年来，在党的坚强领导下，江西人民在赣鄱

* 冯志峰 省委党校马克思主义研究院院长、研究员
谈慧娟 省委党校马克思主义研究院副院长、教授
万华颖 省委党校马克思主义研究院副研究员
郑 熠 省委党校马克思主义研究院研究实习员
冯 涛 景德镇市委党校党史党建教研室主任、教授

大地上谱写了风景这边独好的壮丽诗篇，鲜活地展示出红色基因的强大精神力量。习近平总书记在江西先后提出“新的希望、三个着力、四个坚持”和“两个目标定位、五个推进”的重要指示要求，构成了习近平新时代中国特色社会主义思想的“江西篇章”，是江西打造全国红色基因传承示范区的总遵循。江西省第十五次党代会强调，要建设全国红色基因传承示范区，努力把江西打造成为最讲党性、最讲政治、最讲忠诚、最讲担当的地方。江西高质量建设全国红色基因传承示范区，要深入分析自身的建设标准、独特优势，明确全国红色基因传承示范区建设工作的落脚点和关键支撑，在此基础上形成江西建设全国红色基因传承示范区的完整突破路径。

一、优势载体：激活全国红色基因传承示范区的“江西元素”，在明德修身上彰显新风貌

江西红色基因传承的有形资源、无形资源和五大独特资源，就是充分烙印在江西这块红土圣地上的独特标识，也是江西建设全国红色基因传承示范区的独特优势。通过把握江西的五大独特资源，紧紧围绕江西现有的“五名五风”这一个个红色基因传承的有机载体，我们就能够从总体上把握红色基因的传统根源、精准厘清党的百年奋斗过程中所形成的红色基因传承脉络，继而从“中国共产党人精神谱系的历史脉络”中深刻领会“红色基因的强大力量”。

（一）独特资源

江西红色资源丰富、红色底蕴深厚，在推进红色基因传承中肩负重要责任、具有独特优势。赣鄱大地在中国共产党的百年奋斗历程中孕育出了伟大精神，凝结为江西“三个摇篮”“一个策源地”“一座精神丰碑”的文化符号，这是共产党人在江西留下的丰富思想财富和伟大实践成果。

1. 江西红色精神谱系。在江西这片渗透鲜血、埋藏英魂的红土地上，铸就了伟大革命精神，孕育形成了井冈山精神、苏区精神、长征精神以及光荣的革命传统、优良作风等，与延安精神、西柏坡精神等共同构成了新民主主义革命的灿烂精神画卷，汇聚为跨越时空的红色基因，是中国共产党人最宝贵的精神

财富。

2. 井冈山：中国革命的摇篮。井冈山被誉为“中国革命的摇篮”，开辟了具有中国特色的革命道路，实现了马克思主义中国化的伟大开篇，铸就了跨越时空的井冈山精神。

3. 南昌：人民军队的摇篮。南昌起义标志着中国共产党独立创建和领导人民军队的开端，锻造了人民军队的杰出将帅。南昌有了“英雄城”之称，成为人民军队的摇篮、军旗升起的地方，“八一”成为南昌最鲜明的符号。

4. 瑞金：中华人民共和国的摇篮。中国历史上第一个全国性的工农民主政权——中华苏维埃共和国临时中央政府在瑞金成立，中国共产党人在这里进行了治国安邦的伟大实践，为中华人民共和国的建立奠定了基础。瑞金因此被称为“共和国的摇篮”。

5. 安源：中国湘赣边界秋收起义的策源地。安源，是中国工人运动的摇篮、湘赣边界秋收起义的策源地及主要爆发地，留下了大量的红色历史遗迹与革命文物。

（二）有形资源

充分梳理好利用好江西现有的红色资源，在红色基因传承过程中坚持把马克思主义基本原理同中国具体实际相结合、同中华优秀传统文化相结合，就是要把名胜古迹、名人故事、名家作品、各类院校、地方名志等有形资源统筹纳入到红色基因传承过程中来。

1. 名迹。江西有以庐山、龙虎山、三清山、武功山、武夷山、鄱阳湖等为代表的名山大川，以豫章文化、浔阳文化、庐陵文化、临川文化和铜文化、瓷文化、书院文化等为表现形式的人文资源，这是江西打造全国红色基因传承示范区的重要基础。

2. 名人。江西是中国著名的“文章节义之邦”。据统计，由隋至清，江西进士共 10506 人，占全国 10.7%；任宰辅 100 余人，在二十四史中立传者高达 500 余人。江西有名有姓的烈士近 26 万人，约占全国总数的六分之一；开国将军 327 名，占全国总数的 20%。他们是江西文化的脊梁。

3. 名作。江西以红色为主题的戏剧、舞蹈、话剧等至今仍受广大观众喜爱，如苏区舞蹈《工人舞》《农民舞》《团结舞》《马刀舞》《红缨枪舞》《大放马》等；活报剧《打土豪》《活捉肖家壁》《毛委员的空山计》等。尤其是2018年以来，推出了一系列在全国可圈可点、有较大影响力的影视、舞蹈、宣传读物等优秀成果，这些都是传承红色基因的重要资源。

4. 名校。在江西这片红土圣地上打造出了江西省委党校、江西干部学院、瑞金干部学院、方志敏干部学院等一批红色教育机构，挖掘出了井冈山、小平小道等300多个红色教育现场教学点。南昌大学、江西财经大学、江西师范大学、井冈山大学等诸多省内高校纷纷将红色资源优势转化为教学资源优势和育人优势，成为红色基因传承的重要平台和鲜活载体。

5. 名志。江西地方志编纂源远流长，江西地方志书在数量和质量上均居全国前列，省志、市志、县志的编撰都较为详细，构成了传承红色基因的重要史料来源。收集整理省志、市志和县志，是了解不同历史时期不同地区的红色文化、红色资源状况的重要途径。

（三）无形资源

传承红色基因，还要充分利用江西良好家风、校风、政风、党风、民风建设的无形资源，在见微知著、润物无声中推动红色基因传承落地见效。

1. 家风。赣鄱大地孕育了无数英杰和一大批好家风，汇聚成了罕见的“江西家风现象”。中纪委网站“中国传统中的家规”栏目中有12期与江西有关；以红色家风为主题的省内首家展览馆展现了不俗的影响力；《江西家训家风》集中地展现了江西历代名家的优秀品质。

2. 校风。围绕立德树人的根本任务，各中小学、高校赓续红色历史、凝聚红色力量，坚持“立足红土地办学、用红色精神育人、做红色基因传人”的铸魂育人目标，叫响了“让红色基因代代相传”的育人理念。

3. 政风。江西省委、省政府持之以恒推动政风转变。聚焦破解当前制约高质量跨越式发展的瓶颈问题，以“赣服通”“赣政通”为主要标志的“放管服”改革取得明显成效，努力打造“四最”营商环境，在推进“五型”政府建设上持续加力。全省党风政风持续优化，政治生态积极向上向好。

4. 党风。江西省委狠抓作风建设，解决党风存在的突出问题和弊端。严厉打击享乐奢靡歪风，坚持严管厚爱相结合的原则，既注重做好教育，把思想政治工作贯穿始终，又注重示范引领，切实做实做好江西改革发展稳定各项工作，成为传承红色基因的实践者和引领者。

5. 民风。作为红土圣地的江西，充分发挥红色资源优势，恪守发展为民的根本导向，按照习近平总书记关于“让老区人民过上富裕幸福的生活”的重要指示要求，加大力度保障和改善民生，争取在服务人民群众、培育淳朴民风上争一流、走前列。

二、建设标准：打造全国红色基因传承示范区的“江西样板”，在培根铸魂上明确新要求

打造全国红色基因传承示范区的“江西样板”，就要坚持在政治站位、基础设施、思想引领、运行机制等方面打好基础，构建起科学化、完整化的传承机制和标准，积极把红色基因优势转化成发展优势，推动江西在全国红色基因传承示范区建设争名次、上层次、提档次中取得实质性进展，形成阶段性标志性成果。

（一）坚持红色基因传承的根本要求，政治站位高

把“红色基因传承好”，抓好“红色基因代代相传”工程建设，根本上要求我们坚定政治信仰、站稳政治立场、坚守政治方向。

1. 政治信仰坚定不移。在传承红色基因的过程中，坚持正确政治方向，坚持“两个确立”，做到“两个维护”，把党中央决策部署落到实处，使讲政治的要求从外部要求转化为内在动力。

2. 政治立场坚韧不拔。必须将红色基因的政治属性摆在首要位置，坚持党对红色基因传承工作的全面领导，实现政治效益优先、社会效益最大化。

3. 政治方向坚守不渝。坚持以习近平新时代中国特色社会主义思想为指导，深入贯彻习近平总书记关于“推进红色基因传承”的重要指示，做到审时

度势统筹谋划、深耕本土创新突破。

4. 政治生态清朗健康。评判红色基因传承示范区建设得好不好，政治性强不强，政治生态是否清朗健康是一条极其重要的标准。以红色文化凝聚力量，强化政治责任和政治担当，严格政治标准选人用人，用红色基因的深厚影响力净化政治生态，才能把江西强力打造成为最讲党性、最讲政治、最讲忠诚、最讲担当的地方。

（二）坚持为红色基因传承夯基垒台，基础设施好

红色资源要更好地吸引人、影响人，就必须坚持“全国统筹、省内联合、省外联动、地方协作”的传承发展战略，这是判断红色基因传承示范区建设质量高低的基础标准。

1. 服从全国统筹。在“全国一盘棋”中统一保护、统筹开发红色资源，整体包装、共同宣传红色旅游景区，统筹规划、全面打通各红色旅游景点的交通等基础设施。

2. 彰显地方特色。在“地方特色化”中加强与国内具有红色旅游资源的兄弟省份在红色文化研究、红色旅游开发等方面的合作联动，大力进行信息基础设施、融合基础设施等建设，为彰显地方特色打好基础。

（三）坚持以红色基因传承立心铸魂，思想引领强

全国红色基因传承示范区建设要以“举旗帜、聚民心、育新人、兴文化、展形象”为重要建设标准，将传承红色基因纳入文化强国战略的总体规划中，将“红色基因代代传”工程与弘扬中华优秀传统文化、社会主义先进文化同安排、同部署、同推进，充分发挥红色基因传承的思想引领作用。

1. 价值引领强导向。传承示范区的打造应以强化正确的价值导向为重要一维，坚持马克思主义在意识形态领域的指导地位不动摇，全面加强社会主义意识形态建设，敢于与违背党的宗旨等错误思想行为作斗争。

2. 精品力作重传播。各类红色文化宣传基地是否能连线成面，将区域打造成为红色基因传承示范区，关键之一在于是否能深度挖掘本区域内的红色教育资源，推出一批广受认可的红色文化精品力作。以精神文明建设“五个一工

程”为引领，推进创作实践，统筹实施革命历史题材、重大现实题材和地方特色题材的创作计划，推出更多制作精良、群众欢迎、反映时代的红色精品。

3. 立德培根有实效。打造全国知名的红色基因传承示范区，还要有红色文化相关的主题实践活动，充分体现出红色基因传承同爱国主义教育、培育和践行社会主义核心价值观、开展党内组织生活、日常学习文化活动的密切融合，引导党员群众从感悟红色精神中汲取前进力量。

（四）坚持红色基因传承的互融共进，运行效能优

建设好具有全国乃至世界影响力的红色基因传承示范区，必须拥有创新的建设理念、优秀的运行效能，敢于打破各个省市县各自为政的传统，遵循连点成线、连线成面的工作思路，形成发展红色旅游、培养产业集群等思想共识，这是红色基因传承示范区是否建设成熟完备、是否可持续发展的重要衡量标准。

1. 区域协作机制好。建设红色基因传承示范区绝不是一项孤立存在、曲高和寡的工作，而是需要联动、协同多个地域共同开发建设，这就必须依托良好的区域协作共建机制来实现。成熟的传承示范区必须形成红色基因传承宣传互促、优势互补、市场互联、效益互享的联动发展格局。

2. 红色文化业态优。评判红色文化项目建设得好不好、影响力强不强，一个重要标准是看当地是否形成丰富、完整、浓厚的红色文化相关新业态。充分挖掘红色文化底蕴，合理开发利用红色资源，推动多元业态融合发展，形成红色旅游、红色研学、红色展演、红色动漫等传统业态和新型业态互利互补、合作共赢的新格局。

3. 政府引导机制强。政府在打造红色基因传承示范区中是否能立足自身职能，在统领全局、引导战略发展方向等方面充分发挥积极作用也是建设红色基因传承示范区的标准之一。通过鼓励、引导和扶持社会资本、民间资本进入红色文化相关产业，加快红色旅游转型升级，打造完整的红色产业链，形成红色旅游的优势互补、叠加效应。

（五）坚持树红色基因传承模范先锋，干部作风硬

传承红色基因、发扬红色文化与干部队伍政治强不强、作风实不实、能力强不强、形象好不好密切相关。加快建设全国红色基因传承示范区，关键在党，关键在干部。要不断完善选人用人机制，打造忠诚干净担当的高素质专业化干部队伍，扎实推动红色基因传承高质量发展先行先试，尤其是领导干部要带头传承红色基因，争做红色基因传承的模范先锋。

1. 忠心向党、本领过硬。深入学习新理念新知识，熟悉新领域新技能，做到知识过硬、作风过硬、能力过硬。

2. 正心养廉、勤政务实。作为红土圣地的党员干部，尤其是领导干部，更应切实用好用活红色资源，继承革命先辈的优良传统，永葆政治本色。

3. 勇争一流、履职尽责。领导干部是建设全国红色基因传承示范区的责任主体，要持续改进工作作风，提高政治站位、强化责任担当、创造一流成效。

（六）坚持为红色基因传承架梁立柱，管理制度严

立足全省实际，系统推动全国红色基因传承示范区的建设，必须有严格的管理制度推动落实。必须分类建立红色资源传承制度规划，做到横向覆盖和纵向支撑，为红色基因传承制度架梁立柱。

1. 编制专项管理制度。坚持强化资源开发、保护先行的工作理念，突出保护重点、分层分类分级，编制红色文物、红色文艺作品、红色建筑等不同类别红色资源的专项管理制度。

2. 规划各地特色管理制度。因地制宜，适度创新地方的红色资源开发保护方式，充分利用当地资源禀赋，发挥资源优势，力求做到精准管理、精准施策。

（七）坚持红色基因传承的提质转型，保障举措实

聚焦重点领域，坚持政府主导与社会参与相结合，研究出台人员、阵地、经费等方面相关政策，做好配套保障，健全技术支撑。

1. 财政保障有度。完善财政保障机制，健全红色资源项目多元投入体系。设立红色文化遗存保护专项资金，分批次、分类别在红色阵地维修改造、环境

提升等方面给予扶持。

2. 队伍建设有为。有针对性地培养和引进红色教育培训、红色旅游开发等综合性、专业性人才，逐步提高基层红色阵地员工的薪资标准，满足全国红色基因传承示范区的自身建设和社会需求。

3. 技术支持有力。实现红色基因传承与数字技术的紧密结合十分重要，应推广多媒体交互技术、全息投影技术、全媒体阅读技术等技术支持，拓宽红色文化的传播方式。

（八）坚持红色基因传承的化风成俗，民意反响佳

要以实际行动推动红色基因融入公民道德建设和文明城市创建中，融入乡村振兴惠民生中。

1. 用红色教育影响人。充分利用红色资源，用心讲好党的故事、先烈的故事、根据地的故事，加强社风家风建设，培育文明乡风、良好家风、淳朴民风，形成崇德向善、见贤思齐的社会风气。

2. 用红色产业吸引人。实施“红色＋产业”提档升级计划，把红色旅游与美丽乡村建设贯通起来，全面巩固拓展脱贫攻坚成果，为乡村振兴赋能。

3. 用红色作品激励人。坚持以人民为中心的创作导向，尊重人民群众主体地位，提高人民群众文化参与度，用优秀的红色文艺作品、繁荣的红色文化事业更好地满足人民群众美好生活需要。

三、实现路径：书写全国红色基因传承示范区的“江西篇章”，在守正创新上体现新作为

站在“两个一百年”奋斗目标的历史交汇点上，江西建设全国红色基因传承示范区正处于大有可为又充满挑战的重要战略机遇期，迫切需要在把握现实问题的基础上，坚持以习近平新时代中国特色社会主义思想为指导，坚决贯彻习近平总书记视察江西重要讲话精神，深刻认识红色基因传承规律，按照“高站位、高标准、高效率、高质量”的要求，以党史学习教育为契机，在规划引领、政策完善、机制保障、要素提升、主体激活和智慧支撑等方面做文

章，促进红色基因传承继续走在前列、领跑全国，持续推动经济社会高质量跨越式发展，更好地满足新时代人民群众美好生活需要。

（一）坚定正确方向，实现政治性与学理性的统一

红色基因的来源和形成、主体和载体都充分展示着中国共产党人的底色，体现了鲜明的政治特性，政治性与红色基因的本质属性和根本定位息息相关。江西省加快打造红色基因传承示范区，必须始终将党的领导放在第一位，坚定正确方向，坚持红色基因传承的政治性不动摇。同时，要以研究促传承，推动我省红色基因传承工作以学理性为政治性做支撑，不断增强红色基因传承的生命力。

1. 实现党对红色基因传承工作的集中统一领导。建议在省级层面成立红色基因传承的领导体制和工作机制，坚持党委领导、政府负责、社会协同、公众参与和科技支撑相结合，建设“红色旅游融合发展示范区”和红色移动虚拟现实（VR）全国示范省。

2. 深化对红色基因传承的专门研究。整合科研力量，系统开展中国共产党百年历程的江西印记研究。加强省内红色基因传承教育教学和学科建设，设置中共党史党建一级学科，推动设立红色文化、红色旅游等相关二级学科。

3. 推进省内红色智库人才建设。依托已有的全国红色基因传承研究中心，完善红色基因传承决策咨询队伍；完善红色精品创作、红色文化研究、红色旅游管理等高层次人才的引进、激励机制；建立健全容错纠错机制，引领领导干部在红色基因传承方面敢干事、敢创新。

（二）坚持铸魂育人，实现价值性和知识性的统一

红色基因内化着中国共产党百年奋斗精神，在当前具有价值性和知识性的双重呈现形态，不仅展现了马克思主义的真理价值取向，还凝聚着马克思主义中国化理论成果的形成过程。在江西构建红色基因传承示范区，要充分把握好红色基因的价值性和知识性，把传承红色基因上升到灵魂工程、固本工程，守好红色根脉、担起使命责任，坚持将红色基因传承融入铸魂育人全过程。

1. 建立健全理论学习制度，确保教育有深度。传承好红色基因，要加强理论学习、坚定理想信念。既要健全党委（党组）理论学习中心组集体学习机制，也要健全红色基因和百年党史专题学习机制和个人自学机制，全方位提升理论学习质量。

2. 建立健全全国红色教育培训联盟，整合红色师资。依托联盟完善红色培训机构的准入和审核管理制度，争取将江西省《红色教育培训管理规范》申报成为全国标准，建立红色基因传承教学资源库。推进全省“金牌讲解员”“金牌志愿讲解员”队伍建设，形成红色讲解的品牌团队。

3. 建立健全教育培训体系，推动红色基因传承走深走实。依托现有红色教育培训资源，建设于都长征学院、干部培训学院等。研发打磨精品课程，打造精品教学点和教学路线，融合现场教学、体验式教学、影视教学等多种形式。

（三）坚决弘扬正气新风，实现建设性和批判性的统一

在新时代传承红色基因，在江西打造红色基因传承的“红土圣地”，就是要充分阐释红色基因在促进我国社会主义现代化建设事业、在促进新时代江西改革发展中的强大正面能量，发挥红色基因内在的建构性和创造性，以马克思主义科学世界观和方法论坚决校正各种歪风邪气，旗帜鲜明地抵制和辨析种种企图解构社会主义价值观的错误思潮。因此，构建红色基因传承示范区必须坚持建设性和批判性的统一，将红色基因植入心田、融入血脉，培育积极向上的社会主义先进文化，营造风清气正的社会环境，推动红色基因常态化、持续化传承。

1. 加强新时代文明实践中心（所、站、点）建设。大力推进文明城市、文明村镇、文明单位、文明校园、文明家庭等群众性精神文明创建，推进新时代文明实践中心建设全覆盖。健全党员领导干部理论宣讲体系、基层理论宣传宣讲工作体系。

2. 大力加强家风校风社风建设。加强家庭家教家风建设，把传承红色基因教育纳入文明家庭创建活动中；优化学校环境，把红色基因传承有机融入各级各类教育教学、社会实践全过程；营造良好的社会氛围，将红色基因传承工作

纳入青少年发展规划中，推进红色基因传承实践基地建设。

3. 强化地方法律法规约束。立足当前已经出台的《江西省革命文物保护条例》《赣州市革命遗址保护条例》《吉安市红色文化遗存保护条例》，进一步加快完善省内红色法律法规，充分以法治手段保障红色基因传承。

（四）彰显真理伟力，实现理论性和实践性的统一

立足全国打造红色基因传承示范区，就要充分认识到红色基因传承的现实需求，把握好红色基因自身的理论性和实践性的统一。既要充分领悟红色基因中的理论关怀，又要进一步将其融入社会实践，以马克思主义的立场、观点、方法指导现实，化思想自觉为行动自觉，在学用结合上持续发力，当好红色基因的传承者、革命精神的践行者，将红色基因蕴含的真理伟力转化为现实的磅礴力量。

1. 建立健全担当实干制度。健全自我革命机制，严肃认真开展党内政治生活；保持敢闯敢试的工作作风，努力走出一条革命老区高质量发展、跨越式发展的新路子；大力传承弘扬苏区干部好作风，坚决整治群众身边的腐败和作风问题。

2. 高水平推进全域文明创建。持续开展诵读红色家书和宣介红色经典故事活动，实施“最美江西人”品牌提升行动，深化移风易俗行动，建立健全关爱褒扬帮扶机制、关爱礼遇机制、志愿服务体系等，营造互相尊重、互相关心、互相帮助的社会风尚。

3. 融入江西省高质量跨越式发展全过程。江西省要以打造全国旅游首选目的地为目标，大力推动红色文化资源和红色旅游相结合，实施红色旅游提升工程，推动井冈山、南昌、瑞金等地继续创建全国红色旅游融合发展示范区。

（五）做到守正创新，实现统一性和多样性的统一

江西的红色文化资源十分丰富。要把江西打造为全国红色基因传承示范区不仅需要传承好、弘扬好已有的红色历史文化，还需要进一步利用本省特色资源优势，在满足全国统一性要求的基础之上，充分尊重和发扬江西特色，创新地推出多样性的传承方式，做到守正创新，切实提升江西在打造全国红色基

因传承示范区的比较优势。

1. 围绕江西特色，创作红色文化精品力作。围绕江西红色题材，积极创作影视、戏剧、音乐、文学精品，打造红色文化品牌，每年要着力推出1—2个在全国知名的红色经典剧目。编制“江西网络视听节目精品创作规划”，推出具有江西特色的网络动漫、网络游戏、网络音乐等作品。

2. 立足发展现状，加快红色旅游景区交通立体融合。加大媒体推广江西红色旅游的力度，优化交通体系，做实“南昌—井冈山—瑞金（兴国、于都）”红色旅游航空线路，建成贯通全省各地多条红色旅游精品线路的省际、省内交通网络，打造有特色的党史学习教育基地、红色研学基地等。

3. 紧跟时代要求，促进红色基因与当代文化的有机融合。结合新时代特征和要求赋予红色传统以新内涵。在抗疫斗争、脱贫攻坚等重大社会事件中寻找新时代传承红色基因的优秀典范，带动全社会形成自觉传承红色基因的浓厚氛围。

（六）效能突破提升，实现主导性和主体性的统一

建立健全红色基因传承工作制度，关键在于既要深挖红色资源，又要活化红色基因；既要统一规划，又要彰显地方特色。具体来说，要明确各地各部门相关职责，从产业发展、品牌定位、基础布局、宣传推广等方面进行统筹，压实工作责任、完善工作机制，形成系统集成、精准施策、一抓到底的工作体系，坚持政府主导和人民主体的统一，确保红色基因科学有效地传承。

1. 坚持政府主导，强化对红色基因传承工作的协调机制。建议省委、省政府建立红色基因传承示范区建设领导小组，建立专门的红色资源规划建设和管理机构；推广红色基因传承评价考核体系，将传承保护成效更加全面地纳入各地监督检查之中。

2. 做好统筹规划，建立健全红色资源保护开发机制。研究出台全省红色资源保护和开发利用总体规划，实施红色资源集中连片保护利用工程；研究出台我省征收或购买散落在民间的私有产权革命文物指导意见；实施革命文物陈列展览精品计划，提升革命文物展示水平。

3. 站稳人民立场，建立健全为群众办实事制度。完善党员干部联系群众机制，汲取革命精神谱系中的人民至上基因，建立党员领导干部基层蹲点机制等；完善党员干部服务群众机制，推广“党员上岗日”“党员承诺制”“党员挂牌上岗制”“党员与困难群众结对帮扶”等做法。

（七）推动载体创新，实现灌输性和启发性的统一

宣传工作必须牢牢掌握意识形态的话语权和领导权，用马克思主义科学理论占领意识形态阵地。而红色基因作为马克思主义意识形态的重要内容，其宣传工作必须更加牢牢把握正确的政治方向和立场，引导广大人民群众明确政治立场、掌握正确的价值观。红色基因宣传工作要做到灌输性和启发性相统一，这不仅是推动红色基因传承的一项基础性要求，也是增强红色基因传承有效性的重要保障，要求我们推动实现红色基因传承的路径载体创新。

1. 多举措创新红色教育方式。围绕红色故事、红色题材开发具有红色意蕴的红色游戏，如开发“红色足迹”游戏棋、红色主题“剧本杀”等创新教育方式。

2. 开展主题鲜明的社会实践活动。组织经典剧目、献礼剧目和巡演巡展，开展“唱支山歌给党听”群众歌咏等宣传教育类群众性活动。完善重大节日庆典机制，抓好“重要节日载体、教育机构载体和红色场馆载体”的建设，将每年10月定为全省红色文化主题宣传教育月。

（八）注重场域拓展，实现实物性和虚拟性的统一

传承红色基因必须把握新特点、迎接新考验，顺应数字化、网络化、智能化发展趋势，适时扩展红色基因传承场域，做到实物性和虚拟性的统一。通过创新形式载体激发动力、增强活力、释放潜力，把红色文化精神价值外化彰显出来，把“有意义”的事做得“有意思”，让红色基因传承有温度显情怀、接地气聚人气，激荡起新时代中国特色社会主义伟大实践的磅礴力量，把红色江山世世代代传承下去。

1. 开发红色旅游数字化模式。推进建设数字博物馆，提升红色文物的展陈效果，深度融合江西红色文化与先进技术，利用数字模拟、立体成像和全息投

影等技术，打造沉浸式动态化体验型红色展览馆，以网络直播、艺术创作等形式满足游客多元化需求。

2. 推进红色资源智慧化工程。运用人工智能、云计算、物联网等技术，建立共建共享的江西红色资源大数据库，涵盖全省红色标语、红色歌谣、长征文物、抗战文物专题数据库、全省革命文物大数据库等不同栏目，打造红色基因“云平台”，实现红色文化资源的全媒体阅读。

3. 推行全媒体联动机制。制作江西红色资源 App，采取微视频、微信公众号、小程序等表现形式，将红色故事形象化、红色理论通俗化、红色道理生活化，让红色资源“潮”起来。充分运用微信、微博、短视频、漫画、有声书等平台，针对不同受众推送差异化产品，让网络成为红色文化宣传报道的重要阵地。

安源精神在中国共产党人精神谱系发展中的历史地位及时代价值研究

彭先荣 江泰然 李 琦 刘建民 刘 源 邵蔚旸 李 倩*

【摘要】 安源精神是安源路矿工人革命运动的必然产物，是中国共产党人精神谱系的有机构成，在中国共产党人精神谱系发展进程中产生了重要的历史影响。

【关键词】 安源精神；精神谱系；历史地位；时代价值

安源是一块红色热土。一百多年前，在党的教育下，安源工人阶级觉醒了，他们参加了大罢工，投入到湘赣边界秋收起义行列，用义无反顾的壮举书写了中国革命史上光辉的一页，并催生了不朽的安源精神。研究安源精神对中国共产党人精神谱系发展的重大历史影响，对学习贯彻党的二十大精神，继承和弘扬好伟大的建党精神，传承红色基因，发扬安源革命优良传统具有重要的现实意义。

---

* 彭先荣 萍乡市委党校常务副校长
江泰然 省委党校党史党建教研部主任、二级教授
李 琦 萍乡市委党校教育长
刘建民 萍乡市委党校原调研员、教授
刘 源 萍乡市委党校讲师
邵蔚旸 萍乡市委党校副教授
李 倩 萍乡市委党校讲师

一、安源精神是安源路矿工人革命运动的必然产物，是中国共产党人精神谱系的有机构成

（一）安源路矿工人革命运动是中国革命史上的一面光辉旗帜

安源是中国工人运动的摇篮，是湘赣边界秋收起义的策源地以及主要爆发地之一。1921 年开始，安源路矿工人革命运动拉开序幕。在这块红色热土上开展了长达近十年之久、具有全国意义的斗争。

1921 年秋，毛泽东来安源以访亲探友的名义进行一周的考察，并把安源确定为党开展工作的重点地区之一。1921 年 12 月底，李立三被毛泽东派往安源工作。他按照毛泽东的指示，办起平民小学，广泛地接触工人，宣传革命道理。先后建立团组织，创办工人补习学校，发展党员，建立了最早的产业党支部，成立安源路矿工人俱乐部，组织领导了震惊中外的大罢工，取得了中国工人运动第一次高潮中的“绝无而仅有的胜利”[①]。党的许多著名活动家和重要干部都来这里从事过革命活动。在“二七”惨案爆发后，中国工人运动进入低潮，但安源俱乐部却“巍然独存”，被誉为中国的“小莫斯科”。在大革命后期，安源路矿工人革命运动深入到农村，与农民运动有机结合，推动了湖南和赣西农民运动的迅猛发展，有力地支持了北伐战争。

大革命失败后，安源路矿工人率先举起工农革命军的旗帜，积极参加秋收起义，跟随毛泽东上井冈山；秋收起义后，安源党组织领导了一系列工农武装暴动和农村游击战争，组织了数千工人参加红军，有力地支援了井冈山革命根据地的斗争，在中国革命的战略转移中建立了不朽的功绩。可以说，安源路矿工人革命运动是马克思主义与中国革命实践结合的历史性飞跃中的重大事件，是中国共产党最初领导工人革命运动的完备典型，是新民主主义革命时期党领导开展中国工人运动的一面光辉旗帜。

---

① 中共萍乡市委《安源路矿工人运动》编纂组编．安源路矿工人运动（上）[M]．北京：中共党史资料出版社，1991：118.

（二）安源精神是安源路矿工人革命运动中先进群体精神世界的集中概括和升华

安源精神是安源路矿工人革命运动实践的必然产物，也是安源工人阶级革命斗志和品质上的升华和集体奋斗的结晶。

1. 这种先进群体意识充分体现了义无反顾、奋不顾身的斗争精神。在当年安源路矿工人革命运动实践中，李立三经常教育工人："社会主义就是工人的主义。"[①] 刘少奇当年也反复向安源工人说明："我们抱定社会主义的思想""我们既为改造社会而尽力，我们只知道牺牲，不知道权利，把自己心理洗刷得清清洁洁然后不致做出违背主义的事情。"[②] 通过党的教育成长起来的安源路矿工人在残酷的斗争中，面对资本家和反动军队的威逼利诱，不为其所动，与敌人进行英勇顽强的斗争。在大罢工斗争中，13000 名安源路矿罢工工人"誓死抗争"，成为谈判成功的坚强后盾，从而取得了大罢工的胜利。在长达近十年之久的安源路矿工人革命运动的实践中，觉醒后的安源路矿工人为了自己的奋斗目标，义无反顾，勇往直前，即使牺牲生命也在所不惜，谱写了一曲曲慷慨悲歌，安源地区英名在册的烈士达 8100 多人。在经历"九月惨案"挫折和 1928 年 8 月萍安总暴动失败后，安源路矿工人革命运动还能重整旗鼓，迅速恢复，使之呈现出长期发展而不溃散的特点，充分展现了安源路矿工人为追求真理和正义，更为工人阶级人身自由解放的奋斗目标，不畏强暴、不甘屈辱，义无反顾、奋不顾身的斗争精神。

2. 这种先进群体意识客观反映了一种团结一心、严守纪律的英勇气概。团结齐心是安源路矿工人大罢工夺取胜利的力量之源，同时也是安源路矿工人革命运动取得辉煌的成功经验。毛泽东当年来安源考察时，就教育安源工人要团结，团结才有力量。他用小石子打比方，说"一个小石子，一脚就踢开了；要

① 中共萍乡市委《安源路矿工人运动》编纂组编 . 安源路矿工人运动（上）[M]. 北京：中共党史资料出版社，1991：90.

② 中共萍乡市委《安源路矿工人运动》编纂组编 . 安源路矿工人运动（上）[M]. 北京：中共党史资料出版社，1991：95.

是把很多小石子，用石灰凝结在一起，结成一块大盘石就不容易搬动了，我们工人只要团结得紧，就是有座山压在我们头上也能推倒。”[①] 大罢工的领导者刘少奇与朱少连合著《安源路矿工人俱乐部略史》中记载：“如有事故，即一呼数百，如臂使指”“万余工友，团聚一处，声息相通……万众景从，群焉归附。”[②] 生动记载了安源路矿工人在革命洪流中开展斗争的高昂斗志和团结一心的战斗场景。从上述史料中，我们不难看出安源路矿工人革命运动的辉煌成就是他们用团结齐心、严明纪律的英勇气概创造出来的。

3. 这种先进群体意识大力彰显了依靠群众、不懈追求的进取境界。发动群众、依靠群众、与群众心连心是中国共产党当年领导安源工运中克敌制胜的一条宝贵经验，也是中国共产党百年以来不断前进和发展的法宝。在当年的斗争实践中，毛泽东、刘少奇、李立三在发动领导安源工运过程中，通过教育，循循善诱，启发觉悟，使大家明白革命的目的和意义，充分调动其革命积极性；同时时刻关心工人的切身利益，重视解决工人的实际困难，给工人们带来看得见摸得着的利益与实惠。工人群众把俱乐部视同自己的生命一样，热烈拥护和积极参加俱乐部，把自己的命运与俱乐部紧紧捆在一起，从而更加坚定地团结在工人俱乐部的周围，服从工人领袖的指挥，积极抱成一团，为实现奋斗目标不懈追求，义无反顾地与帝国主义、资本家、封建把头斗争到底，推动安源路矿工人革命运动不断向纵深发展。

4. 这种先进群体意识融入了勇于探索、敢为人先的开拓品格。安源路矿工人革命运动发生在我们党初创期，作为年轻的中国共产党，如何在大革命实践中组织领导和发动工人阶级为实现伟大的历史使命和自身解放这个目标，马克思主义教科书没有现成的答案，国内外也没有现成的成功模式照搬照套，这都必须从实践中去寻找答案，在实践中不断探索。因而在安源路矿工人革命实践

---

① 中共萍乡市委《安源路矿工人运动》编纂组编．安源路矿工人运动（下）[M]．北京：中共党史资料出版社，1991：971.

② 中共萍乡市委《安源路矿工人运动》编纂组编．安源路矿工人运动（上）[M]．北京：中共党史资料出版社，1991：116.

中，安源路矿工人阶级始终都展示出一种勇于探索、敢为人先的开拓精神。安源工人敢说前人没说过的话，敢做前人没做过的事，在中共党史上成立了全国产业工人中最早的党团组织，创办了党领导下的最早经济组织等 16 项创新工作，从而开了中国共产党初期领导工人革命运动完备典型之先河。

（三）安源精神是中国共产党人精神谱系的有机构成

中国共产党人精神谱系是我们党在长期的革命、建设和改革开放的伟大实践中培育形成的一系列伟大的革命精神，集中体现了党的坚定信念、根本宗旨、优良作风，凝聚着中国共产党人艰苦奋斗、牺牲奉献、开拓进取伟大品格，是党宝贵精神财富，是推动伟大事业前进的不竭动力。

安源精神是中国共产党人精神谱系的重要一环，它具有非常鲜明的区域特点和个性特色。在中国共产党的教育培养下，安源路矿工人阶级觉悟日益提高，斗争情绪日益高涨，在他们身上集中体现了革命最坚决、组织纪律性最强等中国工人阶级的优秀品质和特征。在革命斗争实践中，他们义无反顾、勇往直前，谱写出一曲曲气吞山河的英雄赞歌；在大罢工中，路矿两局 13000 名工人，体现出团结一致、严守纪律的奋斗品格；在白色恐怖面前，安源工人阶级不畏强暴、敢于斗争，表现出一种勇于开拓的英雄气概；在党的领导下，安源工人阶级解放思想、敢为人先，在实践中创造出了“特别出奇”的成就。这些丰富内涵从而构成了安源精神较为完备的独立的精神形态，也成为中国革命精神谱系中的又一新的表现形式。

二、安源精神在中国共产党人精神谱系发展进程中的历史影响

（一）从时空看，安源精神是建党精神到井冈山精神之间发展连结的纽带

伟大建党精神是中国革命精神之源，集中反映了中国共产党人在觉醒岁月到创立中国共产党过程中的精神风貌和奋斗品格。从中国共产党成立到井冈山革命根据地的建立并形成井冈山精神，前后历经六七年时间，在中国共产党人的精神世界发展进程中，也必然会有一条前后相连贯通并历经血与火的考验的红色脉搏横穿其中，这便是安源精神。

安源精神是建党精神到产生井冈山精神之间中国共产党人精神世界发展的重要环节和联系枢纽。中国共产党是在半殖民地半封建社会灾难深重的旧中国探索中国革命之路的，这种客观存在也决定了随着革命环境、条件对象和困难以区域特点的变化，中国共产党精神谱系发展也必然呈现多样态发展态势，内容也必然会拓展到多方面内容。中国共产党的创建孕育成就了建党精神，中国革命的航船从这里扬帆起航。在革命大洪流中，催生了不朽的安源精神，因而成为中国共产党人精神谱系中承上启下的重要环节。

（二）从主体对象看，安源精神是第一个从工人阶级的奋斗精神和革命品质概括出来的革命精神

安源精神作为以安源路矿工人阶级在大革命时期精神品质概括的精神形态，它的影响和意义超过了区域和时空界限，它代表着大革命时期中国工人阶级英勇奋斗精神风貌的缩影，在中国革命精神谱系中应有一席之地。

中共“一大”明确中国共产党的中心工作和首要任务就是组织发动和领导工人运动，从而在 1922 年 1 月到 1923 年 2 月期间，形成了中国历史上第一次工人革命运动高潮。前后持续了 13 个月，大小罢工斗争 100 多次，参加人数 30 万人以上，在中国工人运动史上以其时间长、人数多、规模大、影响广著称。这场运动是中国共产党领导下的中国工人阶级独立地自觉地进行反帝反封建斗争的一种尝试。这次斗争浪潮，沉重打击了帝国主义和封建主义的统治，充分显示了中国工人阶级在反帝反封建斗争中的战斗威力和优秀品质，增加了工人阶级的使命感，培养了组织性和纪律性，孕育和锻炼了一大批党和工人运动的优秀干部，提高了年幼的中国共产党和中国工人阶级在全国人民中的政治威望。安源路矿大罢工为第一次工运高潮提供了突出的范例，有着典型示范效应。安源路矿工人革命运动从始至终是在党的领导下进行的，从运动一开始就建立了党的组织，实现了党的领导，从而逐渐形成了以党为核心、以青年团为党的助手和后备军、以工人俱乐部为公开的组织形式的团结一致的工人阶级队伍，做到了组织的严密和完备，因斗争内容和形式的丰富多彩而卓有成效，堪称各地工运之首，生动地体现了年轻的中国共产党及其领导的工人阶级

的高度组织性和坚强的战斗力。安源精神则代表了当年在血与火拼搏中觉悟了的中国工人阶级精神风貌和品质，它与在社会主义革命和建设时期形成的大庆精神、改革开放和社会主义现代化建设新时期形成的劳模精神一脉相承，成为共产党人精神谱系中劳动人民精神风范的典型概括。

（三）从引领示范效应看，安源精神是在毛泽东、刘少奇等老一辈无产阶级革命家亲自倡导和培育下形成的

从1920年10月下旬到1930年9月这10年中，毛泽东先后8次来安源调查考察，了解工人疾苦，号召工人组织起来，组建自己的革命团体，组织发展和领导秋收起义。其中在1921年到1923年两年不到的时间，毛泽东曾6次深入安源路矿，对工人革命斗争的方向和组织领导及策略等多方面进行有力及时的指导，推动安源路矿工人革命运动不断向纵深发展。刘少奇、李立三留学回国后，先后被党组织派往安源工作，他们在安源从事具体组织领导工人革命运动的实践都长达两三年之久。作为党的重要领导人和活动家，用这么长时间集中精力主要指导一个地方的革命运动，是罕见的。由此可见，安源精神是在毛泽东等老一辈无产阶级革命家亲自倡导和培育下形成的，并在轰轰烈烈的工人革命运动中不断得到发扬光大。

安源精神随着安源路矿工人革命运动不断向前发展而不断升华。同时，随着毛泽东、刘少奇、李立三等党的著名领导者工作岗位和环境的变迁，他们也把共产党人在安源路矿工人革命运动中所呈现的优秀品质和精神风貌带到了新的工作环境，把在安源开展工作取得成绩的经验运用到新工作任务和工作环境中，把安源精神品质不断传播开来。李立三在1963年8月《看了〈燎原〉以后》一文中指出：安源工人运动的一些主要经验是非常重要的。后来1924年，我们到上海做工人运动时，也就是运用了这些经验。[①] 在大革命失败后，大批经过斗争锻炼的安源路矿工人深入农村组织农民，或奔赴战场参军助战，从而使工人运动与农民运动及其他民众运动有机地结合起来。同时把安源精神

① 中共萍乡市委《安源路矿工人运动》编纂组编．安源路矿工人运动（下）[M]．北京：中共党史资料出版社，1991：909.

融入到工农武装革命实践洪流中，也必然催生更多的革命精神在新的环境生根发芽，开花结果。如果说在建党精神形成过程中，主要引领者、倡导者是党的初期创始人陈独秀、李大钊等同志，那么从安源精神开始，中国革命精神培育的主导者、引领者和示范者则成了毛泽东、刘少奇等老一辈无产阶级革命家，正因为有他们大力倡导培育和一代代传承发展，中国革命精神才会经久不衰，充满生机与活力，形成了中国共产党人经久不衰的精神谱系。

（四）从精神风貌看，安源精神凝结着中国共产党人在中国革命中浴血奋战中的鲜明品格和独特标识

众所周知，从中共一大到井冈山革命根据地建立，中国共产党人组织发动人民对外反对帝国主义侵略压迫，对内推翻封建主义的统治奴役，以实现国家的独立和统一、民主和富强，进行着轰轰烈烈的大革命。安源精神就是在这样一种历史的背景下，伴随着中国最先进的新型阶级——无产阶级在安源路矿工人革命实践中形成的。在形成过程中，起核心作用的是这个阶级的先锋队组织——中国共产党，它折射的是安源路矿工人阶级的革命斗志和精神状态，体现出了中国共产党人精神世界的可贵品质。一是在精神品格上，都是坚持解放思想、实事求是、求真务实、永葆初心、牢记使命；二是在奋斗目标上，都是为实现共产主义和工人阶级翻身得解放努力奋斗，坚持信仰、信念不动摇；三是在价值取向上，都是坚持以奉献为主旋律，为了人民的利益甘于牺牲，体现无私奉献的品格和精神；四是在精神状态上，都体现出一种积极进取、奋发向上的精神风貌。由于安源精神和其他革命精神所产生的具体历史事件不同，解决的矛盾问题也不同，这也成为安源精神的个性特点。

三、弘扬安源精神的时代价值和实践意义

（一）要不断挖掘和丰富安源精神的内涵

我们必须着眼于新时代的特征和要求，进行系统、深入整理挖掘，使安源精神更加博大精深，富有时代气息。

1. 安源精神要在传承基础上有新的提炼和概括。早在安源路矿工人革命

运动开展时期，刘少奇、朱少连就曾把“秩序、齐心、勇敢”六字概括为安源工人的革命精神；在社会主义革命和建设时期，安源地方党组织又把“义无反顾、团结奋斗、开拓进取、无私奉献”作为鞭策安源工人为社会主义革命和建设的精神动力；进入改革开放和社会主义现代化建设新时期，人们又以“义无反顾、艰苦奋斗、开拓进取、再创辉煌”展现安源工人面对社会主义市场经济，适应市场、驾驭市场的精神；进入中国特色社会主义新时代，对安源精神提炼概括也必须体现时代要求。根据安源精神的最新研究成果，进行深入挖掘，可以表述为：义无反顾是安源精神的政治灵魂，是伟大建党精神中“坚持真理、坚守理想”的具体呈现；团结齐心是安源精神的精髓要义，承载了伟大建党精神所要求的中国共产党人“对党忠诚、不负人民”的政治品质；勇于斗争是安源精神的本质特征，是伟大建党精神中国共产党人“践行初心、担当使命”的为民情怀和博大胸襟的外在呈现；敢为人先是安源精神的活力源泉，是伟大建党精神所要求的中国共产党人“不怕牺牲、英勇斗争”的内在特质。应在此基础上精准定位，予以确认。

2. 要充分展现安源精神的时代魅力。安源精神根源于中华民族文化的历史渊源，是中国共产党人精神世界在政治本色的集中体现。我们要将安源精神深深植根于文化建设、红色旅游、党史学习中，去展现安源精神的魅力。

一是通过加强文化建设，不断扩大安源精神的影响力。任何精神文化都是继承性和延续性的统一，安源精神既是过去时，更是现在时和将来时；既属于光荣历史，更属于当下和未来；既是永恒的，又是发展的。永恒的是它的精髓和本质，发展是它新鲜的时代特征。永恒的精髓和本质赋予安源精神持久的魅力，发展的时代特征赋予安源精神以蓬勃的活力。我们要把安源现有的红色文化资源整合提升，以提高安源红色资源的影响力，使安源精神走出萍乡，走出江西，走向全国，不断落地生根，开花结果。

二是通过发展红色旅游，不断提升安源精神的感染力。萍乡是一块红色热土，红色旅游资源丰富，我们要通过发展红色旅游，不断创新弘扬安源精神的途径，让大家在接受红色教育中增加对安源精神的了解和认识。我们要把安源路矿工人革命运动和秋收起义系列红色景点打造好，通过微党课、短视频和精品课等红色党课，宣传安源路矿工人革命斗争史，弘扬安源精神，增强人们的爱国情感，弘扬和培育民族精神，使安源精神在新时代放射出新的光芒。

三是通过深入开展党史学习教育常态化、长效化，不断发挥安源精神的感召力。安源精神既蕴涵了中国共产党人革命精神的共性，又显示了安源革命斗争时期的特色和个性。我们在党史学习教育常态化中要充分用好安源革命史、革命遗址遗存和革命英烈的感人事迹等红色资源对人们进行革命传统教育，在教育中使之真正内化为人们的精神信仰，转化为人们的实际行动，带头当好安源精神的时代传人。

（二）要大力彰显安源精神的时代要求

1. 要体现出安源精神的时代特征。从安源工运中脱胎而出的安源精神，体现了共产党人无私奉献的价值追求和矢志不渝的理想信念，体现出敢于创新、敢为人先的革命气魄，体现了万众一心、严守纪律、共同奋斗的英雄气概。在新时代弘扬安源精神，首先要体现在义无反顾跟党走、高度自觉向党中央看齐上，不断强化“四个意识”，坚决拥护和捍卫“两个确立”，自觉在思想上政治上行动上同党中央保持高度一致，把党的二十大提出的战略、目标、任务落实到位。

2. 要凸显安源精神的时代特色。新时代传承红色基因，弘扬安源精神，要不断开拓新境界，把安源精神学习教育与传承红色基因和大庆精神、劳动精神、工匠精神等反映工人阶级和劳动人民优秀品质诸多精神有机融合，大力把安源精神与劳模精神中爱岗敬业、争创一流、艰苦奋斗、勇于创新、淡泊名利、甘于奉献的时代要求，与劳动精神中崇尚劳动、热爱劳动、辛勤劳动、诚实劳动的品格气质，与工匠精神中执着专注、精益求精、一丝不苟、追求卓越的敬业特质有机融合，使之更富有时代气息。

（三）要努力做安源精神的践行者

萍乡人民对安源精神有着特殊的情感，因为这里是安源精神的发祥地，对传承和弘扬安源精神有着义不容辞的责任和担当。在全面建设社会主义现代化强国的历史进程中，要做安源精神的实践者。

1. 弘扬安源精神，必须树立更高的工作标准，实现目标任务。中共萍乡市第十三次党代会提出了今后五年的奋斗目标和任务，我们要弘扬安源精神，以干部创先推动大众创业、万众创新，以“敢为人先、争当标杆”的气魄担当，奋力推进“五区”建设、打造“最美转型城市”。历久弥新的安源精神就蕴含敢为人先、争创一流的要求。今天，我们弘扬安源精神就要扭住发展第一要务，紧盯短板和不足，从党的二十大精神中找准目标定位、找准路径方法。要主攻主导产业不动摇，改造提升传统产业，培育壮大新兴产业，充分发挥经开区、工业园区主力军主阵地的支撑作用，以敢为人先的劲头追求高质量的工作成效，高标准完成党的二十大确定的奋斗目标和任务。

2. 弘扬安源精神，必须锻造更强的工作能力，开创工作新局面。弘扬安源精神，争创一流业绩，必须要有工作能力作保证。要在学习中不断提升领导管理能力。加强对干部的教育培训工作，为干部成长和成才充电加油。在实践中压担子，让其在实践中接受各种磨炼、历练和锤炼，增长才干，提升改革创新和攻坚克难能力，出实招、解难题、求实效，争取拿出更多更好的改革成效创先争优，不断开创各项事业发展新局面。

3. 弘扬安源精神，必须迎难而上奋勇争先，争创一流业绩。当年，在安源路矿工人革命运动中，在党的领导下，这块红色土地的先辈们创造了辉煌业绩。今天，我们弘扬安源精神必须全面学习贯彻好党的二十大精神，在新时代新征程的伟大实践中，要保持奋进状态，迎难而上，奋发有为，争创一流业绩，为加快打造“最美转型城市”添色添彩。

党的二十大报告指出：“党用伟大的奋斗创造了百年伟业，也一定能用新的伟大奋斗创造新的伟业。”[①] 安源精神作为中国共产党人精神谱系中发展的重要一环，历经了革命、建设、改革开放和新时代，不但没有被时间冲淡，反而在中国特色社会主义建设事业中不断发扬光大，历久弥新。我们要大力传承红

① 《党的二十大报告学习辅导百问》编写组．党的二十大报告学习辅导百问［M］．北京：学习出版社，2022：54.

色基因，不断弘扬安源精神，聚焦“作示范、勇争先”的目标定位，为建设最美江西和萍乡、创造新的伟业作出应有贡献。

参考文献：

[1] 中共萍乡市委《安源路矿工人运动》编纂组编．安源路矿工人运动（上）、（下）[M]．北京：中共党史资料出版社，1991.

[2] 中共萍乡市委．中国共产党萍乡地方史（第一卷）[M]．北京：中共党史出版社，2003.

[3] 萍乡市中共党史学会．安源路矿工人运动研究[M]．南昌：江西人民出版社，2013.

[4] 刘孚威．井冈山精神：中国革命精神之源[M]．南昌：江西人民出版社，1999.

[5] 伟大的苏区精神编委会．伟大的苏区精神[M]．北京：中共党史出版社，2014.

[6] 萍乡市中共党史学会．湘赣边界秋收起义[M]．南昌：江西人民出版社，2007.

[7] 萍乡市中共党史学会．安源路矿工人运动史研究文汇[M]．南昌：江西人民出版社，2002.

[8] 刘建民．安源精神简论[J]．江西社会科学，1997（10）.

[9] 刘建民．论安源路矿工人革命运动的历史功绩和现实意义[N]．萍乡日报，2002-09-07（理论版）.

[10] 刘建民．安源精神是中国革命精神之源[N]．萍乡日报，2002-01-12（03）.

[11] 赖爱荣．弘扬安源精神的若干思考[N]．萍乡日报，2001-10-20（03）.

[12]《党的二十大报告学习辅导百问》编写组．党的二十大报告学习辅导百问[M]．北京：学习出版社，2022.

推进勤廉江西建设研究

王志强　唐　雷　张志芳　彭　辉*

【摘要】在新的赶考路上，江西省把勤廉江西建设作为“六个江西”建设的重要内容和重要保障，在营造风清气正的政治生态、提升政府治理效能和锻造清廉务实干部队伍等方面取得了显著成效，形成了一系列新做法和新经验。在取得成绩的同时，也必须看到在勤廉江西建设当中，依然存在不少风险和挑战。新时代推进勤廉江西建设，要坚持问题导向，从勤廉江西宣传教育、从源头上科学规范用权、加大对“关键少数”的监督力度、完善基层纪检监察机构设置等方面着手，多角度探讨推进勤廉江西的优化路径。

【关键词】勤廉江西建设；成效经验；风险挑战；优化路径

中国共产党江西省第十五次代表大会提出全面建设创新江西、富裕江西、美丽江西、幸福江西、和谐江西、勤廉江西的“六个江西”奋斗目标，描绘了未来五年江西发展的蓝图愿景。在新的赶考路上，全面建设勤廉江西既是推进全面从严治党的具体行动，也是营造风清气正政治生态的现实需要。江西省把勤廉江西建设作为“六个江西”建设的重要内容和重要保障，形成了一系列新

* 王志强　省委党校党史党建教研部副主任、副教授
唐　雷　省委党校党史党建教研部主任助理、副教授
张志芳　省委党校党史党建教研部讲师
彭　辉　萍乡市委党校科研科科长、教务科负责人

做法和新经验。

一、全面建设勤廉江西的主要做法

（一）建章立制，确保常态长效

1. 加强组织领导。建立健全“一岗双责”机制，各级党委（党组）领导班子把全面建设勤廉江西工作作为重要政治任务，细化责任分工，对党风廉政建设和反腐败工作主要任务进行分解，建立全面从严治党责任清单、问题清单、问责清单，落实签字背书、全程纪实等制度，推动“两个责任”落到实处。例如萍乡市成立了由市纪委监委、市委组织部主要领导担任双指挥长，市委办公室、市政府办公室、市委宣传部等 15 家单位为成员单位的市全面建设勤廉江西工作推进指挥部，制定了《工作细则》，建立了统筹协调、分析研判、督查考核、销号管理等工作机制。认真研究制定了贯彻落实全面建设勤廉江西 2022 年工作计划和工作台账，确定了六大方面 29 项重点任务 154 项具体措施。各责任单位均组建工作专班，细化工作方案，抓好工作落实。

2. 建立长效常治的机制。作风问题关系党的形象和人心向背。习近平总书记明确指出：“坚持党要管党、从严治党，切实解决自身存在的突出问题，切实改进工作作风。”[①] 各级党组织对建立健全作风建设长效机制的重要性和必要性有了更进一步的认识，着力健全领导干部带头改进作风机制，以上率下、层层示范。同时还完善管人、管事、管财、管物、管权的制度，比如：全面清理公职人员违规经商办企业和违规借贷谋利行为，坚决杜绝领导干部“亦官亦商”问题；加强对领导干部身边人员的管理，常态化开展领导干部违规配备司机专项治理。督促各级党委（党组）制定出台议事决策工作规则和“三重一大”事项集体决策制度，把贯彻落实“三重一大”事项集体决策制度情况作为巡察监督、日常监督和民主生活会班子对照检查的重要内容，坚决防止以各种形式故意规避集体决策程序的行为。以健全的制度体系全面规范党员干部、公

① 中央党史和文献研究院．十八大以来重要文献选编（上册）[M]．北京：中央文献出版社，2014：70.

职人员行为，巩固作风建设成果。

3. 强化监督机制建设。不断强化预防和惩治腐败机制建设，增强领导干部廉洁自律意识和拒腐防变能力。比如把“一把手”作为监督重点，建立完善党风廉政建设季度评价机制，以负面清单形式对各单位党政“一把手”进行分析评价，探索推行“码上巡”智能化巡察，“线上”“线下”同步加强对领导干部勤政与廉政的监督，推动党员干部廉洁自律、担当作为。同时以党内监督为主导，推动各类监督形成合力，构建贯通协同的“大监督”格局。不断深化派驻机构改革，深化室组联动、组组联动，提升派驻监督工作质量与成效。创新函询方式方法，通过函询问题同步抄送、函询意见同步签署、问题整改同步进行、警示教育同步开展“四个同步”，有效提升函询监督的针对性和实效性。持续深化政治巡察，高质量完成巡察，充分发挥巡察机构在上下联动中的作用，不断提升巡察工作规范化水平。

（二）多措并举，深化党风廉政建设

1. 依托红色文化资源开展党性教育。红色文化资源就是马克思主义中国化的史书，是一部马克思主义信仰教育的鲜活教材。党的十八大以来，习近平总书记反复强调“把红色资源利用好、把红色传统发扬好、把红色基因传承好”[①]。江西拥有井冈山精神、苏区精神、长征精神等重要精神遗产。依托得天独厚的红色文化资源，江西致力于打造富有地方特色、主题鲜明的红色教育品牌。以征集素材为抓手，推动全省各地各单位全面挖掘梳理当地勤廉文化资源，传承红色基因，营造勤廉文化氛围。比如“廉洁江西”开辟专栏“勤廉江西史鉴”，陆续推出甘祖昌、方志敏、赵醒侬等人物报道，让党员干部学有榜样、行有示范。除了正面教育之外，还注重加强警示教育。比如参观《光耀“赶考”路》主题展览、观看警示教育专题片《“赶考”路上的迷失者》等。专题片通过公布江西省政协原副主席肖毅案及近两年查处的典型案件的相关人员

① 习近平．贯彻全军政治会议精神 扎实推进依法治军从严治军［N］．光明日报，2013-07-14（01）．

忏悔书和现身说法，深入剖析其走上严重违纪违法道路的深层次原因，教育引导党员干部时刻保持“赶考”的清醒，保持对“围猎”的警觉。另外在大数据时代，注重加强革命文物数字资源开发利用，建立红色文化资源素材库、档案库和数据库，创办红色资源微信公众号、红色资源党史教育网站，创建“红色江西”数据库，开通红色资源网上展览馆。通过互联网，整合各类学习资源，构建网络教育新平台，打造党性教育的网络阵地。

2. 增强辐射广度，开展勤廉文化宣传教育。萍乡市采取党委“议”廉、制度“促”廉、媒介“宣”廉、活动“助”廉、典型“引”廉等多种形式，深入开展廉政文化“六进”活动，不断增强廉政文化建设的渗透力、凝聚力和感染力。抚州市东乡区通过开展主题征文、演讲比赛等活动，推动勤廉文化进机关。区教体局、区关工委等部门组建勤廉文化宣讲团，深入全区各中小学校开展少年王安石励志报国、舒同的革命生涯与书法故事宣讲，同时区教体局将勤廉文化纳入全区教师培训内容，以召开勤廉主题班会、办勤廉绘画展等形式，推动勤廉文化进校园。许多企业自觉将廉洁文化植入企业文化建设，把廉洁要求落实到企业经营管理全过程，引导园区企业将勤廉文化植入企业文化建设，搭建优化营商环境亲清“码”监督平台。在勤廉文化进乡村过程中，以建设勤廉书屋、开展“送廉戏下乡”巡演活动等形式取得了很好成效。在推动勤廉文化进医院过程中，构建自觉抵制“大处方”、“乱收费”、红包、回扣等不正之风的思想道德防线。此外，勤廉文化宣传还联合区妇联举办党员领导干部“廉内助”专修班，开展“清风传家”最美家庭评选、举办“廉内助”专修班，推进勤廉文化进家庭。持续扩大廉政文化在各个领域的辐射广度，从而增强廉政文化传播广度、深度，形成全覆盖格局。

3. 加强阵地建设，打造勤廉文化教育阵地。打造廉洁文化宣传教育阵地是宣传廉洁文化的重要举措之一。围绕党史重大事件、重要活动、重要人物，打造教育阵地，比如上饶市纪委监委依托信州区上饶集中营、广丰红军岩、玉山清贫园、铅山石塘镇等红色革命基地，打造“上饶红廉地图”，作为全市党员干部的“红色走读线路”，厚植新时代廉洁文化土壤。又比如抚州市以东乡区家风家训教育馆为核心，以王震纪念馆、舒同博物馆、区实验中学书廉教育示范点等为支撑，各乡镇坚持“一乡一品”，打造了珀玕乡祝荫隆革命烈士陵园、小璜镇俞远烈士红廉文化教育基地等一批廉洁文化教育基地，构建了多层级、全覆盖的勤廉文化教育载体。与此同时，大力推进一流模范机关、诚信守法企业、人民满意学校、群众放心医院、文明秀美乡村等勤廉单位创建行动，分领域制定创建工作实施方案，明确具体要求，号召全员参与，推动全社会形成以勤为美、以廉为荣、崇尚勤廉的良好风尚和浓厚氛围。

（三）强化督导，推动廉政建设落到实处

1. 发挥督查考核功能。纪检监察机关发挥监督专责机关作用，协助党委全面从严治党，探索深化贯通协同的有效路径。实践中，纪检监察机关统筹“协助”与“监督”两项职责，在协助中强化监督、在监督中推动协助，助力党委充分履行管党治党政治责任，真正做到协助职责和监督专责一体推进、一体落实。督查考核工作坚持实事求是和注重实效的原则，对党风廉政建设责任制落实情况和党务公开、政务公开等工作采取定期检查与不定期抽查、综合检查与专项检查相结合进行。比如：2022 年萍乡市指挥部办公室综合采取实地督查、电话督查、书面督查、明察暗访等方式，对各县区、各部门单位开展专项督查 3 次，下发督查通报 3 期，发现并指出具体问题 40 余个。对工作落实不及时或不到位的，严肃通报批评，并视情约谈有关单位分管负责同志或主要负责同志。将各地各部门工作落实情况纳入市年度综合考核评价的重要内容，同时把监督检查、考核情况与评先创优、干部任用、责任追究紧密挂钩。

2. 强化监督执纪问责。强化责任落实，坚持“两个责任”贯通协同，各责任单位根据任务分工落实主体责任，纪检监察机关履行监督责任，压实第一责任人职责和班子成员“一岗双责”。有效运用监督执纪“四种形态”，持续完善谈话、函询等制度，对发现的违纪苗头问题及时进行谈心提醒和约谈函询，将违规违纪问题扼杀在萌芽状态。强化对重点岗位、重点环节、重点人员的监督，对发现的问题从严从重从快进行“精准问责”，杜绝问责“宽松软”和“问责泛化”问题。加大对不担当不作为干部的问责力度，对在各项考核中排名靠后的，对在重点工作中不主动抓落实造成工作被动落后的，对涉及人民群众最关心最直接最现实的利益问题不担当不作为的，进行严肃问责。坚持“一案双查”，既追究当事人的责任，又追究该地方或单位失职失责党组织和党员领导干部的主体责任、监督责任和领导责任，让不作为、慢作为的干部受到警醒和惩戒。为做好受处分人员的教育疏导，激励干部担当作为，吉安市吉州区常态化开展对受处分党员干部回访教育谈心谈话，坚持严管厚爱结合、激励约束并重，重点对运用监督执纪前三种形态处理的党员干部进行回访教育，不断巩固和深化监督执纪问责综合效果。

3. 落实整改工作。各责任单位聚焦职责，结合信访反映、日常监督、巡视巡察、典型案例中暴露出的不勤不廉问题，进行深化整改整治。比如：萍乡市认真落实纪检监察建议整改工作，肖毅案整改方案中明确的 36 项重点任务 117 项整改措施已全部完成销号；《萍乡市着力破解“一把手”监督难题 不断深化纪检监察建议整改落实》在省委工作简报第 27 期刊发；积极配合完成省委对萍乡的巡视工作，以坚决态度推动巡视组移交立行立改问题整改，认真落实《关于加强巡视整改和成果运用的意见》。井冈山市积极探索巡察整改“五方会审”监督模式，由市纪委监委对口监督检查室、派驻纪检监察组、市委组织部干部室、市委巡察办、市委巡察组相关负责同志组成会审小组，集中对被巡察党组织报送的巡察整改方案及整改情况报告逐一过筛，指出问题不足，提出意见建议，并现场评定“好”“一般”“差”“较差”四个等次，做实做细巡察“后半篇文章”，切实提升巡察整改质效。联合会审实施以来，该市共组织开展联合会审 3 次，提出审核意见 125 个，第一、二轮巡察整改完成率均达到 95% 以上。兴国县探索发动群众参与巡察监督工作，巡察干部积极发扬苏区干部好作风，深入基层一线，发动群众参与巡察监督，广泛收集问题线索，着力提升巡察质效。巡察组把入户走访作为摸清情况、发现问题的重要方式，聚焦老党员、老干部、脱贫户、低保户、信访户、危房改造户等六类人群，重点走访，着重了解。在集镇、新时代文明实践站等地“摆摊设点”，接受群众来访，发放巡察联系卡，注明信访电话、邮箱、调查问卷二维码等信息，方便群众随时反映情况。

二、全面建设勤廉江西取得的成效

（一）确保政治清明，营造风清气正的政治生态

深入学习贯彻习近平总书记关于全面从严治党的重要论述，忠诚拥护“两个确立”、坚决做到“两个维护”，始终把习近平总书记对江西工作重要要求作为总方针总纲领总遵循，精准有力贯彻党中央重大决策部署，坚决全面彻底肃清苏荣案恶劣影响，全省党员干部政治判断力、政治领悟力、政治执行力显著提升。“党内政治生活是党组织教育管理党员和党员进行党性锻炼的主要平台，从严治党必须从党内政治生活严起。”① 通过严肃党内政治生活，引导党员干部始终严守党的政治纪律和政治规矩，加强廉洁文化建设，涵养风清气正的政治生态。同时紧紧围绕减存量、遏增量，坚决查处政治问题和经济问题交织的腐败分子，扫除全面从严治党和经济社会发展障碍。在高压震慑和政策感召下，党的十九大以来，全省共有 3156 人主动向纪检监察机关投案。全省还深化以案促改、以案促建、以案促治，全社会共同反腐的氛围越来越浓，反腐败斗争取得压倒性胜利并全面巩固。

（二）推进政府清廉，提升政府治理效能

习近平总书记明确指出：“我们的权力是党和人民赋予的，是为党和人民做事用的，姓公不姓私，只能用来为党分忧、为国干事、为民谋利。要正确行使权力，依法用权、秉公用权、廉洁用权。”② 通过认真落实全面从严治党政治责任“一岗双责”，坚持反腐败无禁区、全覆盖、零容忍，突出问题导向、目标导向、结果导向，坚持以案促改、以案治本，聚焦重点抓整改、防风险，建设更高水平的廉洁政府。把严的基调、严的措施、严的氛围长期坚持下去，把

① 习近平．在党的群众路线教育实践活动总结大会上的讲话［M］．北京：人民出版社，2014：18.

② 中共中央文献研究室．十八大以来重要文献选编（中）［M］．北京：中央文献出版社，2016：325.

党的十八大以来不收敛、不收手、胆大妄为者作为重中之重，重点查处政治问题和经济问题交织的腐败案件，深化整治权力集中、资金密集、资源富集领域的腐败，坚持受贿行贿一起查。严格落实中央八项规定及其实施细则精神，锲而不舍纠“四风”、树新风，不断提高各级政府和公务人员的制度执行力，紧盯重点领域和关键环节，坚决管好重点资金、重点领域、重点任务，从而为不断激发市场活力、提升监管效能、防范廉政风险，营造更加市场化法治化国际化营商环境提供重要保障。

（三）保持干部清正，锻造清廉务实干部队伍

深入贯彻新时代党的组织路线和好干部标准，把从严管理干部贯彻落实到干部队伍建设全过程，严格把好选人用人政治关、品行关、能力关、作风关、廉洁关，强化党风廉政建设，推进廉政教育常态化、长效化，打造一支风清气正、廉洁高效的干部队伍。坚持从政治上看、从政治上抓，持续向“怕、慢、假、庸、散”作风顽疾开刀，对典型问题紧盯不放，对“四风”问题露头就打、反复敲打。2022 年，全省查处群众身边腐败和作风问题 7124 起共 8961 人，给予党纪政务处分 6128 人，让群众切身感受到正风肃纪反腐就在身边。聚焦推进我省“一号改革工程”，深化整治营商环境领域腐败和作风问题，紧盯公职人员涉企服务不作为、乱作为、“新官不理旧账”等 7 类突出问题，全省查处各类突出问题 7042 起共 9272 人，其中给予党纪政务处分 3652 人。坚持严管与厚爱结合、激励与约束并重，一体推进澄清正名和查处诬告陷害行为，在干部队伍中牢固树立为民务实清廉的价值导向。持续推进基层减负，想干事、能干事、干成事的氛围愈发浓厚。

三、当前存在的问题及原因

党的十八大以来，江西省认真、准确、全面贯彻党中央全面从严治党要求，深入推进反腐败斗争，党风政风建设取得了历史性成就，并在新时代伟大斗争中保持了正风肃纪反腐政治定力，为“六个江西”建设保驾护航。在取得成绩的同时，也必须看到，在勤廉江西建设当中，依然存在不少风险和挑战，

必须重视和解决。

（一）全面从严治党在传导中存在层层递减的现象

在全面从严治党向基层延伸的过程中，存在着层层递减的现象。在广大基层，依然在不同程度上存在“上面九级风浪，下面纹丝不动”、压力传导上热下冷的情况，一些党组织管党治党宽松软，一些基层党组织软弱涣散、战斗堡垒作用不强的问题依然存在，在不少干部当中依然存在廉洁意识、规矩意识不强的现象，在基层治理当中还存在不少漏洞。其主要原因有：一是一些地区和单位权责清单和责任划分不清晰，由此导致“一案双查”无法全面执行，进而使得领导干部责任难以体现。二是少数党员干部不能够从政治上认识到全面从严治党的重要性，在落实和执行过程中缺乏思想自觉和行动自觉。不少基层党员干部存在“基层特殊”的错误认知，依然沿袭人情至上的旧办法、旧思维，不能够真正认识到全面从严治党的意义，贯彻落实不到位。三是廉政风险防控机制建设滞后，防控机制“为建而建”缺乏权责明确、行之有效的考核办法和责任追究机制。一些党员干部认为自己所属的单位、岗位属于无实权的“清水衙门”，不存在发生腐败的廉政风险点。

（二）“四风”问题面临较大反弹压力

“四风”问题成因复杂，有着长期的历史根源，难以在短时间彻底解决。在全面从严治党深入推进的今天，依然有人为了获取个人利益的目的顶风违纪。为了躲避组织的监督，少数干部的违纪手段极为隐蔽，花样和套路纷繁复杂。比如，宴请聚会地点更为隐秘，利用居民楼、单位内部食堂等隐形场所大吃大喝，进而实施权财交易。再比如运用现代物流手段违规寄送贵重礼品，利用电子商务的快捷性和便利性来实施违规违纪活动，整治“四风”面临着较大的反弹压力。2022 年 4 月，江西省纪委省监委就我省 10 起违反中央八项规定精神典型问题发布通报，包括省委教育工委原副书记肖志华违规收受礼品礼金，违规接受宴请问题；萍乡市原副市长叶华林违规收受礼品礼金，违规接受旅游安排等问题。这 10 起典型案例，其共性之处都是从吃喝收礼的违规一步步发展到受贿或涉嫌受贿的违法地步。究其原因，主要集中在以下三个方面：

一是不能正确处理人情与法纪的关系。有的干部以人情往来为托辞，心甘情愿接受“围猎”，陷入不法分子精心设计的人情陷阱；通过吃喝玩乐联络所谓的感情，以“重视”“关心”民营企业为由为个别人站台撑腰，损害公平的市场竞争导向，破坏营商环境。二是不能正确处理公权和私利的关系。有的干部将党和人民赋予的权力当作私人工具，在使用权力中为自己谋取私利。靠山吃山，一边收、一边送，严重带坏了上下级关系，搅浑了地方的政商关系。三是不能真正践行以人民为中心的发展思想，不能够完整、准确、全面贯彻新发展理念。有的干部不顾地方欠发达的经济社会发展实际，通过大举地方债等途径大兴土木搞形象工程，以“高大上”的“地标性”建筑展示自己的政绩，给地方发展带来深远的负面影响。

（三）监督职能发挥不充分

从监督的向度上来看，上下级的监督难以有效落实，领导班子之间的监督容易受到多种因素的干扰和制约。“一把手”监督的短板还没有得到根本的解决。从监督的实效来看，尽管监督体系全覆盖已经实现，但在监督实施中依然存在不少问题。巡视巡察和派驻监督的功能还没有得到较好的发挥，自上而下的组织监督和自下而上的群众监督效用发挥不足，出现形式化、空转和失衡等情况。在政治监督当中，不少纪检监察干部缺乏创新意识，依然停留在听取汇报、查阅台账材料等监督方式，不能根据新发展要求探索和强化政治监督的方式方法。有的纪检监察干部主动性不够，导致监督工作很被动，不能自觉履行运用监督执纪“四种形态”，对苗头性倾向性政治问题缺乏足够的敏锐性和预判力。有的纪检监察机关偏向于单一的监督路径，不能够一体综合推进纪律监督、监察监督、派驻监督、巡察监督形成合力。同时，不少纪检监察干部政治素养和业务水平还有待提高。聚焦“两个维护”深挖隐藏其后的政治能力不够，在精准监督上、精准问责上能力不足，面对复杂性问题难以做到“精准施策，靶向治疗”。在日常监督中，群众监督作为厚植党的执政根基的基础，在当前的实际操作中依然存在信息公开透明程度无法保证、沟通渠道畅通性不够等问题。同时，作为群众监督重要载体的网络监督，还没有形成网络监督与组织监督良性互动的长效机制。具体原因在于：网络监督中的党政机关、领导干部、社会组织、网络从业人员、广大网民等监督主体还没有形成广泛共识，网民的网络媒体素质参差不齐，地方网络治理能力还有待提升。

（四）重点领域违纪违法问题依然多发高发

以上问题和原因综合交织，使得在现实当中一些权力和资源集中、改革相对滞后、监管不到位的领域成为廉政风险点，乃至成为违纪违法的多发地区。2021 年 9 月以来，根据党中央决策部署和中央纪委国家监委工作要求，江西省全面开展粮食购销领域腐败问题专项整治。2022 年 1 月，省纪委省监委通报了 8 起粮食购销领域违纪违法典型案例，包括南昌市南昌县新联粮食管理所原所长徐墅金贪污、受贿、滥用职权案，九江市武宁县直属粮库原负责人王平贪污、挪用公款案等 8 起案件。通报对以上案例的问题进行了详细列举和分析，认为在这些案例中既存在利用职务便利，设租寻租、权钱交易、中饱私囊、侵占挪用公款的情况，又存在滥用职权，不作为或乱作为造成国有经济损失的情况。有的干部利用公款报销私人消费的费用。其中，具有粮食购销腐败特点的问题五花八门，既有“靠粮吃粮”的直接腐败，也有履责缺失导致国家和人民利益受损的责任问题，还存在违反中央八项规定精神的作风问题，其行业涉及粮食行政主管监管部门、国有粮食购销企业、各级粮食库点，其过程涵盖粮食收购、储存、销售、轮换等多个环节。通报指出：这些问题暴露出粮食购销领域反腐败斗争形势仍然严峻复杂，腐败问题、责任问题、作风问题相互交织，部分粮食业务部门或基层国有粮食企业有关人员虽然级别不高、权力不大，但深耕该领域多年，利益关系盘根错节，党的十八大甚至十九大以后仍然不收敛、不收手，挖空心思将手中的权力变现，胆大妄为、监守自盗，形成了严重侵蚀群众利益的“硕鼠”和严重危害国家粮食安全的“蛀虫”，社会影响恶劣。究其原因，主要集中在以下几个方面：一是政治意识不强，学习不够。重点领域权力和责任重大，同时其业务也非常繁忙。很多党员干部包括纪检干部存在重业务、轻政治、轻纪检的情况，不少干部将自己的责任仅仅局限于业务范围，想当然地认为廉政建设和反腐败斗争与自己无关，放松对党的理论的认真学习，导致思想失守，一步步陷入错误而不自知。二是全面从严治党的责任定位不够精准。在一些地方和单位，全面从严治党的责任清单不够明晰，责任模糊或存在交叉，致使在担责、追责环节均存在互相推诿、互相依赖的现象。特别是一些地方和单位的中层干部不能够明晰自己在从严治党中的主体责任，使得廉政体系当中的一些环节存在松动、缺失的情况。三是监督的合力难以有效形成。重点领域发生的问题，大多是通过巡视巡察监督和群众举报发现，暴露出其他监督存在的薄弱环节。

四、推进勤廉江西建设的对策建议

治国必先治党，治党务必从严。新时代推进勤廉江西建设，要结合新时代我省党内违纪违规等重点突出问题，坚持问题导向，从勤廉江西宣传教育、从源头上科学规范用权、加大对“关键少数”的监督力度、完善基层纪检监察机构设置等方面着手，多角度探讨推进勤廉江西的优化路径。

（一）多途径加强勤廉江西宣传教育

加强勤廉江西建设，必须多途径、全方位宣传党的纪律，使全省上下形成浓厚的严格遵守党纪的氛围。重视党的纪律宣传教育是党的优良传统，在革命战争时期，党的纪律教育就被提升到了突出位置，“三大纪律、八项注意”就是革命战争时期对党政干部和红军队伍的纪律要求，后来将这一纪律要求编排成了一首脍炙人口的革命歌曲并传唱至今，教育了一代又一代中国共产党人必须严格遵守党的纪律。2022 年，我省首次拍摄了 4 集电视专题片《“赶考”路上》，在江西卫视播出。摄制 1 部违纪违法干部忏悔警示教育片、下发 7 个方面的典型案件教训警示通报和 1 本《忏悔材料汇编》，作为 2022 年度全省县以上党和国家机关党员领导干部民主生活会的重要学习内容，这些都取得了良好的纪律教育效果。但受多重因素影响，新时代勤廉江西建设宣传工作还存在诸多不足之处，如宣传针对性不强、覆盖面不广等问题。勤廉江西宣传教育是加强党的纪律建设的基础性工作，其最终目标就是要进一步提升我省干部党员的勤廉意识，打牢“不想违纪”的思想基础。在加强勤廉江西建设过程中，党的各级组织及全体党员，既要学习以宪法为核心的法律体系，做到遵法、敬法、守法，也要学习党规党纪，明白党纪严于国法，模范践行党纪，从而使敬法明纪进入每一个党员头脑中，在工作、生活中能够做到知行合一。要坚决整治作风方面突出问题，推动全省加快形成风清气正、劲足心齐、谋事创业的浓厚氛围。要紧盯作风领域的新形式、新表现、新动向，着力查纠项目建设、生态环保、民生保障等领域的形式主义、官僚主义、弄虚作假问题，深化整治、常抓不懈，做到真管真严、敢管敢严、长管长严，推动作风建设向深处发力、在实处见效，为推进江西高质量、跨越式发展提供有力保障。

（二）从源头上科学规范用权

作为马克思主义理论、政治学、管理学、社会学等多学科研究的共同课题，“权力”通常被定义为组织中成员之间的一种关系，是指处在某个管理岗位上的人对整个组织或所辖单位成员的一种影响力。权力如果不能得到科学合理的约束，就会对组织造成极大破坏。随着改革深入发展，基层党组织的权力和职责日益增多，为了避免权力“任性”带来的危害，规范权力运行体制机制的改革迫在眉睫。基于此，中央纪委在向党的十八大的工作报告中强调，要深入推进廉政风险防控机制建设[①]。实际上，党在发展过程中的经验与教训也一再证明，失去制约的权力必将危害党的事业。近些年我省部分地市党政“一把手”贪污腐败，违反党纪国法，败坏党风、政风，给党以深刻警醒：要加强党的权力体制机制改革，在构建党内权力分工和制约的基础上，大力推行权力公开透明化运行，加强权力监督，从而构建科学的权力运行机制体制，真正形成“不能违纪”的政治生态。要坚持以深化改革铲除滋生腐败的土壤，纵深推进“放管服”改革、公共资源配置交易监管体制改革、财政资金绩效管理改革等，进一步加强国资国企和金融监管，重拳整治侵害群众利益的不正之风和腐败问题，从源头上减权限权、规范用权、预防腐败。

① 党的十八大反腐倡廉精神辅导读本［M］. 北京：人民出版社，2012：152.

（三）加大对“关键少数”的监督力度

马克思、恩格斯在谈到监督的重要性时曾提出，所有的政府办事人员都必须在人民有效的监督之下行事，这样能有效地阻断人们“追求自己的特殊利益”[①]。强化党的纪律建设是中国共产党成立以来正反经验教训的总结，新时代推动党的纪律建设，需要从多个方面入手，其中就包括必须健全完善有效的党内监督体制机制。过去一段时期以来，党内监督运行中，党员监督意识薄弱与监督能力不强是制约党内监督发挥作用的短板。在推进勤廉江西建设的过程中，必须将党的纪律挺在党内监督前面，不断增强党员监督意识，提高党员的监督能力。

一方面，加强党内监督，要不断提高党员的监督意识，切实落实党章赋予党员的各项权利。《中国共产党党员权利保障条例》明确规定：“党员有党内监督权，有权在党的会议上以口头或者书面方式有根据地批评党的任何组织和任何党员。”[②]《中国共产党党内监督条例》第三条指出：“党内监督的重点对象是党的各级领导机关和领导干部，特别是各级领导班子主要负责人。”[③]纪律建设需要重点加大对党的领导干部的监督力度，而如何实现对“关键少数”的从严监督，还需要在制度上进行设计，将对“关键少数”的监督落到实处。长期以来，受多重因素影响，党内权力形成了高度集中的体制机制，导致党政不分、以党代政、“一言堂”等问题较为严重。部分党员领导干部在履职过程中，违反党的纪律问题较为严重，给党的纪律建设带来严重挑战。在推进勤廉江西建设过程中，必须提出建构科学的党内权力分工格局，实行权力分解，明晰权力界限，为党员领导干部在党纪国法下正确履职确立了制度基础。

（四）完善基层纪检监察机构设置

勤廉江西建设主体责任在党委，监督责任和协助责任在纪委监委，从实际运作的工作量来看，繁重的监督、执纪、问责重任大部分落在了基层纪检监

---

① 习近平总书记系列重要讲话读本［M］. 北京：学习出版社，2014：86.

② 中国共产党党员权利保障条例［N］. 人民日报，2021-01-05（04）.

③ 十六大以来重要文献选编（上）［M］. 北京：中央文献出版社，2005：658.

察机构身上。在发挥执纪合力等方面，基层纪检监察部门还需要在机构设置上进一步探索改革之路。基层纪检监察机构是党纪国法在基层的落实部门，从严管党治党需要统一基层纪检监察机构设置。当前，在基层纪检监察机构设置上模式多样，既有直管部门纪检监察机构统一管理模式，也有垂管单位和国家机关部门的内设模式，上述诸多模式在全面从严治党过程中发挥了积极作用。但随着全面深化改革进程加快，中央对纪检监察部门的改革方向是由分级管理向垂直管理转变，这就迫切需要在基层设置统一的纪检监察部门，从中央到基层，从政府到各事业单位，由统一的纪检监察部门执行纪检、监察职能。党的十八届三中全会要求全面规范中央一级党和国家机关派驻纪检机构的要求，"实行统一名称、统一管理"①，这为基层设置统一领导的纪检监察部门提供了重要遵循，但基层情况纷繁复杂，不同行业和不同性质单位的基层情况大相径庭，这里面有垂管单位和直管单位的差别，有城市社区与乡镇农村的差别，还有企业与事业单位的差别，等等，一个主干性的党内法规还难以达到完全满足统一基层纪检监察机构设置的目标。随着经济社会的快速发展，新经济组织和新社会组织的发展方兴未艾，在这些新出现的"两新"组织中要不要设置基层纪检监察机构，如何科学设置其纪检监察机构也是一个全新的课题，这里面既要避免产生基层纪委监委臃肿性扩张的可能，还要发挥其监督有力的作用，这些都是需要深入探索的领域。

参考文献：

[1] 习近平关于全面从严治党论述摘编（2021 年版）[M]．北京：中央文献出版社，2021.

[2] 张志明．全面从严治党创新研究 [M]．广州：广东人民出版社，2018.

[3] 张平江．党性修养简明大辞典 [M]．呼和浩特：内蒙古人民出版社，

① 中国共产党第十八届中央委员会第三次全体会议文件汇编 [M]．北京：人民出版社，2013：56.

2018.

[4] 张士义，刘志新．新时代党的作风与纪律建设[M]．北京：中共党史出版社，2018.

[5] 张玲．严明党的政治纪律和政治规矩[M]．北京：中国言实出版社，2019.

[6] 祝猛昌．中国共产党纪律建设的理论与实践[M]．北京：北京理工大学出版社，2019.

[7] 携手书写全面建设社会主义现代化江西的精彩华章——省第十五次党代会报告学习辅导[M]．南昌：江西人民出版社，2022.

双“一号工程”

江西省数字产业规模能级提升路径及对策研究

郭金丰　花　晨　张　扬　余　漫*

【摘要】我国数字经济发展已迈入快车道，数字产业是数字经济的核心增长引擎。江西已初步形成以电子信息制造业为基础，以 VR 产业、物联网为新增长点的数字产业发展格局。但数字产业规模偏小，数字产业集群不完善；产业链缺乏协同效应，中下游产业化能力弱；创新服务体系不完善，产业链配套不足；高端数字人才不足，数字产业化缺乏后劲等问题仍然制约着江西数字产业规模能级的提升。为破解上述制约因素，应通过优化全省数字产业布局，提升产业发展规模；促进产业链上下游协同，加强产业技术攻关；不断完善产业服务体系，优化产业发展环境；加强数字人才队伍建设，提升产业发展后劲。

【关键词】数字产业；能级；产业链

前言

数字产业化是指将数据与信息等资源作为生产要素，通过技术创新与产

* 郭金丰　省委党校江西经济社会发展战略研究所所长、教授
花　晨　省委党校江西经济社会发展战略研究所助理研究员
张　扬　省委党校江西经济社会发展战略研究所讲师
余　漫　省委党校江西经济社会发展战略研究所研究实习员

业融合等手段，催生出一种新的产业业态。[①]党的二十大报告提出“加快发展数字经济，促进数字经济和实体经济深度融合，打造具有国际竞争力的数字产业集群”[②]的任务，为我国数字产业化发展指明了方向。2022 年 7 月，中国信通院发布了《中国数字经济发展白皮书（2022 年）》。白皮书显示，2021 年中国数字产业化规模达 8.35 万亿元，占全国数字经济比例约为 18.3%，占国内生产总值比例约为 7.3%，数字产业化正在通过“量变”引起“质变”。[③]

2022 年 3 月 23 日，中共江西省委、江西省人民政府印发了《关于深入推进数字经济做优做强“一号发展工程”的意见》，提出打造数字产业发展集聚区，数字经济核心产业增加值占地区生产总值比例超 10% 的发展目标。[④]为此，开展我省数字产业规模能级提升路径及对策研究，对于我省建立创新引领、特色鲜明、优势突出的数字产业体系，打造全国数字经济发展新高地具有重要意义。

一、我国数字产业化发展趋势

数字产业化泛指信息通信产业，是数字经济发展的先导产业，为数字经济发展提供技术、产品、服务和解决方案等。产业门类包含电子信息、通信业、软件和信息技术服务业、互联网相关行业等。

---

① 李腾，孙国强，崔格格，数字产业化与产业数字化：双向联动关系、产业网络特征与数字经济发展［J］. 产业经济研究，2021，（05）：54–68.

② 习近平 . 高举中国特色社会主义伟大旗帜 为全面建设社会主义现代化国家而团结奋斗——在中国共产党第二十次全国代表大会上的报告［J］. 中华人民共和国国务院公报，2022，（30）：4–27.

③ 中国数字经济发展白皮书（2022 年）［EB/OL］.（2022–07）.http：//www.caict.ac.cn/kxyj/qwfb/bps/202207/P020220729609949023295.pdf

④ 关于深入推进数字经济做优做强“一号发展工程”的意见［EB/OL］.（2022–03–14）. http：//www.jiangxi.gov.cn/art/2022/3/14/art_396_3885369.html

（一）电子信息：生产增速稳健，出口贸易回暖

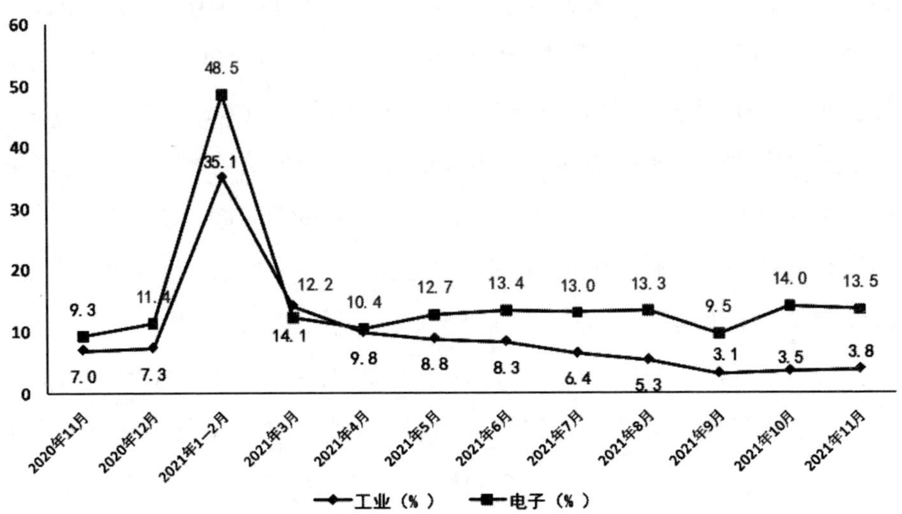

图1　2020 年 11 月—2021 年 11 月电子信息产业与全部工业增加值月度增速

数据来源：工信部公开数据整理

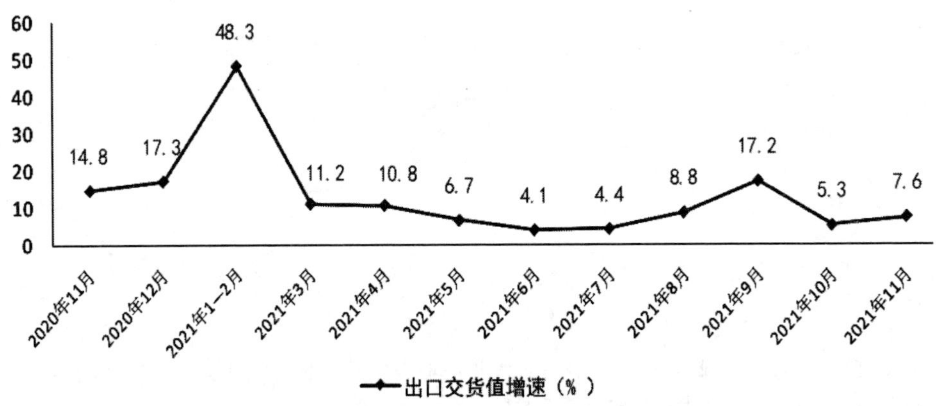

图2　2020 年 11 月—2021 年 11 月电子信息出口交货量月度增速

数据来源：工信部公开数据整理

2021 年 1 月至 11 月，全国电子信息产业总体保持较好增长势头，出口贸易有所回暖。2021 年 1 月至 11 月，全国规模以上电子信息制造业增加值比上

一年提高约 16.2%，增速同比提升近 9 个百分点；出口交货总量比上一年提高约 12.6%，增速比上一年提升近 7.2 个百分点；营业收入约为 124937 亿元，比上一年提高约 14.7%，增速同比提升近 6.9 个百分点；利润总额约为 6797 亿元，比上一年增加约 29.8%，增速比上一年同期提升近 14.1 个百分点。

（二）互联网行业：利润和成本双升，R&D 投入逐步提高

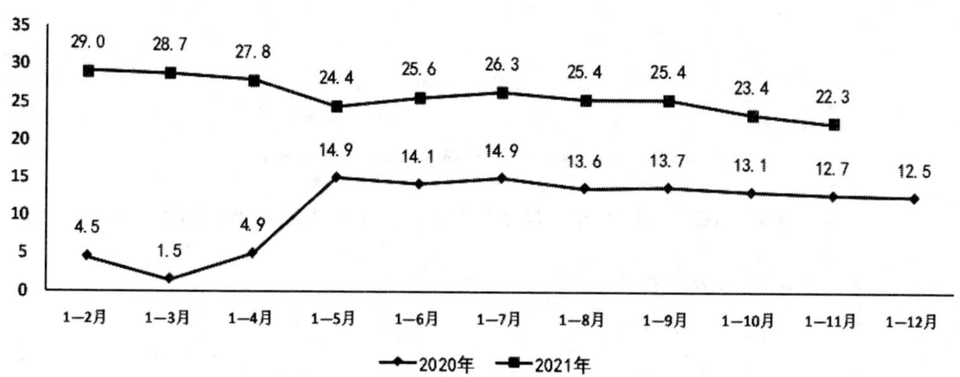

图 3　2020—2021 年互联网业务收入增长情况（%）

数据来源：工信部公开数据整理

2021 年 1 月至 11 月，全国互联网行业市场总体波动不大。营收与利润增速喜人；平台服务与数据业务规模迅速做大，信息服务营收实现增长；多个省（市）互联网业务增长态势明显。2021 年 1 月至 11 月，全国规模以上互联网和相关服务类企业营收达 14155 亿元，比上一年提高约 22.3%；经营利润约为 1280 亿元，比上一年提高约 14.8%，增速比 1 月至 10 月降低约 6.5 个百分点；经营成本比上一年提高约 17.3%，增速比 1 月至 10 月降低 3.6 个百分点；互联网企业 R&D 投入约为 670.1 亿元，比上一年提高约 5.6%。

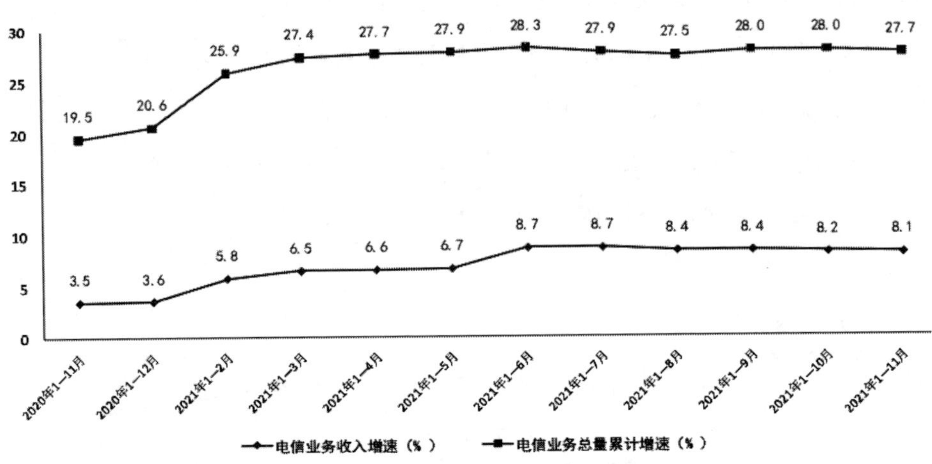

图 4　2020—2021 年电信业务收入与电信业务总量累计增速

数据来源：工信部公开数据整理

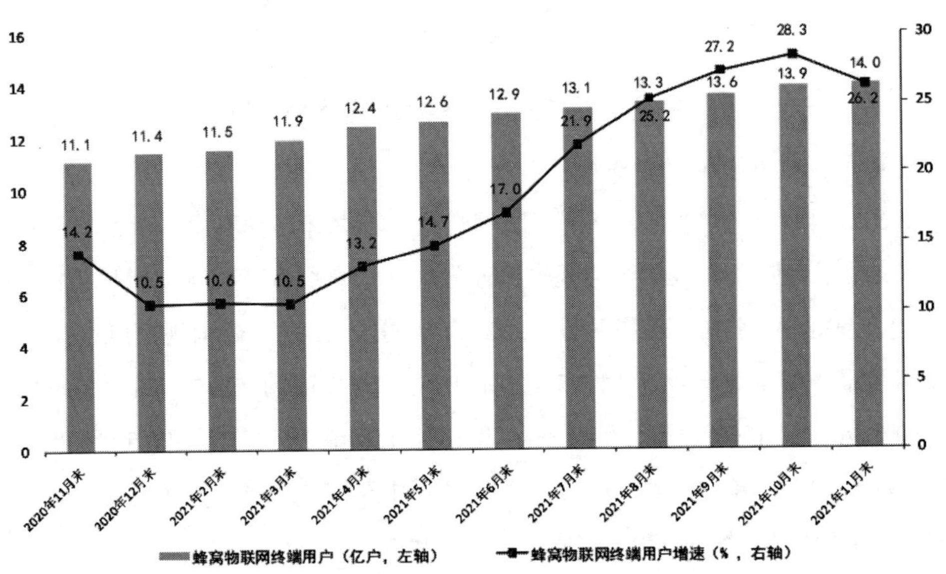

图 5　2020—2021 年物联网终端用户情况

数据来源：工信部公开数据整理

2021 年 1 月至 11 月，全国通信业市场运行平稳。电信业务的收入与利润实现稳步增长，业务规模不断增长；5G 网络建设持续推进，基站项目建设提速，应用场景不断拓展；蜂窝物联网的用户规模快速增加，万物互联开启数字经济发展新征程。2021 年 1 月至 11 月，电信业务营收总计约 13454 亿元，比上一年增加约 8.1%；三大运营商固定数据及互联网营收约 2363 亿元，比上一年增加约 11.1%。IPTV、互联网数据中心、云计算与人工智能等新兴领域发展迅猛，2021 年 1 月至 11 月，营业收入高达 2039 亿元，比上一年提高约 28.4%；蜂窝物联网的终端用户数量高达 14.03 亿户，同比净增加 2.68 亿户。

（四）软件业：营收与利润持续增长，从业人员规模首降

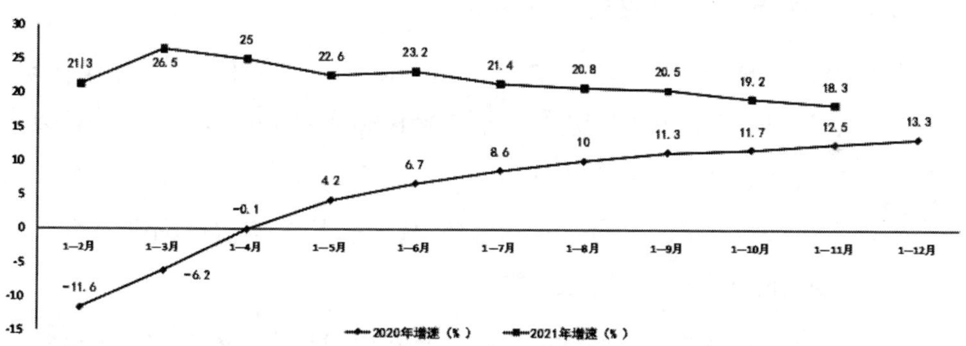

图 6　2020—2021 年软件业务收入增长情况

数据来源：工信部公开数据整理

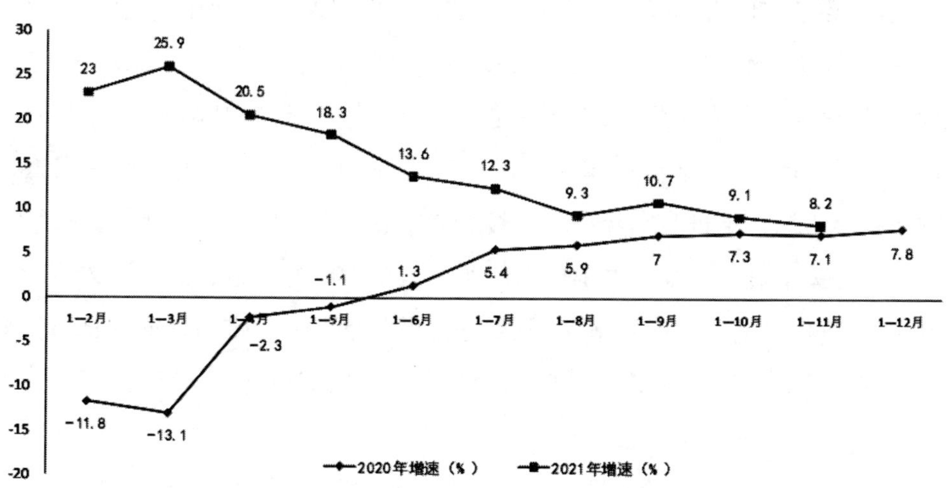

图 7　2020—2021 年软件业利润总额增长情况

数据来源：工信部公开数据整理

2021 年 1 月至 11 月，我国软件业呈良好发展态势，软件业务收入平稳较快增长，利润总额保持增长，出口连续小幅增长，从业人员规模年内首次下降，工资总额加快增长。2021 年 1 月至 11 月，我国软件营收约为 85371 亿元，比上一年提高约 18.3%；实现利润约为 10153 亿元，比上一年提高约 8.2%；出口总量约为 462 亿美元，比上一年提高约 11.3%；平均从业人数约为 808 万人，比上一年提高约 7.4%，但从业人员规模比 1—10 月份减少 3 万人。

二、江西省数字产业化发展进程

江西按照“精细化、专业化、赛道化”思维，以产业赛道、应用场景、集聚区建设为切入口，集中优势资源做深做细 20 条产业赛道，全面提升数字产业规模能级。2021 年 1 月至 5 月期间，江西规上数字经济核心产业累计实现营业收入约 3391.9 亿元，同比增长约 15.6%，数字产业化进程不断提速。

（一）顶层设计促进数字产业落地

为进一步提升数字产业发展能级，我省先后出台了《关于加快推进数字经济创新发展的若干措施》《省委、省政府关于深入推进数字经济做优做强“一号发展工程”的意见》《江西省“十四五”数字经济发展规划》等政策文件，这些政策文件搭建起我省数字产业化的“四梁八柱”，为促进数字产业化落地提供了有力保障。此外，全省各地市也围绕加速数字产业发展、打造数字产业集聚区出台了各类政策措施。如：南昌坚持以试点示范为引领，先后出台了《南昌市精准实施数字经济“一号工程”推动数字产业跨越式发展实施意见》《南昌市深入推进数字经济“一号发展工程”全力打造全省创新引领区实施方案》《关于进一步推动电子信息产业高质量发展的实施意见》等文件，初步形成“一核三基地多点支撑”① 的数字产业发展格局，带动一批企业和开发区加快两化融合发展；鹰潭市及时出台《鹰潭市数字经济培育行动方案》《鹰

① “一核”：在红谷滩建设全省数字经济创新引领核心区；“三基地”：依托高新区、经开区、小蓝经开区在移动智能终端、智能网联汽车、软件信息服务等产业上的特色优势，打造数字产业基地；“多点支撑”：其他县区加快建设数字化转型支撑点。

潭市数字经济“一号发展工程”实施方案（2022 年）》；上饶市先后制定《上饶市数字经济发展“十四五”规划》《关于深入推进数字经济做优做强“一号发展工程”的实施意见》；抚州市出台《抚州市推进数字经济发展的实施意见》《2022 年抚州市工业创新发展专项资金使用办法》，加快推进省级数字经济集聚区（数字街区）建设。

（二）基础数字产业迸发强劲活力

近年来，江西通过承接沿海电子信息产业转移，形成了较大规模的基础数字产业，主要包括智能终端、半导体照明、信息传输、软件和信息技术服务产业。

智能终端产业。江西省移动智能终端产业已形成覆盖液态镜头、摄像模组、触摸屏、主板贴片、受话器、耳机、芯片封装和整机生产较完整的产业布局，是全国有重要影响力的智能终端生产基地。各型终端产品种类齐全、出货充足，年产能占据全国产量的三分之一，2021 年完成营业收入 2497.9 亿元，同比增长 30.3%。一批龙头企业加速集聚，全省手机制造业龙头企业逐渐增多，主要分布在京九电子信息产业带。南昌市电子信息产业现有规模以上工业企业 174 家（占全省的 14.8%），百亿企业 2 家（占全省的 50%），超 50 亿企业 6 家（占全省的 60%），这 8 家企业均属智能终端企业。

半导体照明产业。江西省半导体照明产业已形成从上游原材料，中游光源组件、基础配件，下游封装及应用的完整产业链。目前，全省拥有 LED 生产规模以上企业 175 家，实现营业收入 812 亿元。南昌高新区占据了国内 LED 产业技术水平高地，2021 年，营业收入近 200 亿元，先后引进了东海蓝玉（衬底材料）、晶瑞光电（芯片设计）、深圳兆驰（外延、芯片）、中微半导体（MOCVD 设备）等一批行业翘楚企业。晶能光电作为全球硅衬底 LED 技术的主导者，已成长为全球出货量最大的手机闪光灯生产企业之一，带动下游应用企业的年销售收入超过 10 亿元。

信息传输、软件和信息技术服务产业。江西省信息传输、软件和信息服务业继续保持稳健发展态势，经济效益稳步提升，2021 年实现营业收入

784.38 亿元。南昌市一枝独秀，以金庐软件园、浙大科技园、中兴软件园等为依托，不断推进国家火炬计划软件产业基地建设。其中，信息传输、软件和信息技术服务业的规模以上企业多达 140 家，营业收入约为 223.21 亿元，同比增长 15.4%，占全省比重约为 28.5%。中至数据集团股份有限公司入选由中国电子信息行业联合会等机构发布的“2021 年度软件和信息技术服务竞争力百强”榜单。

（三）新兴数字产业持续向好发展

近年来，江西省抢抓机遇，前瞻性布局，大力发展未来产业，VR、物联网、信息安全、大数据、5G 等新兴数字产业增长势头强劲。

VR 产业。江西省 VR 产业集聚各类企业 400 余家，VR 及相关产业营业收入由 2018 年的 42 亿元快速增长至 2021 年的 600 多亿元，呈现爆发式增长的良好态势。全国 VR50 强企业中落户江西省数量已达 18 家，微软、华为、阿里、联想、HTC（宏达）、科大讯飞等龙头企业先后落地南昌，形成了覆盖硬件制造、软件开发、内容创作等 VR 全产业链。成功举办了四届世界 VR 产业大会，签约项目 435 个，总投资达 2650 亿元。引进了阿里影创 MR 眼镜、华为智慧视觉和 VR 眼镜等一批项目。北航江西研究院等一批新型研发机构落地江西。以 VR 产业链链长制为抓手，以南昌 VR 科创城为平台，推进 VR 产业延链强链补链项目建设，引进 VR 制造头部企业，促进 VR 大中小企业融通发展，健全 VR 产业体系，加快 VR 产业发展。

物联网产业。江西省移动物联网产业体系基本成型，以鹰潭为基地，南昌为产业主体区，上饶、宜春、赣州、景德镇等其他设区市为拓展区，形成了适合江西各地实际、分布合理的物联网产业“1+1+10”发展布局，2021 年全省移动物联网核心及关联产业主营业务收入突破 1600 亿元。目前，鹰潭形成了以智联小镇为核心、多个特色园区竞相发展的物联网产业一体化发展格局，一批物联网龙头企业纷纷入驻投产，模组、传感器、智能终端、5G 关联产品成为物联网产业发展重点，物联网核心及关联产业业务收入突破

600亿元。

信息安全产业。江西省以打造具有全国竞争优势的信息安全产业强省为目标，推动信息技术自主创新应用，统筹构建信息安全产业生态。目前，全省信息安全产业已初步形成了南昌、赣州、鹰潭、上饶、抚州等地“5+N”的空间布局。赣州聚力打造“信创+网安”特色，坚持把信息技术应用创新和信息网络安全作为主攻方向，获批组建省级信创联盟。通过联盟平台，有效推动上下游、省内外企业交流合作、抱团发展。联盟已吸引行业知名企业91家，注册落地企业51家，并有19家荣获中国信息协会“2020—2021年度信创优秀解决方案”奖项。

大数据产业。围绕大数据采集、存储、加工、分析、应用等产业链关键环节，江西省积极招大引强，产业规模进一步扩大，2021年营业收入达834亿元，同比增长43.9%。全省形成了“一核两带八基地”的产业布局，即以南昌为核心，以京九和沪昆高铁线为纽带，培育建设八大大数据产业基地。上饶获评国家新型工业化示范基地（大数据方向），大数据企业数量从2018年的183家增长到2021年的534家，年均增长43%。全省大数据重点企业（示范企业）达59家。江西铜业股份有限公司、江西昌河航空工业有限公司入选工信部大数据试点示范。

5G产业。江西省基本形成了从模组到传感器到智能终端的5G全产业链。5G产业载体逐步成形，吉安井开区、信丰5G产业园等5家省级5G产业基地产业规模达850亿元，其中，信丰5G产业园吸引了58科创集团、金信诺等一大批以5G为主题的生产及应用型企业入驻，2021年园区内企业数量超过350家，总产值近200亿元。5G产业基础逐步扎实，5G新材料、天线、射频器件、光器件、高频高速线路板、网络适配器等5G有关产品生产企业快速发展，经纬辉开自主研发生产的5G射频滤波器技术世界领先，是国内唯一具有完整自主知识产权的BAW射频方案提供商；德瑞光电的5G核心通信芯片在国内具有领先优势，中标工信部“工业强基”项目。

三、江西省数字产业化发展面临的困境

（一）数字产业规模偏小，数字产业集群不完善

江西省数字产业化表现出零星、分散、产业关联度低等特点，缺乏能带动一方产业集群数字化转型和发展的数字技术企业。部分地区数字产业化水平较低，尚未形成数字产业化大发展态势，产业集群建设相对滞后。以南昌LED产业为例，南昌市是国家级LED产业基地，拥有较为健全的LED产业体系，LED芯片的产能全球前三，同时也是国内规模最大的大功率LED光源生产基地，手机闪光灯与移动照明等产品出货量居世界首位。但由于区域整体产业实力较弱，配套功能和公共服务供给不足，中小企业发展环境有待优化。[①]LED产业集群的整体实力不足，产业链处于价值链的低端，集群效应偏弱。

（二）产业链缺乏协同效应，中下游产业化能力弱

以南昌LED产业为例，南昌对于LED产业的投入主要集中在产业链上游，在外延材料研发、中游芯片制造等领域实力过硬，技术水平达国际一流；但LED终端产品的附加值较低，高附加值产品产能不足。中下游产业化进展缓慢，LED封装和应用型企业较少，尤其是LED照明光源、灯具等领域并未形成成熟的技术体系和产业规模。目前，全球LED产业面临新发展形势，国际巨头通过并购与重组等手段加大产业链上下游资源整合力度，部分中下游环节逐步向发展中国家转移，迅速占领全球市场，实现营销策略统一。这给江西省LED产业发展带来了机遇与挑战。[②]产业链结构不稳定，中小企业链协作不够紧密，影响整个LED产业链的均衡，产业链协同效应较差。

（三）创新服务体系不完善，产业链配套不足

完备的服务体系将有利于推进数字产业化发展。以南昌LED产业为例，

---

① 黄淑华，刘飞仁，龚茗．江西电子信息产业发展研究——基于数字经济视角［J］．价格月刊，2020，（12）：82-88.

② 胡丽彬，毛小明．江西LED光电产业国际竞争力研究［J］．企业经济，2016，（10）：125-131.

南昌LED产业服务体系有待完善，各类创新要素未能实现有效统筹，企业间的横向合作及与服务中介的合作有待进一步加强。产业链配套环节发展不足，如南昌市LED本地生产原材料的仅有支架生产类企业，其他配套产品均需要去外地采购。与南昌LED产业关联度最高的产业是LCM模块和光伏产业，而落户在南昌的LCM模块生产企业并不多。由于关联产业规模小，直接影响LED产业做大做强，制约了产业集群建设。

（四）高端数字人才不足，数字产业化缺乏后劲

随着数字经济爆发式增长，市场对于大数据、云计算等数字经济人才需求量巨大。但江西作为中部欠发达省份，由于城市实力偏弱、公共服务不健全、营商环境有待提升、知名龙头企业偏少等原因，对于人才吸引力不足。江西的数字经济领域相关行业所需要的高层次复合型人才很少，不能有效支持数字产业化发展。人才流向跟城市发展水平息息相关，由于江西产业底子偏弱，各地市整体不够突出，而且缺乏高水平科研院所，一方面导致城市对现有的数字人才吸引力不足，另一方面对于未来的数字人才的培养力也不够。

四、加快江西省数字产业规模能级提升的政策建议

（一）优化全省数字产业布局，提升产业发展规模

1.做强做优数字产业规模。一是夯实基础产业。加快实施产业基础再造工程，不断提升产业能级，引入发展工业软件、新型电子材料及元器件等环节，壮大集成电路和新型显示等产业，在优势产业链环节打造若干千亿级产业集群，加快构建数字产业发展生态。二是提升新兴产业。加快5G技术产业应用，推进“5G+工业互联网”建设，支持南昌VR/AR产业、上饶大数据产业、抚州云计算产业、鹰潭移动物联网产业发展，推进人工智能、区块链等业态创新发展。三是培育未来产业。积极布局量子通信、类脑计算、柔性电子等前沿领域，加大对未来产业的招商力度。

2.壮大数字产业企业主体。一是培育发展领军型企业。降低企业融资和税收成本，支持企业加大技术攻关投入，鼓励企业积极开展并购重组等市场活

动。潜心挖掘瞪羚企业和独角兽企业，支持优质企业、“链主”企业上市，鼓励已上市企业拓宽再融资渠道，增强企业续航能力。争取在车联网和大数据等领域形成若干明星企业。二是壮大发展小微型企业。完善小微企业服务体系，支持小微型企业根据自身条件，深耕数字技术。打造数字产业发展载体，做大做强国家级“双创”示范基地，提升发展南昌 VR 科创城、上饶大数据科创城、鹰潭智联小镇等数字产业平台。

3. 推进数字产业集群化发展。一是打造平台型数字企业。优先招引平台型企业，支持国内外数字经济巨头在赣建设区域型企业总部或产业线，对于具有引领型和标志性数字经济项目可纳入绿色审批通道。支持省内传统行业的龙头企业数字化转型，发展云服务、平台服务等业务。引导中小型企业融入云平台，推进信息共享共用，推进产业链上下游协同发展，构建互惠共赢的数字产业生态。二是引导数字企业集中集聚。创新企业招商模式，通过引链补链等举措加速关键数字技术成型。依托 VR/AR、大数据和移动物联网产业，打造一批知名数字企业，建设世界级产业集群，培育人工智能和车联网等特色产业集群。发挥龙头型企业的引领作用，支持企业产技、产销对接，共享共用数据、技术等资源要素，持续完善数字产业发展生态。

（二）促进产业链上下游协同，加强产业技术攻关

1. 深入实施产业链链长制。全面审视整个产业链体系及企业间的协同关联，发挥“链主”企业的“头雁作用”，带动产业链上下游企业紧密协同，促进上下游协作配套、产品链条环环相扣、产品种类不断丰富、附加值不断提升，加速形成“雁阵格局”。进一步完善从“单链牵引”到“多链协同”的协作机制，牵引产业补短锻长，加速培育产业生态，实现从“小生态”到“大生态”的共生共荣。持续聚焦“高大上、链群配”，推动“供应链先行”“产业链扎根”“创新链赋能”，统筹推进一批延链、强链、补链、建链产业项目，补齐重点产业、优势产业的关键环节、重大断点缺口，制定并完善产业链断链、断供替代方案。要进一步促进产业链技术、产品与应用融合，通过“小补大、强扶弱”，形成“链式倍增”局面，大力推动企业向价值链高端和产业链上游进

军，带动产业链动力变革和效益变革。

2. 夯实数字技术研究能力。集中力量攻破数字产业的关键与核心技术。深化企业与科研院校的科研合作，支持联合开展项目技术研究工作，提高企业基础研究与技术应用水平。围绕 VR/AR、移动物联网等产业领域，重点在优势数字产业集群内围绕工业“四基”等方面深入剖析“卡脖子”问题，攻破关键数字产业技术。依托产业链布局创新链，研究出台数字产业核心技术与关键技术清单，根据江西省数字产业发展条件，实施一批重大技术攻关项目。以国家重点项目研究需求为导向，对接国家级科技计划，持续创新“揭榜挂帅”机制，激活企业创新能动性。

3. 促进数字成果落地转化。完善数字技术产权制度，构建安全高效的数字技术成果的转移转化体系。构建省级数据要素市场，建议在南昌、九江与赣州等地区建设区域型数字技术成果转移中心。加快全省统一的科技成果信息平台建设，推进重大科技成果示范推广。以企业为核心，完善产学研用成果协同转化体系，支持企业作为乙方竞标各类数字产业技术攻关项目。培育科技成果转化市场服务商，打造一支专业性科技成果转化团队。推进成果信息共享共用，搭建各类产技对接和产才对接平台，让更多更高质量的数字产业技术在赣落地。

（三）不断完善产业服务体系，优化产业发展环境

1. 优化企业创业外部环境。对接国际高标准营商环境评价体系和市场规则体系，营造世界一流的数字产业发展环境。持续大力度简政放权，推进放管结合，实施商事制度，优化客商投资环境，进一步落实实体经济企业降成本政策。加强两化融合相关知识产权保护，支持建设知识产权运营、交易和服务平台，健全技术创新、专利保护与标准化互动支撑机制，推进专利信息开放和利益共享，促进两化融合领域的系统性创新。开展工业互联网、5G 融合应用、企业数字化转型、新一代信息技术与制造业融合创新等试点，建立试点工作进展情况阶段性总结和监督制度、信息反馈机制，总结试点经验，加强宣传推广，通过典型引路推进两化融合工作。

2. 搭建协同创新服务平台。加大全省共性技术研发投入，聚焦产业亟需解决的共性技术问题，加快形成更加具有创新活力与区域分工明确的数字产业协同创新体系。打造多元化创新系统，以优势数字产业为依托，有针对性地建设国家级产业创新平台，夯实基础研究和产业应用能力，为数字产业发展“铸魂”。以龙头企业为引领，带动产业链上下游企业、园区、高等院校和科研机构作用，组建世界一流的科创平台，创新平台建设与发展模式。建设数字产业创新服务平台，围绕产业发展形势、运行情况，及时更新产业重点项目清单和产业发展政策，帮助企业做好动态调整。营造开放包容的创新环境，完善知识产权创造、运用、交易、保护等制度安排，加大创新成果保护力度，激发企业自主创新能动性。

3. 构建“双创”服务体系。大力发展众创、众包等便捷开放的众创平台建设。围绕 VR、移动物联网等重点数字产业“双创”服务需求，建设分享型、高端型、一站式综合信息服务平台，不断优化平台服务质量。举办“创客中国”江西省中小企业创新创业大赛、“互联网 +”大学生创新创业大赛、“天工杯”工业设计大赛等活动，加强对优秀“双创”项目的跟进与扶持，建立完整服务链条，引育一批“双创”项目。发挥好社会资本的作用，创新各类产业引导基金运作模式，推进基金市场化运作。坚决落实省市各项惠企政策，提高创新型企业的孵化成功率。

（四）加强数字人才队伍建设，提升产业发展后劲

1. 培育引进高端数字人才。要大力支持省内高校与科研单位瞄准数字经济前沿领域和人工智能、大数据等产业技术方向，设置数字经济专业或者相关学科。鉴于数字经济是多产业融合的新业态，要大力培养跨学科的数字经济人才。采取项目委托等多种方式，给人才锻炼的机会。制定并完善数字人才评价和职称评定细则。积极引进高端管理和专业技术人才，全面落实人才引进各项优惠政策，在启动资金、创业扶持、金融财政、住房落户、子女入学等方面给予政策支持。研究完善本土人才的激励机制，鼓励本土高层次人才的继续学习与能力提升，实现高层次人才、团队在赣稳定发展。①

2. 健全数字人才培养机制。统筹基础数字产业、新兴数字产业和未来产业发展规划，制定数字人才培养计划，推进创新型、应用型与复合型人才梯度培养。支持高校根据产业发展需要，动态调整学科专业设置，适当提升基础数字产业、新兴数字产业和未来产业相关专业招生比例。推进“新工科”建设，建设一批数字产业学院、研究生学院和人才轮训基地，建立起现代学徒制与企业新型学徒制，提升两化融合人才的综合素质和专业能力，培养大批高素质创新人才和技术技能人才。支持企业与高校深度合作，探索产教融合等多元化人才培养模式。兼顾教育育人大计与产业发展大局，发扬新时代工匠精神。紧跟行业发展动态和产业发展形势，培养理论结合实践、跨学科、专业性较强的复合型人才。

3. 建立数字人才激励机制。推进产业成果的使用权、处置权和收益权改革，适当提升技术人员在成果转化收益中的所得，加强对技术人员的股权激励。以质量、效益和贡献为评价导向，建立科学合理的数字人才评价制度。鉴于数字经济处于起步阶段，考虑针对数字人才在职称评定中给予指标和条件倾斜。对于急缺的高端数字人才，在衣食住行、配偶工作和子女入学等方面给予适当照顾。鼓励企业创新激励机制，构建新型管理制度、薪酬制度和考核制度，②完善数字人才技术入股、股权期权等人力资本收益分配机制，充分激发数字人力资本的创新潜能。

① 杨仁发 . 推进数字经济新发展面临的主要问题及对策［J］. 国家治理，2021，（18）：17–20 .

② 薛栋 . 智能制造数字化人才分类体系及其标准研究——美国 DMDII 的数字人才框架启示［J］. 江苏高教，2021，（03）：68–75.

加快数字政府建设　助力数字经济发展

——以新余市为例

王军琪　王乾生　王艳华　刘小青　张汀茜
王玉珍　敖靖琦　张　涛*

【摘要】 数字政府建设是引领和驱动数字经济发展的必然要求，也是建设数字中国的基础性工程。近年来，新余市数字政府建设虽取得一定成效，但也存在顶层设计不到位、数据开发运用水平不高、数字营商环境不优、安全保障不足、数字人才严重短缺等问题。因此，需要加强顶层设计，促进数字经济可持续发展；加强数据资源开发运用，激发数字经济活力；推进数字政府特色应用建设，确保数字经济提质增效；加快数字人才队伍培养提升，为数字经济发展提供智力支撑；筑牢安全防护屏障，保障数字经济发展安全；优化政务服务，营造良好数字生态。

【关键词】 数字政府；数字经济；数据开发

* 王军琪　新余市委党校常务副校长、工程师
王乾生　新余市委党校副校长、讲师
王艳华　新余市委党校理论宣传处处长、讲师
刘小青　新余市委党校科研处处长、讲师
张汀茜　新余市委党校图书馆馆长、讲师
王玉珍　新余市委党校教研一室副主任、讲师
敖靖琦　新余市委党校干部培训处四级主任科员
张　涛　省委党校法学教研部副主任、副教授

数字政府建设是引领和驱动数字经济发展的必然要求，也是建设数字中国的基础性工程。近年来，新余市将数字政府建设作为引领数字经济发展的重要引擎，坚持数据赋能，推动数据要素释放，激发数字经济发展活力，数字政府建设迈出坚实步伐。

一、新余市数字政府发展现状

（一）新余市数字政府发展历程

我国积极推进信息化建设，新余市数字政府建设也随着国家政策部署和信息技术革命的推进稳步发展，大致经历了三个时期：

1. 初始阶段：电子政务建设时期（2002—2011 年）。2002 年 9 月，新余市信息化建设中心正式组建，由此拉开新余数字政府建设序幕。这一时期新余市以政府信息化建设为重点，大力推进政务网络平台、门户网站和应用系统建设，加快政府信息和职能上网，到 2011 年基本形成了“4+1+N”的电子政务体系：“4”是覆盖市、县（区）、乡（镇）、村（社区）的四级政务网络平台，“1”是以市政府网站为核心的 60 多个政府部门门户网站或网页的政务网站集群，“N”是市税收信息系统、市工商行政管理信息系统、市网上审批电子监察系统、市数字新余地理空间框架建设等多个初级应用系统。这些网络平台和系统的建设，为加快数字政府建设奠定了坚实基础。

2. 发展阶段：智慧城市建设时期（2012—2019 年）。2012 年，新余市在全省率先启动智慧城市规划和建设，出台《新余市智慧城市发展规划纲要（2013—2020）》。这一时期新余市贯彻落实“放管服”改革，以政务管理为切入点，以信息惠民为落脚点，通过智慧政务、智慧社区、智慧动员、“两化融合”等十三大工程 56 个重点项目，加速推进智慧城市行政服务体系建设，基本形成了“135”的智慧城市框架体系：“1”是新余政务服务网，“3”是建成数字化综合办公、社区数字化综合服务管理、社会信用信息系统三大平台，“5”是建成人口、法人、空间地理、电子证照和社会信用五大基础数据库。

3. 纵深阶段：数字赋能探索时期（2020 年至今）。这一时期开启了新余政务数据市场化的初步探索和智能化运用。2020 年 1 月，新余市数字产业投资发展有限公司成立，作为全市唯一一家数字产业国有企业，经市政府独家授权，对市本级政府数据的开发利用进行运营管理，探索“大数据 + 普惠金融”试点等数据应用创新。2021 年 4 月，在原有的市信息化服务中心基础上组建而成的新余市大数据中心正式挂牌成立，新余数字政府建设逐渐走上规范化、科学化发展之路。

（二）新余市数字政府建设的主要成效

1. 政务服务“一网通办”率先实现。一是政务服务创佳绩。在全省较早建成覆盖市、县、乡、村四级政务服务体系，建成行政服务中心 526 个，极大提高了政务服务质量和行政效能。纵深推进“放管服”改革，以简政放权为核心精简审批事项、优化审批流程、压缩审批时限、降低办事成本，实现市本级 42 个部门、行政许可事项 707 项、公共服务事项 352 项、其他类权利 661 项等网上办理，网上可办率、“一网通办”率均达 85%。二是政务服务树品牌。全国首创“一照通办”改革，实现企业开办手续 2 小时内办结；“不见面开标”推动公共资源交易全流程电子化，荣获“全国公共资源交易科技创新成果奖”；在全省率先建成“赣政通”地市分厅，激活率达 95.7%；建立了“赣服通”受理、“赣政通”办理的“前店后厂”政务服务办理闭环新模式，并完善“赣服通”新余分厅特色服务，累计上线 1000 多个高频事项和特色事项。三是惠民服务智能化。智慧教育新模式加快普及，实现全市每年 2 万余名新生网上报名、智能审核，完成教育资源公共服务平台资源（5T 镜像）建设，实现教育资源全区域共享。智慧医疗广泛应用，建成人口健康信息综合平台，全市居民电子健康档案建档人数 105.97 万。智慧养老初显成效，建成新余居家和社区养老服务管理中心及 21 个社区居家养老服务中心，为居家老人提供紧急救援、健康管理、生活照料、远程医疗等服务。

2. 社会治理“一网统管”颇具成效。一是“互联网 + 监管”能力显著提升。在全省率先试行部门联合“双随机、一公开”监管新模式，实现市场监管领域36个市级部门全覆盖，问题发现比例由49%提高到72%。同时，依托省药品追溯监管平台、“赣溯源”平台、特种设备智慧监管大数据平台等，搭建智慧监管平台实施远程监控，日常监管由“人盯”向“数控”转变。二是信用监管持续强化。在全省率先建成社会信用体系，汇聚全市企业、机关事业单位、公职人员信用数据，并在干部提拔重用、评先评优等方面运用信用评级结果。强化企业信用信息归集与应用，依托市公共信用信息平台全量归集涉企数据，截至2021年底归集企业信用信息47700余条。全国首创企业信用评价，上线新余市企业信用评价公示系统，为全市3万余家企业评出信用等次，且将评价结果运用于政策扶持、银行贷款、项目申报等方面。

3. 政务数据“一网通享”成果丰厚。一是政务数据基础设施不断夯实。建成市、县、乡、村四级互联互通的政务信息网络，联网单位496家；建成市政务云计算中心，138个政务信息系统上云运行；建成全市统一的政务数据共享开放平台，存储各类数据8.9亿条，交换量78.8亿次；建成人口、法人、空间地理、电子证照和社会信用五大基础共享库。二是政务信息共享体系基本建立。市直数据共享单位57家，其中市政府部门32家，占比达100%；信息资源编目1148类，提供共享1098类，共享率达95.64%。截至2022年4月底，全市共挂载可订阅资源3459个，排名全省第四，政务数据共享率保持在“四小市”（景德镇、萍乡、新余、鹰潭）第一。三是政务数据价值初步挖掘。市数投公司作为政务数据运营主体，采用“平台＋技术”深入挖掘数据价值，研发产品达30项，2021年入选“江西省大数据示范企业”。其中，“政务大数据＋普惠金融”通过向金融机构提供数据服务，帮助金融机构累计授信19942万户，授信金额22.21亿元，该项目入选2021年全省数字经济100个优秀案例。利用政务数据开发的防返贫监测平台，累计预警3.5万人，监测对象612户1492人无一人返贫。

二、新余市数字政府建设过程中存在的主要问题

新余市数字政府建设虽取得了一定成效，但与同类城市相比还有一定差

距，与发达城市相比差距更大，如表所示：

表 1　2021 年铜陵、湘潭、杭州、新余四地数字政府建设情况一览表

	铜陵	湘潭	杭州	新余
GDP（亿元）	1165.6	2548.35	18109	1154.6
数据共享情况	城市中台共上线资源目录 4777 项，归集 56 家单位 56.9 亿余条数据，数据交换达 395 亿条次	建成市级数据共享交换平台，归集全市 90 余家单位 16.8 亿条数据	形成数据服务接口 1.2 万个，日均协同数据 2 亿条	建成市级数据共享交换平台，归集全市 60 余家单位 7.4 亿条数据
城市大脑建设情况	已建“城市超脑”和“工业大脑”，在城市管理、智慧交通、社区治理、重点安全、民生服务、生态环保、宏观决策等七大领域上线 27 个智慧场景	待建	已建“城市大脑”，涵盖交通、城管、卫健、警务、基层治理等 11 个重点领域、48 个应用场景、390 个数字驾驶舱	待建
数字城市百强	未入选	35	5	未入选

（数据来源：根据新余市大数据中心相关数据、资料整理而成）

从数字政府建设与数字经济协调发展的角度看，主要存在以下几方面问题：

（一）顶层设计不到位，数字经济发展后劲不足

1. 数字政府建设运维模式不适应数字经济发展要求。一是集约化程度不高。目前，新余各市级单位自建系统分别由 42 家公司建设和运维，建设运维较分散。二是其他主体参与度不高。新余数字政府建设主要以政府主导方式推进，尤其在资金方面以地方政府投入为主。如 2019—2021 年新余市直政务信息化项目建设总投入 52511.51 万元，其中市本级财政投入 23034.07 万元，占 43.9%；上级资金 6760.35 万元，占 12.9%；社会投入 2990.6 万元，占 5.7%。

企业、高校、社会组织等力量参与不足。

2. 缺少统一的数字底层架构和规划。一是缺乏科学规划引领。新余数字政府建设在摸索中前进，虽取得一定成效，但对于如何加快数字政府建设，促进数字政府建设与数字经济发展良性循环等方面缺乏相关理论指导，也没有科学的顶层规划来引领。二是缺乏统一的数字底层架构。目前新余“城市大脑”建设刚起步。长期以来，各单位各部门都在建设自己的网络和系统，如市教育局有教育云，市公安局、市交警支队、三甲医院、重点学校均有自建机房，“烟囱林立”现象比较普遍，给数据开放共享和使用带来诸多不便。

3. 统筹管理不协调。一是缺乏强有力的组织机构。新余市数字政府建设目前没有成立明确的领导机构，相关工作职能分散在多个部门，彼此间权责界定不甚清晰，导致工作推进困难重重。二是管理制度不够科学规范。如 2020 年出台的《新余市政务信息化项目暂行管理办法》存在项目范围、操作流程、预决算等职责不清晰、实际执行难问题。三是项目建设统筹管理不到位。近三年新余市本级建设项目 204 个，其中仅 99 个经过了市大数据办技术评审或备案，总体来看全市信息化项目建设计划性不强，各单位各自为政现象较为突出。

（二）数据开发运用水平不高，数字经济发展市场活力不足

1. 数据开放共享程度不够。一是市级部门共享数据鲜活性和重要性不够。市级政务数据共享成员单位 57 家，编目数据集 1148 个，其中能及时更新的 606 个，占 52.79%；高频数据集 105 个，占 9.15%。二是上级建设信息系统数据共享难度较大。在推动“一窗式”平台使用中，有些部门特别是一些自上而下的国家部委、省级系统无法实时互通、共享，导致“一窗式”平台使用率不高。有些数据集中在专业部门和行业企业，新余作为市级行政区域难以获取，如学历学位、电力数据等。三是共享数据标准不一。各部门自建系统建设厂商参差不齐，技术水平和标准不一，要数据共享时往往无法对接，如在推动“一事通办”过程中，多数单位反映接口对接操作难、费用高。此外，部门利益和法律层面的因素也是制约数据共享的重要原因。

2. 数据开发利用水平不高。一是政务数据开发利用水平待提高。新余市政

府目前授权给市数投公司的仅有普惠金融相关数据，开发利用水平虽走在全省前列，但也只有 30% 左右，还远不能满足数字经济发展要求。大量数据没有发挥应有作用，是躺在“金矿”上睡觉，数字政府建设和数字经济发展“两张皮”问题十分突出。二是基础数据库建设仍处于初级阶段。目前建成的企业法人基础数据库仅沉淀法人单位 6.7 万家、信息 49.39 万条；电子证照库仅汇集 51 个单位 127 种证照。三是企业数据基本未开发。全市数字经济核心产业规模小、缺乏龙头企业，制造业数字化水平有待提升。大部分企业负责人对产业数字化认识不够到位，不太愿意专注产业数字化工作、加大数字经济投入。目前全市企业数字化转型程度参差不齐，中小企业数字化改造动力不足，核心业务数字化、智能化程度较低，企业数据开发利用不足，政企数据双向流通机制尚未建立。

3. 数据开发运营机制不活。一是开发运用场景不多。目前，新余的运用场景开发还处于起步阶段，相比先进地区，还有不小差距。如青岛市大数据发展管理局打造的“双十二”为民服务品牌，2021 年开始每年推出 12 件事和 12 个场景，以数字化转型驱动城市发展变革。二是数据开发参与主体不足。数据开发涉及采集、加工、清洗、脱敏、脱密等各个环节。总体上看新余市数字初次开发力度不足，参与数据二次开发的企业较少。三是数据交易流通不足。政务数据分类分级工作尚未深入进行，缺乏数据标准化、资产化、资本化可操作的政策文件，没有数据交易平台，促进数据交易流通的中介服务明显不足。

（三）数字政府建设数字化应用滞后，数字经济发展保障不足

1. 经济调节能力不足。一是数字经济调节平台尚在建设中。目前新余“城市大脑”还在建设，经济调节功能有待加强。企业数据还没有录入“城市大脑”，行业平台建设仍处于起步阶段。五个新余特色产业云平台中，“锂电云”平台基本建成，“钢铁云”已建有“新钢云”平台和“区块链 + 带钢产业链”平台，其他平台还未开始建设。二是数字经济监测体系不健全，应统尽统与实际情况不符。如新余市电子信息产业 2021 年营业收入 131.8 亿元，全市 2021 年电商零售额 76 亿元等有部分没有计入数字经济增加值。三是数字财政建设

滞后。如从上到下省市一体的预算管理一体化体系仍存在许多薄弱环节，系统模块还不完善，管理标准化、规范化、信息化水平有待提升。

2. 智慧监管有待进一步加强。一是数据支撑能力不足。由于数据共享不到位，新余智慧监管作用发挥不充分。如“一照通办”系统涉及5家单位18个事项需要与国家级或上级业务系统对接，曾多次向省政务服务办、省信息中心报告，均未对接成功。新余在全省率先试行部门联合“双随机、一公开”监管新模式，由于有些部门数据不能共享，有些企业报送数据不及时，信息不完整，因此很难为市场主体准确“画像”，智慧监管的及时性、准确性、覆盖面都受到限制。对以平台经济为代表的新技术、新业态、新模式的监管不足。二是非现场、物联网、掌上移动、穿透式等新型监管手段有待加强。物联网、视频监控、卫星遥感等技术支撑不足，在市场、金融、工程等重点领域，新型监管手段仍是短板，智能化水平及效能有待进一步提高。

（四）数字营商环境有待优化，数字经济发展动能不足

1. 政务服务不尽完善。一是政务应用设计不够合理。“赣服通”新余分厅模块多而乱，在实际使用时不能快速找到相关办理事项，直接影响办事体验。另外，37个部门的1300多项依申请类政务服务事项虽可在一窗式综合服务平台受理，但各种数据资源间尚未充分实现互联互通和共享，导致申报材料不能复用，办事时需不断重复提交。二是政务应用使用率不够高。有的单位仍有不少工作人员没有注册激活“赣政通”，工作群活跃度不高，市、县、乡三级协同办公、办文、办会融合运转有差距。“赣服通”与“赣政通”的“前店后厂”模式，目前也仅对少量事项进行试点，还未全面对接运行。省政务服务办统一搭建的“惠企通”平台推广使用度不高，有些职能部门和企业仍习惯按原有模式到相关部门申报业务，导致“惠企通”平台使用率、注册率和兑现率均不高。

2. 惠企服务精准性不足。一是点对点精准推送能力不足。江西省已开通“惠企通”，新余市在“赣服通”上也已开通“惠企政策兑现”功能专区，并将惠企政策梳理成册，同时配有可扫描的二维码，各单位各渠道线上线下都有推

送，但是“惠企通”目前并没有建立企业数据库，平台功能不足，尚不能点对点精准推送符合企业实际和需求的相关政策。二是特色化、个性化服务不足。调研发现，企业对新余市营商环境普遍感到比较满意，但总体来看，政府对企业特别是中小企业提供的特色化、个性化服务仍显不足，希望政府能对中小企业给予更多支持，在市场、项目、人才等方面提供更精准的服务。

（五）安全保障有隐患，数字经济发展抗风险能力不足

1. 安全意识不足。部分单位信息安全意识不足，缺乏整体安全观念。据统计，市级自建信息系统 78 个，完成等级保护测评备案的不足 10 个。有的单位在信息系统建设过程中，重功能建设、轻安全防护，做规划时以业务需求和系统性能要求为主，系统安全防护措施考虑不足，对重要信息系统防护措施也比较匮乏，主要依赖第三方运维服务商进行日常运维和监控工作。更有甚者，在免费维护期后项目没人管，迭代需求没人提，数据共享被中断，运维经费没着落，项目慢慢变成“僵尸系统”，安全隐患尤其突出。

2. 安全保障体系不完善。一是管理体系仍不完善。缺少统一的安全监管体系，市委网信中心、市公安局、市大数据中心的安全管理边界不清晰；对于新形势下的数据安全研究管理不够，如政务数据如何在保障安全的前提下开发、运营，人脸识别等生物特征信息采集怎样规范有序，数据采集分析企业如何有效监管等。二是管理能力仍有短板。数据在采集、传输、存储、使用全过程中的加密、脱敏和追溯能力不足，信息安全应急预案和演练不充分。

（六）数字人才严重短缺，数字政府建设、数字经济发展智力支撑不足

1. 干部数字素养有待提高。一是干部队伍数字素养跟不上数字化发展需要。部分领导干部缺乏数字政府运行所需的理念、知识和能力，面对单位业务产生的大量数据如何用于加强管理、服务群众上，没有思路和办法。二是数据应用管理专业人才不足。自 2020 年建设市大数据专家库以来，入库专家仅 57 人，全市各部门严重缺乏懂技术懂业务的复合型人才。这已成为制约新余市利用大数据发展经济、服务社会的瓶颈。

2. 企业专业人才匮乏。一是大数据人才匮乏。大数据产业需要大量软件

应用开发、数据分析等相关专业人才，目前全市大多数企业这类人才均明显不足。而同为“四小市”之一的鹰潭，通过校企合作，为企业培育了大批大数据人才。如鹰潭泰尔物联网研究中心有限公司通过与南昌大学合作，极大地提升了物联网领域人才培养能力。二是复合型人才较为紧缺。调研中，企业普遍反映人才不足是制约发展的重要因素之一，尤其是精通技术又懂经营管理的复合型人才，以及新兴技术工人的缺口都很大。由于薪酬及产业发展环境等因素影响，新余对数字人才吸引力不足，人才洼地效应尚未形成。

三、新余市加快数字政府建设的路径探索

（一）加强顶层设计，促进数字经济可持续发展

1. 创新模式，汇聚合力。数字政府建设没有固定模式。新余要完整、准确、全面贯彻新发展理念，不断探索符合新余实际，具有新余特色的数字政府建设模式和路径。构建政府、企业、院校、社会、市民五方联动的开放式、多主体参与建设模式，既充分发挥政府主导、协调和牵引各方的核心作用，又汇聚各方力量共同建设数字政府，助推数字经济发展。

2. 科学规划，有序推进。国家已出台《关于加强数字政府建设的指导意见》（以下简称《指导意见》），许多省市也制定了数字政府建设规划或实施方案。新余可以在学习借鉴先行者基础上，对标《指导意见》和《江西省数字政府建设三年行动计划》要求，围绕新余数字经济“一城四区”的发展定位及“一核四基地”的产业布局，制定切实可行的数字政府建设规划或行动计划，以确保方案真正落地管用。

3. 统筹管理，提升效率。一是加强组织领导。将数字政府建设列为“一把手”工程，成立新余市数字政府建设领导小组，建立高位推动、权责明确、统一协调的数字政府工作机制，及时协调解决出现的困难和问题。二是健全制度规范。修订完善不适应发展需要的制度规则，适时出台数字政府建设相关配套政策制度，以规范数字政府建设和数字经济发展过程中的各种不合理、不规范现象。三是完善标准体系。全面梳理新余市现有各类信息化系统、数据资源要

素情况，立足本地发展实际，研究制定数据资源共享、平台建设、关键政务应用等相关标准，为全市各级各部门数字化改革提供统一的标准规范。

（二）加强数据资源开发运用，激发数字经济活力

1. 坚持数据开放共享，提升数据使用效率。一是着力破除信息壁垒、数据孤岛。在优化升级新余市政务数据共享开放平台基础上，加快各单位原有信息系统与之对接，鼓励更多系统上云运行，推动更多政务数据在合理范围内互联互通、高效共享。以新宜吉合作示范区为试点，以高频事项及应用服务急需的关键领域与核心数据为突破口，探索与周边省、市、县信息资源互联互通机制；利用区块链、隐私计算等技术，推动上级部门数据以“可用不可见”方式落地新余；坚持数据动态更新，构建更多基础数据库、特色专题库，不断提高数据开放共享的质量和水平。二是完善数据开放共享机制。加强数据脱密脱敏技术研究，建立健全数据分类分级共享机制，合理界定不同信息数据的保密等级与公开程度。明确数据管理部门、数据归属部门、数据使用部门的权责，利用区块链、智能合约等现代技术，约定各自权责，确保整个数据共享交换过程权责清晰、可追溯、可监管。探索全市政务、企业、社会等数据资源的良性互通与共享机制，让各种数据依法安全有序共享、开放和使用，激发数字经济发展活力。

2. 推动“金矿变土壤”，激活市场需求。坚持市场化、系统化、协同化思维，推动“金矿变土壤”，把海量数据开发利用起来，破解“两张皮”难题。一是探索数据市场化新路径。发挥新余在数据归集、数据授权运营等方面先发优势，争取把新余打造成全省第一个数据交易市场，吸引更多数据需求方来此，将合理合法产生的产品进行数据交易。深化特许经营探索，在一定期限将数字政府建设特许经营权交给平台公司，公司通过对数据挖掘加工，和数商合作产生更多数字产品。同时公司定期拿出数字政府建设项目一定收益贴补财政，以支持数据提供鲜活又量大的单位数字化改革，从而形成良性循环。二是发挥数字政府建设杠杆作用。以新余数字政府建设项目为杠杆，“以商招商”，吸引企业落户发展，这也是企业完善产品、开发新产品的良机。三是畅通数据

资源大循环，增强市场活力。以应用场景为牵引，促进数据汇聚、治理和有序流动。探索企业、居民、社会等数据市场化的方法和路径，在优化升级现有各类应用场景基础上，深化新的应用场景开发，不断拓展市场领域。

3. 坚持改革创新，夯实制度基础。一是明确职责。建立健全新余市公共数据开发利用及运营管理规章或实施细则，依法明确市大数据中心、市数投公司在政务数据运营中的责、权、利，加快推进政务数据开发利用。二是创新形式。积极探索政府数据与社会数据的双向开放、融合共享，鼓励第三方联合其他主体共同探索公共数据运营新模式，通过特许开发、授权应用等方式，推进各类数据依法、有序、规范加工运用。三是规范管理。强化政府监管，加快数据资源产权制度建设。坚持市场导向，探索主要由市场决定数据要素价格的定价机制。建立健全新余市数据要素交易规则和相关管理制度，大力培育规范的交易平台和市场主体。坚持试点先行，逐步完善数据所有权、使用权、经营权分置的产权交易机制以及按价值贡献参与利益分配的分配机制。

（三）推进数字政府特色应用建设，确保数字经济提质增效

1. 积极推进城市数字基础设施建设。一是完善“城市大脑”功能。按照一网（一个政府网站总门户）一云（一朵政务云）一端（一个移动客户端）等一体化建设思路，统筹推进全市通信网络基础设施、算力基础设施等数字基础设施和共性应用支撑体系建设，构建本地数据仓、视频中台、业务中台等平台，加快“城市大脑”建设，切实打造布局完善、功能齐全、安全高效的城市数字底座。二是推进工业云平台建设。在“锂电云”基础上加快“光伏云”“新履云”“麻纺云”“钢铁云”建设，打造五朵富有新余特色的产业云平台，鼓励企业参与云平台建设，利用5G、大数据、AI等技术打造“5G+智慧工厂”，促进产业数字化。三是推进工业互联网平台建设。加强工业互联网标识解析锂电行业二级节点、区块链+带钢供应链等平台建设和应用，促进行业上下游企业研发、生产、管理的协同与发展。积极推动企业开展两化融合管理体系贯标，开展企业（园区）两化融合试点示范，促进先进制造业与工业互联网深度融合发展。

2. 着力打造“互联网＋监管”治理新模式。一是完善一体化“互联网＋监管”平台。推动监管事项全覆盖，监管过程全记录和监管数据可共享、可分析、可预警。统一数据接口，对接省“互联网＋监管”系统，推动形成统一规范、信息共享、协同联动的“互联网＋监管”体系。二是深入推进“大数据＋监管”。积极推进跨部门、跨地区综合监管，加强相关部门信息共享和工作联动，实现一次监管同时覆盖市场监管部门所有相关监管事项，避免监管漏洞及多头监管、重复监管。三是创新监管手段。推广非现场、物联网、掌上移动、穿透式等新型监管手段，加强对以平台经济为代表的新技术、新业态、新模式的监管，促进数字经济健康发展。

（四）优化政务服务，营造良好数字生态

1. 构建公平普惠的营商环境。以利企惠民为宗旨，紧盯重点领域和关键环节，进一步深化“放管服”改革，持续优化新余数字营商环境。推行准入清单管理，做到公平、公正、透明。立足新余实际，创新筹资模式，探索多元主体参与的投资运营机制，强化制度规范和政府监管，扩大“互联网＋监管”平台应用广度和深度，着力打造公平竞争、规范有序的市场环境，为数字经济发展营造繁荣开放的良好数字生态。

2. 推进涉企服务优质便利。一是优化完善“赣服通”功能，推进政务服务智慧便捷。持续打造“一照通办”等改革品牌，优化流程，统一标准，减少审批环节，强化服务“好差评”，实现从申报到审批全流程智能化服务，让数据多跑路，群众少跑腿。二是大力推行“一件事一次办”。进一步完善“赣服通”与“赣政通”的“前店后厂”模式。紧贴市民日常生活高频事项，对相关部门服务事项打包组合，实现申请人办一件事只需一份指南、一次申报、一套材料，把“多次填表、多个流程、多次跑动”转化为“一个窗口、一套材料、一次领证”。

3. 推动惠企服务精准高效。一是拓展提升“惠企通”平台功能。市、县、乡符合要求的惠企政策全部实现免申即享、即申即享和承诺兑现，做到政策信息发布同步，兑现服务同步，数据统计同步。二是推出惠及数字经济中小企业的精准扶持政策。围绕以京东（新余）数字经济产业园、新余数字产业园为基地，市数投公司、京东、浪潮、科大讯飞为龙头的"2+4+N"产业布局深入调研，从市场拓展、人才建设、金融财税支持等方面提供精准的行业支持政策以及点对点的中小企业支持政策。

（五）筑牢安全防护屏障，保障数字经济发展安全

1. 更新观念，增强安全意识。通过专题讲座、科普宣传、公益广告等方式，加强网络安全、数据安全宣传教育，增强全市上下特别是领导干部和相关公职人员的网络安全防范意识，提高主动防范风险、维护网络安全、信息安全的自觉性，形成人人讲安全、个个重安全的良好氛围。完善经费保障制度，明确全市各单位在做信息化项目计划时将网络安全单独立项，按信息化项目总投资额的一定比例设立网络安全专项资金，专款专用，不得随意削减或占用。

2. 坚持技术与管理并重，构建科学有效的网络安全监管体系。厘清市委网信中心、市公安局、市工信局、市大数据中心等部门的网络信息安全管理责任，构建权责明确、边界清晰的安全监管机制，严格落实安全管理责任，做到不越位、不缺位、不错位。按照《网络安全法》《数据安全法》等法律规定及国家相关标准的要求，严格落实网络安全等级保护、数据分类分级保护、关键信息基础设施安全保护等制度，充分运用数字脱敏、加密、分布式存储等科技手段，构建全生命周期的信息安全监管机制。在确保安全的前提下，通过国产化替代从源头上解决网络安全重大隐患。

3. 坚持平战结合，健全网络安全监测预警与应急管理机制。加快建设全市一体化网络安全监测预警平台，实时监测网络安全状况，及时发现并处置网络安全漏洞，变被动为主动，有效防范可能风险。在摸清全市网络安全保障资源力量基础上，统筹各县区、各部门、各行业运维力量，按照统一联动、分级负责的原则，明确基础设施、共性支撑、应用体系等环节的日常运维和安全保障，按需构建全市统一调度的应急处突队伍。以购买服务方式充分发挥渝融云等网安企业的作用，既增强全市安保力量，又促进数字企业发展。建立统一高效的网络安全风险报告机制、情报共享机制、应急处置机制，制定完善应急预

案，定期开展应急演练，不断提升应急响应处置能力。

（六）加快数字人才队伍培养提升，为数字经济发展提供智力支撑

1. 增强领导干部数字意识，提升干部数字素养和能力。一方面，全市各级政府公职人员尤其是领导干部要转变思想观念，主动学习数字专业知识和技能，提升数字素养和数字思维能力，把数字技术、数字思维融入日常工作。另一方面，全市各级组织、人社等部门和各级党校要将数字政府、数字经济相关知识列入领导干部和公职人员学习培训必修课。可以根据实际需要，针对不同层级、行业、领域，研究设计差别化课程体系，通过党校培训、网络学院、入职培训等多渠道多形式提升干部数字素养和能力。

2. 优化政策措施，不拘一格招才引智。根据政府和企业的实际需求，不唯学历、不唯资历，不拘一格选人才。建议在充分调研基础上研究制定贴合新余实际的数字经济人才引进激励政策，如确是企业急需的，可适当放宽条件给予最优人才政策。要善于通过技能大赛、创新创业大赛等途径发现人才、引进人才。对于部分高端优秀数字人才，可以创新用人机制，不求为我所有，但求为我所用，因人而异用人才。

3. 创新人才培养模式，加快构建科学的人才培育机制。一是以市场为导向，构建科学合理的内部选拔培养机制，通过请专家上门、送出去学习、行业交流、职业技能大赛等方式，充分挖掘提升现有优秀人才。二是依托新余职业教育资源优势，构建数字技能人才产学研联合培养机制。鼓励新余学院、江西工程学院等院校开设大数据相关专业，在师资培养、招生规模等方面适度倾斜，为数字政府建设、数字经济发展输送人才；加大政企、校企合作力度，支持本地政府部门、新余学院、职业院校等与数字经济龙头企业共建数字人才培育和实习实训基地；探索政府部门与数字企业双向人才流通机制，深化与航天二院、京东等国内大院大所、名校、名企合作，联合开展科技攻关、项目开发、学术交流、人才培养等，依托优势资源力量不断提升新余数字化发展水平。

新余市始终坚持改革创新，不断提升数字政府建设的整体性、系统性、协同性，既有成功经验，也有困难和问题。本课题对此进行了梳理、分析、总结，旨在探索加快数字政府建设，助力数字经济发展的可行路径，既为进一步深化数字政府建设提供新的研究视角和方向，也为其他城市数字政府建设提供参考借鉴。近期中共中央、国务院印发了《数字中国建设整体布局规划》，这必将为各地数字政府建设提供基本遵循和方向指引。

参考文献：

[1] 中国行政体制改革研究会 . 数字政府建设 [M]. 北京：人民出版社，2021.

[2] 张建锋，肖利华，许诗军 . 数智化：数字政府、数字经济与数字社会大融合 [M]. 北京：电子工业出版社，2002.

[3] 刘西友 . 新治理：数字经济的制度建设与未来发展 [M]. 北京：中国科学技术出版社，2022.

[4] 中国信息通信研究院 . 数字经济概论：理论、实践与战略 [M]. 北京：人民邮电出版社，2022.

[5] 中国政府网 . 国务院关于加强数字政府建设的指导意见 [EB/OL]. http://www.gov.cn/zhengce/zhengceku/2022-06/23/content_5697299.htm.2022-06-23.

[6] 江西省人民政府网 . 江西省人民政府办公厅关于印发江西省数字政府建设三年行动计划（2022—2024 年）的通知 [EB/OL].http://www.jiangxi.gov.cn/art/2022/9/19/art_5474_4148533.html.2022-09-19.

“数智”驱动文旅产业升级　助推南昌文化强市建设

陶东阳　邓裕斌　熊　艳　钟莉君　鲁　远　龚齐珍　吴　琼*

【摘要】大力发展高质量文旅产业是实施文化强市战略的一项重要内容。南昌市文旅产业在取得长足进步的同时，还存在文旅产业整体竞争实力不强、文化资源与市场结合不够紧密、旅游产品形式不够独特、数字文旅产品不够丰富、文旅系统智慧化程度不够高、文旅产业投融资渠道缺乏等问题。面对南昌市文旅产业发展的诸多短板，以数字技术驱动文旅产业的转型升级迫在眉睫。南昌市应从加强顶层设计，将文旅产业与数字经济“一号工程”相结合、布局文旅新基建、完善智慧文旅平台建设、培育文化消费新业态、推进文化事业与文化产业融合、优化金融财政政策等多方面着手，以数字化、智能化驱动文旅产业提质升级，助推文化强市建设。

【关键词】文旅产业；文化强市；数字技术；南昌市

近年来，在文化强市战略的持续推进下，南昌市文旅产业的发展取得了

* 陶东阳　南昌市委党校分管日常工作的副校长
邓裕斌　南昌市委党校副校长
熊　艳　南昌市委党校文化与科技教研室副主任、讲师
钟莉君　南昌市委党校文化与科技教研室副主任、讲师
鲁　远　南昌市委党校文化与科技教研室主任、副教授
龚齐珍　南昌市委党校科研管理科（市情研究中心）主任、教授
吴　琼　省委党校文化与科技教研部副教授

长足的进步。按照党的二十大报告提出的加强文旅深度融合的要求，如何在现有基础上实现文旅产业更高层次的融合发展，如何通过文旅产业的提质升级赋能南昌城市发展，是目前亟待解决的问题。

一、文旅产业融合理论基础及实践探索

（一）文旅产业融合的理论基础

系统耦合理论是产业融合的理论基础。其是指具有性质相似、联系紧密的产业在发展过程中内部资源要素相互影响、相互利用、相互交换，最后逐渐发展成一个系统，形成一个共同良性发展的局面。随着时代的发展，不同产业的边界逐渐模糊，产业融合成为普遍现象，而与其他产业的融合相比，文化与旅游产业的融合更加天然与自觉。

首先，文化产业和旅游产业具有高度关联性。旅游资源可以分为自然旅游资源与文化旅游资源两类，但是自然旅游资源与文化旅游资源并没有明显的边界，很多旅游资源既是自然旅游资源也是文化旅游资源，例如泰山、庐山均有秀美的风光，但是其自然风光中承载的千年文化也是吸引游客的重要因素。

其次，文化产业与旅游产业具有高度互补性。旅游作为一种时空活动，必定受到时间和空间的限制，导致产业链条不长。而文化由于极其丰富的内涵及灵活多样的表现形式，可以向旅游产业链条中的各个环节渗透融合，形成文创、演艺、动漫、影视等细分领域，从而不断拓展文旅产业的新市场。

高度的关联与互补使得文化产业与旅游产业发展到一定程度后相互融合成为必然趋势。

（二）文旅产业融合的实践探索

联合国世界旅游组织指出，全世界旅游活动中约有 37% 涉及文化因素，文化旅游者以每年 15% 的幅度增长。[①]“在全球所有旅游活动中，由文化旅游拉动的占 40%，在欧洲超过 50%。”从全球范围来看，文化已经成为旅游最大

---

① 江海旭，王紫微，常改欣．文旅融合背景下大连文化促进旅游淡季升温研究［J］．市场周刊，2022，35（02）：74–76.

的原动力。

2018 年，文化部和国家旅游局的职责整合，组建文化和旅游部，标志着我国已经从政府职能层面开始进行文化产业和旅游产业的融合。之后，文旅部发布了多份关于促进文旅融合的文件，各省市在文旅融合场景方面进行了很多有益的探索，目前主要有以下三大类场景：一是文化场所景区化，例如将博物馆、图书馆开发为旅游资源；二是文化场馆景区化，例如景区内设置与景区相关的非物质文化遗产展示场馆；三是景区商品文创化，例如景区根据自身文化特色开发出文创产品。

随着我国各级、各地政府实践探索不断创新，近年来已经形成了优势叠加的良好局面。近十年，中国旅游业总收入占 GDP 的比重逐年攀升，并且 2018、2019 年旅游经济一直保持高于 GDP 增速的较快增长。2019 年“旅游业对 GDP 的综合贡献为 10.94 万亿元，占 GDP 总量的 11.05%”。[①]（受疫情特殊原因影响，2020—2022 年旅游业总收入未作为判断趋势的参考）

二、发展高质量文旅产业是文化强市战略的重要内容

（一）文化强市是南昌城市发展的目标与路径

2035 年我国要建成文化强国、教育强国、人才强国、体育强国、健康中国，文化强国排在首位，是实现其他强国目标的基础和保障。同样，文化强市对于南昌市来说不仅是目标，同样也是路径。

首先，文化强市是南昌市发展的目标。要将南昌市打造为文化强市，市民首先要有高度的文化自信，对南昌城市的历史文化要有强烈的认同。文化强市不仅市民要认可，还要对外有强烈的文化吸引力。获得市民及外界的一致认同，才能真正称为文化强市。而如何获得广泛的认同，一定程度上要通过文化产业及旅游产业的打造来实现。

其次，文化强市也是南昌市经济社会发展的路径。用文化为社会经济发

① 鄢光哲 . 2019 年我国实现旅游总收入 6.63 万亿元 旅游业综合贡献占 GDP 总量 11.05%［N］. 中国青年报客户端，2020-03-11.

展各方面铸魂与赋能，将发展文化与旅游产业、提高城市文化建设水平作为提升城市竞争力的重要途径，以提升文化软实力的方式最终提升城市综合竞争力。

（二）发展高质量文旅产业是文化强市战略的一项重要内容

发展高质量文旅产业对文化强市战略具有重要意义。文旅产业是文化产业与旅游产业的融合，是综合性产业，具有产业链条长、资源消耗小、综合效益好等特点，是绿色产业、朝阳产业，在现代经济发展中具有十分重要的地位。

第一，文旅产业经济带动力强。“研究表明，与文化旅游业直接相关的产业有近 20 个，间接相关的产业达 90 余个；文化旅游业每投资 1 元，可带动相关行业 5 元的投资；文化旅游业每实现 1 元收入，就可带动相关产业收入 4.3 元。”[①] 所以很多地市都把文化旅游产业作为重点产业来打造，以期为推进经济高质量发展培育更多新的增长点。

第二，推动文旅产业有助于将生态资源转化为生态资本。旅游业是典型的生态产业、绿色产业，大力发展文化旅游业，可以有效地将绿水青山变为金山银山，还能在全社会形成保护生态环境的浓厚氛围。文旅产业是一个跨行业的朝阳产业，在很多省市的实践及未来规划中都将文旅产业作为满足人民群众日益增长的文化需要、提高人民生活水平、构建和谐社会、实现全面协调可持续发展的重要途径。

第三，推动文旅产业发展还有助于改善民生。文化旅游产业是劳动密集型行业，就业门槛低、包容性强、方式灵活，对不同类型人才都有需求，能显著增加全社会就业容量。可以说，文化旅游既是富民产业，也是民生需求。

所以南昌市明确提出“十四五”期间文旅产业的发展目标为“将文化旅游产业建设成为战略性支柱产业”，就是希望通过文旅产业的提质升级带动南昌的经济社会发展。

---

① 深刻认识推动文旅产业发展的重大意义 [N]. 周口日报，2020-08-28（01）.

三、南昌市文旅产业发展取得的成绩及存在的问题

（一）南昌市文旅产业发展取得的成绩

“十三五”以来，南昌市紧紧围绕“文化强市”和“旅游强市”两大决策部署，推动文化和旅游的繁荣发展，文化产业和旅游产业稳健发展格局初步形成。

文化产业发展稳健。2015—2021 年期间，南昌市规上文化企业数量逐年增加，实现营收及企业资产逐年上升（图 1），有力拉动了南昌市的经济社会发展。南昌市现有省级以上文化产业示范园区、国家文化产业示范基地、融合发展示范区 23 家，其中国家文化产业示范基地 2 家，省级文化产业示范园区 18 家，省级融合发展示范区 1 家、创建单位 2 家。

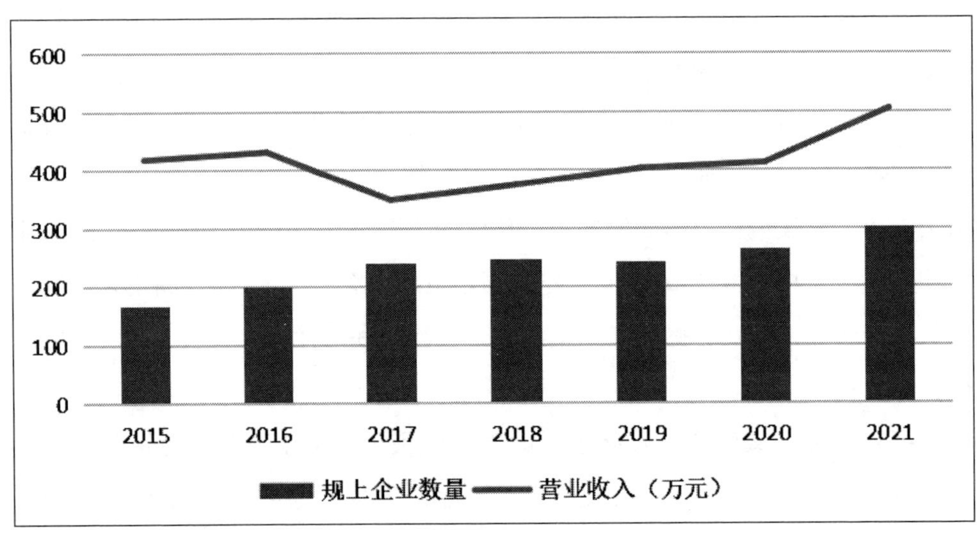

图 1　2015—2021 年南昌市规上文化企业数量及营收

旅游产业发展态势良好。成功创建国家 5A 级旅游景区 1 个。2015—2021 年底，南昌市国家 4A 级景区从 8 个增至 12 个，国家 3A 级景区从 23 个增至 33 个，省级旅游度假区从 1 个增至 2 个。成功创建国家乡村旅游重点村 2 个，省级乡村旅游重点村 8 个，5A 级乡村旅游点 2 个，省级全域旅游示范区 2 个，

省级旅游风情小镇 8 个，省级生态旅游示范区 2 个。南昌市文旅企业登记数量由 2012 年初的 206 家增至 2022 年 7 月底的 7918 家，10 年增长 37.44 倍，注册资本由 101.54 亿元增至 353.09 亿元。

文旅产业数字化转型升级加速。近年来，南昌市在数字产业化、产业数字化上下功夫。2021 年政府统筹公共数字文化建设专项资金 73 万元，专项用于智慧图书馆、智慧文化馆建设。积极推进通过信息化手段和技术开展旅游业务，各个景区都建立了自己的官方网站或微信公众号，游客可以实现线上门票预约、购买。部分景区利用 VR 技术推出线上产品，开展个性化旅游体验服务，让大家足不出户就可以“云游南昌”。初步建立了智慧旅游平台，智慧文旅指挥调度监测系统能够对博物馆、文化馆、图书馆、3A 级以上景区等场所进行监测，能够对全市文旅场馆的人流进行监管与统计分析。截至 2021 年 6 月 30 日，南昌市智慧文旅指挥调度监测系统共收录展示景区景点、酒店、乡村旅游点、博物馆、旅游厕所等共计 1932 家。15 家 4A 以上景区接入视频监控 149 个，已实现实时客流及摄像头监控，系统可收集到景区等级分布、游客接待量、文旅行业网络口碑、景区监控、闸机在线率等数据。

南昌市文化和旅游稳步发展格局初步形成，为推动文化和旅游高质量发展、释放融合效能打下了良好基础。

（二）南昌市文旅产业发展存在的问题

近年来，南昌市的文旅产业发展取得了长足的进步，但距离文化强市目标还有很大的差距。

文旅产业整体竞争实力不强。表 1 为截至 2021 年底，北京、南京、长沙、合肥、南昌等地规上文化企业数量与企业营收数据。数据显示，在文化产业方面，南昌与北京、南京等一线发达城市相比无论在规上文化企业数量还是企业营收金额方面都有数量级的差距，与同为中部省会城市的长沙、合肥相比也有不小差距。在旅游产业方面，截至 2020 年底，南昌市旅游总收入为 1475 亿元，杭州超过 3000 亿元，北京、上海、成都、武汉均超过 2500 亿元（为客观比较，各地均采用疫情前数据）。

表 1　北京、南京等地规上文化企业数量及其营收情况

	规上文化企业数量	企业营收（亿元）
北京	5119	17563
南京	1825	2445.9
长沙	1157	3000
合肥	479	1232.15
南昌	302	505.68

文化资源与市场结合不够紧密。南昌市有丰富的历史文化资源，截至2022年底，南昌从旧石器时代到近代共有各级文物保护单位301处，其中全国重点文物保护单位10处、省级文物保护单位61处、市县级文物保护单位230处。共有市级及以上非物质文化遗产代表性项目126个，国家级非物质文化遗产5个，省级非物质文化遗产49个。但是这些文化资源中有很大一部分都没有予以开发利用，特别是非物质文化遗产。例如，南昌的国家级非物质文化遗产“瓷板画”“上坂关公灯”“西山万寿宫庙会”“南昌清音”“文港毛笔制作技艺”中，只有文港毛笔制作技艺进行了市场化的运作，其余都少有人知。部分文化资源丰富的场馆，例如八大山人纪念馆、南昌八一起义纪念馆虽然着手进行了文化资源产品化、商品化转化，开发了多种形式的文创产品，但由于政策对全额拨款事业单位的诸多限制，导致文创产品在设计、销售、营收、效益等方面与故宫博物院、敦煌博物馆、武汉博物馆等先进场馆还有很大差距。

旅游产品形式不够独特。旅游的目的是寻找与日常生活不同的独特感受，对城市旅游而言，独特性就体现在城市文化中。旅游产品中只有突出其独特的文化底蕴，才能更有消费市场。目前南昌旅游产品还停留在初级阶段，以旅游景点的文创产品为例，很多地市文创产品已经历了多次升级换代，从简单的主题旅游纪念品，到注重感官体验的文创产品，再到互动文创产品，现在一部分场馆已经开始试水数字文创，例如湖北省博物馆推出数字文创“越王勾践剑”、上海话剧中心推出数字藏品话剧《红楼梦》，均上线数秒就售罄，产生了很好的社会效益及经济效益。南昌市旅游文创产品创意不多，创新不强，截至

2021 年底，各博物馆、旅游景区还未尝试数字文创产品。

数字文旅产品不够丰富。2020 年以来，反复的疫情对旅游产业冲击巨大，在严酷的形势下诞生了预约旅游、智慧旅游、云旅游、直播旅游等新业态，也催生了一系列新的数字文旅产品。疫情期间，故宫博物院推出线上游故宫，结合不同场景、不同时令出售相应的文创产品，文创产品总收入一年可达十几亿元，有效对冲了疫情的负面影响。2022 年，北京市平谷区打造“云上桃花节”，对万亩桃花 168 个小时的慢直播吸引了超 400 万人次观看，人们既能通过直播看花，也能购买水蜜桃、蜜梨等农产品。目前，南昌市数字文旅产品不够丰富，在数字场景打造方面缺乏知名产品。虽然南昌市有 VR 产业优势，但 VR 运用于消费娱乐、艺术作品的爆款产品少，科技与文化相融不够、相生不足、创新更少。

文旅系统智慧化、智能化程度不够高。目前南昌市各大景区都建立了自己的官方网站或微信公众号，游客可以进行门票预约、门票购买，部分网站可以实现线上游览，但总体来说数字技术应用程度依然偏低，网站功能简单，重展示、轻分析、少服务、缺智能。一方面不能为受众量身定制个性化的推荐方案、个性化问题解决方案，另一方面不能为景区决策、政府决策提供很好的数据分析支持，没有发挥数字技术的智慧化、智能化优势。2022 年，南昌市初步建成了智慧文旅平台，但是智慧文旅指挥调度监测系统接入各类单位只有 1932 家，监控摄像头仅 100 多个，数量严重不足。2019 年杭州智慧文旅为游客推出了“10 秒找空房”“20 秒景点入园”“30 秒酒店入住”“数字旅游专线”四大便民服务场景，其中仅“10 秒找空房”平台就对接了 8561 家酒店。南昌市智慧文旅系统数据的缺乏导致其无法为游客提供个性化、智能化服务，也很难为景区、政府的决策提供科学依据。

文旅产业投融资渠道缺乏。调研发现南昌市绝大多数文旅企业都面临着比较严重的资金问题，特别是疫情对于文旅产业的影响巨大。首先，财政资金投入不足。南昌市财政资金有限，而文旅行业资金投入比较大，资金缺口仅靠财政资金难以满足；其次，银行信贷难。文旅产业效益周期长、反复的疫情对文旅产业冲击巨大，银行投资意愿不强，针对文旅产业的金融产品种类相对偏少；最后，民间投资意愿缺乏。文化产业具有比较强的意识形态属性，尤其是影视剧制作、新闻出版等方面，民间机构普遍存在意识形态把握能力不强的问题，有着对意识形态把握不准、风险控制难度大、审查期限长等诸多顾虑，使之对文化产业投资望而却步。以上多种因素导致了文旅企业相比其他企业更容易陷入资本的困境。

四、以数字技术驱动南昌文旅产业提质升级

面对南昌市文旅产业发展的诸多短板，以数字技术驱动文旅产业的转型升级迫在眉睫。在文旅产业与数字技术融合过程中可以延伸产业链、催生新的业态，还能集聚大量创新人才，不仅为经济的发展引入活水，也催化着产业生态的裂变升级。

（一）加强顶层设计，将文旅产业与数字经济“一号工程”相结合

2020 年，《文化和旅游部关于推动数字文旅文化产业高质量发展的意见》《关于深化“互联网 + 旅游”推动旅游业高质量发展的意见》出台。目前，南昌市为推动“一号工程”，已经成立数字经济工作领导小组，建议将数字文旅作为南昌发展数字经济的一项重要工作内容，将数字经济与传统文旅产业数字化、智能化提质升级相结合。对标国家、全省政策，从财政、税收、金融等层面出台支持数字文旅产业发展政策，鼓励科技企业与文旅企业合作，支持产业数字化、数字产业化，全面推进“数字 + 文旅”，促进文旅产业数字化新发展。

（二）布局文旅新基建，为智慧文旅夯实硬件基础

2010 年江苏镇江率先提出发展智慧旅游，引发了国内各地区建设智慧旅游城市与智慧旅游景区的热潮。杭州率先在全国启动旅游大数据中心建设，利用物联网、云计算、5G、虚拟现实和大数据等多种先进技术，将旅游资源和信息资源进行高度系统整合和深度开发并对接“杭州智慧旅游 App”，满足游客在旅行前的规划和安排、旅行过程中的个性化需求、旅行后的评价和反馈。建议南昌借鉴杭州经验，进一步完善全域智慧文旅系统，增加硬件投入，积极

布局旅游新基建，为文旅产业数字化提供基础及技术支撑。加大智慧文旅指挥调度监测系统的数据覆盖力度，建设包括景区5G基站、光纤网络、道路、酒店、餐厅、停车场、加油站、车辆甚至路灯在内的智慧物联网系统，实时收集全域“人、事、物”信息，夯实文旅产业数字化发展信息基础设施。

（三）完善智慧文旅平台建设，提供高质量文旅服务

数字技术的充分运用才能使得智慧文旅系统真正智慧、智能。海南三亚天涯海角景区通过智慧旅游服务模式，利用无线网络热点将高清实景、360度虚拟实景、智能导游、停车场管理等情况实时提供给游客，通过智慧服务、智慧管理等模式大幅提升旅游体验和旅游品质。建议南昌借鉴海南、杭州经验，在智慧文旅系统平台建设上充分运用5G、人工智能、VR/AR等技术，提升文旅系统平台的智慧化水平，针对每位游客的个性化需求实时高效提供解决方案。首先，全面搜集占有数据。围绕游客文旅主题，积极协调各部门数据归口，对与旅游相关的饭店、酒店、高速车流量、旅游大巴、路况信息、全域客流信息、旅游气象预警、游客气象服务等实现数据共享；其次，扩展原有系统的服务功能。打通城市旅游“吃住行游购娱”各个环节，根据景区实时数据及用户以往行为数据进行大数据分析，为用户提供智能一站式的服务，包括旅游线路推荐、在线预约、电子票务、智慧餐饮、特产电商、智慧酒店、智慧停车、智慧零售等，以满足用户的多样化、个性化需求。

（四）打造沉浸式文旅场景，培育文化消费新业态

在VR、AR等新技术的加持下，沉浸式产业迅速发展，沉浸式艺术展、沉浸戏剧、沉浸乐园、沉浸城市会客厅、沉浸式剧本杀、密室逃脱等沉浸式业态蓬勃兴起，万物沉浸时代正在来临。杭州在西湖打造了AR旅游景点，游客可以通过手机或AR眼镜看到真实世界中叠加的虚拟场景，例如在真实的岳王庙里看到虚拟的岳家军万马奔腾的场景，在真实的放鹤亭里欣赏虚拟的仙鹤与梅花曼舞的场景。除了真实世界中叠加虚拟景物能带来亦真亦幻的沉浸感，纯数字场景也能带来真实的沉浸感，例如西安打造了线上“长安十二时辰”街区，疫情期间不仅线上吸粉无数，也带动了线下实体旅游人数的增长。南昌

市也应发挥VR产业优势，利用数字技术集中力量打造一两个沉浸式文旅新场景。建议将滕王阁景区、万寿宫历史文化街区联合打造为虚实融合的复合型消费场景，创造线上线下一体化、在线在场相结合的文化新体验，从供给侧发力培育文化产业新业态，拉动需求侧的消费能力。

（五）积极鼓励数字技术创新，探索文旅产品新模式

数字技术与传统产业融合后可以诞生出新的产品。例如，2018年故宫博物院发布高科技眼动游戏“睛·梦”，将眼动追踪前沿技术与故宫经典书画藏品相结合，游戏可以通过识别人眼移动智能定位屏幕位置，实现人眼与屏幕画面实时同步。游戏者可以在《步辇图》《千里江山图》等中国经典书画作品中发现蕴藏的秘密，完成通关升级，引来无数年轻人热捧。江苏省多个博物馆也纷纷进行产品创新，例如大运河博物馆将剧本杀引入数字博物馆中，一举吸引大批年轻人云参观。建议南昌市出台政策积极鼓励文旅产业主动进行数字化创新。一方面，积极探索“云观展”“云旅游”“云观影”等各种文旅新模式。依托南昌市VR技术在内容打造方面的优势，鼓励企业参与打造具有南昌特色的数字剧院、数字演艺厅、数字剧场等大型沉浸式场景；另一方面，支持图书馆、博物馆、美术馆、体育馆等现有文化旅游场馆开发线上“文体游娱”新业态，通过不断激发创新活力，保持文旅产业的高质量发展。

（六）加快文化资源市场化步伐，推进文化事业与文化产业融合

文化资源只有走向市场才能成为文化资产。为进一步推动体制内的文化资源大规模进入市场，建议加大文化事业单位体制改革，打通公益性文化事业和经营性文化产业之间的通道。近年来我国很多地市进行了有益的探索，目前主要有两种方式：一是文化事业单位下设独立法人文创企业，经营性项目由文创企业进行推动；二是文化事业单位在文化资源开发过程中引入市场机制，例如将某个文化资源进行IP授权，由授权企业围绕资源进行二次创作、销售。建议南昌市参考这两种做法，一方面鼓励有条件的博物馆、图书馆、文化馆探索开设下属独立法人文创企业，创立现代企业制度的文创公司，以市场为先导，提升文创产品的质量。一方面出台政策，鼓励文化事业单位普遍引入市场

机制进行IP授权内容的开发，通过对IP内容的多维度开发，打通包括出版、文学、音乐、电影、电视、演艺、游戏等文化产业各门类，形成全产业链。鼓励数字企业参与物质与非物质数字场馆建设、数字藏品开发、文创产品开发等，以文化事业单位的文化资源市场化为抓手，推动数字产业与文化产业的深度结合。

（七）优化金融财政政策，鼓励文创企业发展

针对文旅企业融资难问题，北京在鼓励文创企业发展中形成了政府、企业、金融机构的“投贷奖”联动体系。“投”是指股权投资机构为文创企业提供股权融资服务；“贷”是指金融机构为文创企业提供低利率、高效率的贷款；“奖”是指政府出资对“投奖贷”体系内成功获得股权融资、债权融资的文创企业及投资机构、金融机构都给予奖励支持。“投贷奖”政策中企业经营风险由金融机构、文化企业与政府共担，风险补偿金的资金池由金融机构和政府财政按照1∶3的比例出资构成。此系统中政府不直接投资企业，政府资金用于担负经营风险及对成功获得融资的企业、机构予以奖励，这一政策极大调动了企业、机构双方的积极性，取得了非常好的效果，已经有很多地市在效仿。建议借鉴此经验，建立南昌市“投贷奖”联动体系，既有效提升企业及金融机构双方的积极性，又为企业经营免除后顾之忧，有利于文创企业发展。

数字赋能视角下景德镇国家陶瓷文化传承与创新试验区建设的突破路径研究

王　芳　范明光　王新华　郑　熠　李　凯　余晖航　邓楚江*

【摘要】 景德镇国家陶瓷文化传承创新试验区的建立，是景德镇历史上一个重要的里程碑，为彰显其历史价值提供了重要契机，更为实现陶瓷文化自强、自信，讲好陶瓷故事、对话世界提供了千载难逢的历史机遇。实现陶瓷文化产业数字化，是江西省“十四五”规划的目标要求，数字赋能陶瓷文化产业是推进陶瓷文化可持续发展的重要趋势，利于稳固陶瓷文化之根本、保护传承好陶瓷文化这一灵魂，拓展试验区建设的实践边界。为此，建议：一是紧跟时代脉搏，实现陶瓷文化的数字化转型；二是注重协同发展，谋求国家试验区建设的最大公约数；三是紧跟大众需求，大力发展文化智慧旅游；四是用数字化引领陶瓷产业的绿色发展。

【关键词】 数字赋能；景德镇；陶瓷文化；试验区

---

* 王　芳　景德镇市委党校副校长、教授
范明光　景德镇市委党校常务副校长
王新华　景德镇市委党校二级调研员、教授
郑　熠　省委党校马克思主义研究院研究实习员
李　凯　景德镇市委党校科研科科长
余晖航　景德镇市委党校政治与统战理论教研室讲师
邓楚江　景德镇市委党校政治与统战理论教研室助教

2019年习近平总书记在视察江西时，提出“要建好景德镇国家陶瓷文化传承创新试验区，打造对外文化交流新平台”，实现高质量跨越式发展，让千年瓷都在新时代创新焕发光彩，这既是重大机遇，更是历史责任和严峻挑战，也为景德镇陶瓷产业转型升级提供了强力引领。景德镇国家陶瓷文化传承创新试验区，是景德镇的金字招牌，为彰显其历史价值、文化价值和品牌价值提供了重要契机；是历史责任，为实现陶瓷文化自强、自信，讲好陶瓷故事，对话世界、让世界进一步了解瓷都提供了一个全新的平台。实现陶瓷文化数字化是数字经济的发展趋势，也是“十四五”期间实现文化强国的重要内容。从数字技术的硬件层面看，5G技术的应用、大数据的推广、人工智能的普及、云计算的悄然而至必将使陶瓷文化的传承与创新更加多样，方式与手段可选择性更强；从国家制度层面看，党的二十大报告提出，“实施国家文化数字化战略，健全现代公共文化服务体系，创新实施文化惠民工程”[①]。如何全面把握住这一时代特征，深挖细耕陶瓷文化、探索数字赋能试验区建设发展路径、使陶瓷这张名片更亮、更多元，是新瓷都建设面临的时代课题。

一、国家陶瓷文化传承与创新试验区建设的驱动分析

（一）千年古镇的深厚陶瓷文化底蕴奠定了试验区建设的坚实基础

景德镇是千年古镇、世界瓷都，是一个有历史、有文化、有故事的地方。这里不仅有完备的古制瓷体系、琳琅满目的陶瓷作品、遍布广泛的古窑遗址，还有渗透到百姓日常的陶瓷里弄文化、古码头遗址、高岭土矿产等，这些都奠定了国家试验区建设的文化基础，有利于文化旅游开发、国际陶瓷文化交流的推进。就文化特色而言，不同的文化场所有着不同的陶瓷历史，诠释着不同的文化内涵。从纵跨景德镇宋代到清代古窑陶瓷文化发展史的古窑民俗博物馆，包含景德镇御窑厂历史陈列馆、景德镇御窑工艺博物馆、景德镇官窑博物

① 习近平．高举中国特色社会主义伟大旗帜 为全面建设社会主义现代化国家而团结奋斗——在中国共产党第二十次全国代表大会上的报告［M］．北京：人民出版社，2022.

馆、明代窑炉遗迹保护房和珠山北麓遗址保护房、明代御窑厂窑工童宾（佑陶灵祠）以及清代御窑厂督陶官唐英文物修复中心的国家考古遗址公园，包含三宝寺、杨梅亭、湖田窑遗址等文化建筑体的景德镇三宝国际瓷谷，到现代气息浓厚的陶溪川、风景秀美的瑶里古镇、五品古县衙的红塔，陶瓷制品、里弄文化、特色饮食、生活习惯，诸如此类，都是景德镇陶瓷文化的重要组成部分，滋养着试验区的建设。

（二）千载难逢的历史机遇开启了瓷都对话世界的新篇章

近年来，瓷都对陶瓷文化的传承与创新进行了持续的探索，并进行着积极的实践，也受到了党中央的高度重视。习近平总书记在 2019 年 5 月视察江西时，特别嘱托“要建好景德镇国家陶瓷文化传承创新试验区，打造对外文化交流新平台”，为景德镇的发展指明了方向，提出了明确的目标。国家试验区建设的正式确立，有利于推进景德镇国家陶瓷文化传承、保护、创新，有利于打造文化旅游基地的建设，有利于人才队伍的建设，有利于陶瓷文化的国际间交流，有利于将景德镇建设成为人文氛围浓厚、生态宜居、世界范围内影响深远的新型瓷都。同时，也给瓷都提出了更加明确的责任目标，即通过试验区的建设，辐射其他地区陶瓷产业的转型升级，同时为其他文化产业的发展提供示范样板。这在景德镇陶瓷历史上具有跨时代的意义，是弥足珍贵的难得机遇和里程碑大事，为瓷都参与世界陶瓷文化交流开启了新篇章。同时，国家试验区作为一个新平台，更有利于景德镇抓住时代机遇，凸显陶瓷文化独特的比较优势，向世人呈现优秀陶瓷文化的独特魅力，成为一个讲好中国故事的独特窗口。另外，在“一带一路”建设中，更有利于突出景德镇陶瓷文化特色、展现历史文化名城转型升级的示范效应，积极打造文化强省的“景德镇样本”；国家试验区独特的凸显创新创造的政策导向，将进一步使人才建设与产业结构调整同频共振，激发创新活力，提升创新质量，提高核心竞争力，使景德镇的陶瓷文化发展向内挖掘更加深入，内涵更具竞争力，向外拓展的差异化呈现更具创新性，外延更有质量，优秀传统陶瓷文化的比较优势转换为城市发展竞争优势的路径更加丰富。

（三）绿色发展理念指引了试验区的发展新方向

“绿水青山就是金山银山”是习近平新时代绿色发展理念的重要体现，指引着试验区建设的发展新方向。首先，发展理念上突出以人为本。以人为本，就是要坚持产业化与生态化的统一，产业化的发展应以生态化为前提，生态化的推进应坚持产业化更高质量的发展，即要注重人的自然属性和社会属性的统一。在推进生态化的过程中，应以满足人们对美好生活的向往作为基础，实现环境保护与社会发展的和谐统一。坚持绿色发展理念，应注重资源享有的公平性，既不能野蛮增长让少部分人受益，更不能寅吃卯粮让后人无粮可吃，要兼顾代内和代际间资源享有的公平性，避免以资源过度开采和浪费为代价的发展。其次，将绿色模式的理念融入到生产和生活中去。资本的本质是追求利益最大化，而不惜资源的占有和能量的消耗，这种以利益为驱动的模式必将导致资源的过度采伐和产能的浪费，而人类最终必将共同为这种后果付出代价。绿色发展在理念设计上对这一风险进行了规避，它既注重节约也注重资源的循环利用，以使多余的产能得到充分利用，这种适度发展模式是经济社会可持续发展的基础。在此过程中，作为实践主体的人，较好地实现了自然属性和社会属性的统一。再次，科技向善是绿色发展模式的特征。习近平在海南考察时强调“青山绿水、碧海蓝天是海南最强的优势和最大的本钱，是一笔既买不来也借不走的宝贵财富”，为试验区建设指明了方向。在经济社会发展中，环境始终是最核心的大平台，实施陶瓷产业的高质量发展，首先应在尊重自然规律、保护环境的基础上，充分利用经济学“微笑理论”，重视前期研发的科技创新和后期销售的思路拓展，进一步优化资源配置，提升产业效能，增加高端质量产品配比，提升陶瓷产业的核心竞争力和市场生存能力，使陶瓷文化在发展中自强，在自强的过程中自信。

（四）数字赋能试验区建设的双重支持

数字赋能作为“数字技术”与赋能理论的结合，是指通过云计算、大数据、物联网、移动互联网和人工智能等数字技术赋予人们能力[①]。从技术层面来看，数字赋能试验区建设的链条已经具备。当前，数字经济已成为经济发展的一大特色，其影响可以说是颠覆性的。自媒体经济已成为一股不容小觑的经济模式，网络带货和网络直播对于产品的推广影响也越来越大。国家试验区建设，要客观分析当前经济特点，紧跟时代节拍，把握陶瓷文化传承创新与数字经济的契合点，使二者耦合更加紧密，进而持续提升数字赋能在国家试验区建设中的效能。另外，大数据有其天然的优势，在市场和经济数据采集和分析时更加迅捷、准确、全面、高效，信息共享也更加便利，这重塑了传统意义上对国家试验区建设理念、发展策略与发展方式的认识。从政策层面看，大数据发展已成为国家顶层设计的重要组成部分，在政策颁布上也已见实章。《中华人民共和国国民经济和社会发展第十四个五年规划和2035年远景目标纲要》中指出，“要实施文化产业数字化战略，加快发展新型文化企业、文化业态、文化消费模式”[②]，并提出文化强国的发展目标，这也是实现“四个自信”中文化自信中的战略性决策，为陶瓷文化的自强、自信提供了强力支撑。简言之，数字赋能试验区建设已从技术和政策两个层面具备了扎实的基础条件。

二、国家陶瓷文化传承与创新试验区建设的现状分析

自试验区建立以来，景德镇市委、市政府在上级的正确领导下，群策群力，勠力同心，全力以赴谋发展，取得了显著成效，硬件基础设施建设和各种配套不断完善，“研学旅”明显推进、人才聚集现象不断呈现、陶瓷文化转型升级明显，陶瓷文化的发展与经济社会的进步加速融合。但也存在品牌聚集效应不明显、人才结构不完善、创新驱动不够等问题。

（一）从整体上看，试验区建设如火如荼、强力推进

一是“研学旅”进一步激发了国家试验区建设各方主体的活力。作为陶

① 陈海贝，卓翔芝．数字赋能研究综述［J］．图书馆论坛，2019，39（6）：53-60.

② 中华人民共和国国民经济和社会发展第十四个五年规划和2035年远景目标纲要［N］．人民日报，2021-03-13（10，11）．

瓷文化的重要组成部分，陶瓷研学伴随国家试验区的建设迎来了新的发展机遇[①]。文化方面，景德镇陶瓷历史积淀厚重，制瓷历史悠久，官窑和御窑文化成果璀璨，陶瓷作为文化传承的重要载体，在千年的历史中不断创新发展、丰富完善。自然风光方面，森林资源丰富、环境宜人，森林康养资源和文化滋养特征突出。人才方面，陶瓷体系成系统精细化的分工锤炼出各个专业领域出类拔萃的人才，各类高质量人才的聚集奠定了陶瓷研学的基础。（见表 1）同时，国家试验区的建设，极大推动了基础设施建设的完善，景德镇参与国内国际陶瓷文化交流也更加广泛和深入，提高了景德镇陶瓷文化的影响力，也激发了陶瓷产业各建设主体的参与积极性，陶瓷研学越来越成为一种风尚。陶瓷文化的大众化使得文化传播面更宽、辐射的人群更广、影响也更深远。

表 1　景德镇陶瓷队伍人才构成（景德镇人社局 2021 年数据）

序号	人才类别	人才规模（余人）
1	各类国家级陶瓷大师、技术能手	140
2	各类省级陶瓷大师	920
3	各类市级陶瓷大师、研究员、美术师	10000
4	各级非遗传承人	358
5	专业技术人才	7000
6	陶瓷技能人才	45000
7	洋景漂	5000

二是以“景归”“洋景漂”为特征的人才聚集现象不断呈现。陶瓷文化的传承与发展，核心在创新，关键靠人才，本质是提高人才建设与产业结构调整的匹配度，突出人才在产业发展中的引领作用。国家试验区建立以来，“景归”“景漂”已成为人才聚集的一种新形态，人才链与产业链的耦合也越来越密切，高附加值的质量发展比重也越来越大，技术创新和成果转换的机制建设

① 王卫平，汪丽萍，王翠红，徐小明．国家陶瓷文化传承创新试验区与景德镇陶瓷研学发展［J］．景德镇陶瓷，2021，194（04）：15–16.

不断完善，突出陶瓷创意的陶瓷发展路径越来越明晰，尤其以三宝村和陶溪川最具代表性，人才的聚集效应逐渐显现，人才促进产业发展效能的提升日益明显。

三是陶瓷文化转型升级取得了显著效果。文化的传播注重代际间共享文化资源的公平性。景德镇通过以申遗为途径的大遗址保护，逐渐实现了传统陶瓷文化的保护性开发。重视陶瓷产业与旅游、数字经济以及高端应用、智能制造等不同领域的深度融合，不断拓展陶瓷产业发展新业态，使其发展模式更加贴近时代特点。国家试验区建设以来，“百里昌江风景美，千年瓷都展新颜”。注重大品牌打造，积极推动陶瓷文化旅游的发展。通过环境整治，加大基础设施建设投入，不断完善旅游资源供给，使得山更美、文化特色更突出、旅游体验感更强，旅游质量和品位不断提升，广大人民群众的精神生活不断丰富。同时，线上线下的双重推广，向世人呈现了瓷都建设新魅力和新形象。

（二）从深层次看，文化驱动的核心竞争力还有很大提升空间

一是品牌的聚集效应不明显，资源整合效益有待提高。悠久的制瓷历史和深厚的陶瓷文化积淀，孕育了“景德镇”这张世界闻名的名片。很长一段时间，景德镇家庭作坊式的经营者都能从这一品牌中得利。长期的无知识产权意识和产品间模仿的司空见惯使得创新动力不足，加之市场化的推进，使得这一生产模式表面上有“品牌”、实质上又没“品牌”。整个行业品牌的缺乏使得景德镇陶瓷在国际国内高端陶瓷市场上缺乏竞争力，市场份额与世界瓷都的称谓有待提高。就目前而言，景德镇陶瓷以作坊式经营和民营企业经营为主，生产规模小，缺乏龙头企业的引领，行业整体产品市场竞争力不高，而产品的滞销也导致生产企业生存压力增大；同时作坊间产品的大范围雷同也造成了资源的浪费和同行间的内耗。缺乏现代化管理理念的路径依赖在一定程度上滞缓了试验区建设的高质量推进。生产手法不统一、人力成本不统一、定价标准不统一的作坊式产品，影响了陶瓷的产业化进程，也在一定程度上损伤了瓷都的信誉。

二是人才队伍数量较大，但结构组成有待进一步优化。从人才组成看，

各类陶瓷技能人才中偏重传统陶瓷艺术专业，而“三新”（新材料、新工艺、新技术开发）的人才占比较低，这与市场需求存在一定的不同步。在国家级陶瓷艺术人才建设中，老中青的人才梯队不够完善，优秀青年储备不足，使得可持续发展不够。依据经济学“微笑曲线”理论，前端设计和后端销售的利润占比较大，而目前的人才分布偏重前端技术，对后端销售，尤其是满足国际市场需求的销售人才明显不足。人才专业较为单一，兼具对外交流和陶瓷艺术的复合型人才不足，导致陶瓷文化走出去的压力增大。陶瓷类院校与科研院所创新成果较多，但本土转换不够，甚至许多技术成果转移到沿海发达城市“下蛋”。“景归”“景漂”人才体量较大，但分布较为松散，也缺乏交流的平台，加上本能的技术保护，使得整体合力发挥不完全，酵母作用发挥不充分，对陶瓷文化发展的“催化”作用有待提高，这很大程度上造成了人力资源的浪费，也不利于整个产业核心竞争力的提高。

三是从技术设计到销售模式存在不能紧贴市场需求现象，创新有待提升。随着社会的发展，人们的审美也在发生变化，对陶瓷产品的需求也趋于多元，个性化需求越来越成为市场的一大特点，这给企业提出了更高的要求，如何兼具生活性、艺术性和体验感需求越来越紧迫，这方面还有很多功课要做。同时，景德镇还没有充分利用、发展“互联网+”平台，海外贸易模式平台目前主要集中在每年一度的陶瓷博览会和企业传统的相对固定的贸易伙伴，还没有充分利用跨境电商平台，国际贸易量还明显不够。就目前的陶瓷产品来看，仿古瓷体量较大，樊家井、筲箕坞、李家坳等陶瓷生产集聚区均已成为仿古瓷主要生产地，虽然这在一定程度上能解企业的“燃眉之急”，但长期纯粹的“借古”而不求“开今”，势必造成创新意识的弱化和核心竞争力的缺失，也必然会增加向高端陶瓷游走的成本，这种生产模式也很难可持续发展下去。同时，普遍存在的产品同质化以及知识产权意识的淡薄，势必造成小企业之间的内卷和资源的浪费，产品利润不断压缩，创新成本也越来越高，创新逐渐被锁定，导致企业活力和市场竞争力不断减弱，“走出去”的阻力也越来越大。

三、景德镇陶瓷产业发展核心竞争力不足的原因分析

（一）历史地看，陶瓷产业的结构调整对景德镇陶瓷产业产生巨大冲击

历史上，景德镇陶瓷产业的典型特点是官窑文化为主，民窑文化为辅，二者同步发展。官窑订单式的发展模式以及资源的优先使用，使得传统艺术瓷精品意识较强，景德镇供应了皇家的绝大部分用瓷。宋代以后，“工匠八方来，器成走天下”，景德镇垄断了国内的日用瓷市场，同时，海外市场的拓展、多元文化的融合与发展，使陶瓷创新层出不穷，景德镇陶瓷也占据了海外市场，并因此被誉为世界瓷都。

清乾隆中期以后，世界陶瓷产业结构逐渐调整，日本和欧洲的陶瓷业不断成熟，不断压缩景德镇的海外市场，日用瓷和艺术瓷都受到很大冲击。直至二十世纪七八十年代，在海外市场，景德镇日用瓷基本上都是低档瓷，缺乏吸引力和竞争力，价格低廉，质量不高且参差不齐。而艺术瓷则创新明显不足，小作坊家庭式的生产模式无法形成规模且毫无市场紧迫感，画面模仿和抄袭现象泛滥，甚至千人一面，海外市场的吸引力锐减。就国内而言，清乾隆以后官窑开始走下坡路，且随着国力的衰落，瓷器质量不断下降，官窑最终随着清朝的灭亡而销声匿迹。在此后的民国年间，瓷器基本没有大的起色。新中国成立后，瓷业迎来一个短暂的春天，海内外市场也获得了一次新生。就国外市场而言，其经济意义远远不如明清时代，更多的是作为中国文化形象而小部分出口。海外市场的压缩，国内的市场挑战，特别是改革开放后面临的各个瓷区的竞争，使景德镇陶瓷产业逐渐衰落。无论是宫廷瓷、民间日用瓷，还是海外市场，景德镇瓷器的竞争性已大不如前，但千年瓷都仍面临着千载难逢的发展机遇和复兴的巨大使命。

（二）辩证地看，市场观念的淡薄导致传统陶瓷产业优势不明显

改革开放后，经济发展模式由计划转向市场，国内瓷业受到前所未有的冲击，中东部一些地区紧紧抓住这一发展机遇，蜂拥般上马陶瓷生产，围剿、蚕食、抢占国内陶瓷市场，在建筑瓷和日用瓷市场方面尤为突出。在中国经

济春笋般的强大驱动下，建筑陶瓷已成为一个发展势头强劲的新型产业，市场潜力巨大，而这方面景德镇的发展和市场份额却微乎其微。同时，在市场冲击下，景德镇瓷器发展定位出现偏移，不合理的资源整合以及淡薄的市场观念使景德镇陶瓷产业略有下滑，陶瓷发展力量逐渐打散，景德镇传统陶瓷产业的驱动力未能强劲体现。

另外，由于缺乏市场的驱动，艺术陶瓷发展也陷入酒香也怕巷子深的尴尬局面。产品研发方面，景德镇的省所、部所、陶瓷类院校以及民间具有丰富经验的老艺人都是极其宝贵的资源，许多科研成果没能及时转化、应用到陶瓷生产中，产生经济效益。在生产过程中，小作坊式的生产模式，使得生产规模难以满足大订单式的市场需求；跟风式的生产模式不仅使陶瓷产品千瓷一面，缺乏市场竞争性，造成了资源的浪费，产品创新逐渐失去吸引力，小企业无力创新，大企业不愿创新，而且长此以往造成行业内部产生不良竞争，不得不以微薄的利润来赢得市场。整体品牌意识的缺乏难以拓展市场，有限的艺术瓷消费市场的饱和使得艺术瓷遇到了发展瓶颈。

四、数字赋能国家试验区建设的突破路径分析

“美景、厚德、镇生活”的新瓷都定位，旨在深化陶瓷文化与生态美景、陶瓷科技与大数据建设的融合，深挖细耕传统陶瓷文化资源，打造独具特色的陶瓷文化品牌，建设高品质的世界级全域陶瓷文化旅游胜地、生态宜居文明城市、优秀传统文化传承发展的“景德镇样本”。数字赋能，主要以陶瓷文化的数字化转型、试验区建设各要素的融合、智慧旅游以及数字化引领陶瓷产业的绿色发展助推陶瓷文化传承与创新，推动国家试验区建设的高质量发展。

（一）紧跟时代脉搏，实现陶瓷文化的数字化转型

数字技术对产业的影响是革命性的，从前端的工业技术研发到后端的市场营销，从陶瓷文化技术革新到以什么样的陶瓷产品服务社会，再到与其他领域和行业之间的合作模式，与以往都有质的改变。为此，紧跟时代脉搏，与数字经济同频共振，已成为陶瓷文化发展的必经之路。

一要逐渐推进陶瓷文化与旅游的转型升级。积极打造数字化服务平台，充分利用数字技术在整合资源方面的优势，通过对陶瓷文化旅游现有资源数质量、市场缺口、季节性变动等相关数据的收集、整理、对比、融合，实现线上线下资源的联动整合，发挥各要素的整体合力，实现 1+1>2 的效果。积极打造陶瓷特色旅游“云服务”平台，打通传统信息传输在时间和距离上的双重闭塞，使得信息服务受众群体更加庞大、即时性优点更加突出，让广大游客更全面、更准确地了解瓷都旅游现状，高效制定出行安排，也让陶瓷旅游的服务跨度向前、向后双延伸。充分利用传统陶瓷文化比较优势，深入挖掘“四大名瓷”和景德镇完备的制瓷体系、丰富的陶瓷制品、广泛的陶瓷里弄文化，让陶瓷文化旅游成体系、更全面。积极搭建数字化合作平台，采取政府引导的方式，整合陶瓷类院校、科研院所、陶瓷生产企业以及小作坊生产单元的资源，通过陶瓷艺术与数字技术的结合，采用文化交流、网络媒体、自媒体等多渠道的宣传推广，吸纳社会面的广泛参与，规避酒香也怕巷子深的窘境，向世人呈现景德镇特有的陶瓷艺术审美理念，同时在对外交流与互鉴中逐渐完善，实现陶瓷文化的发展与创新。针对当前沉浸式体验模式，充分利用全息实景数字成像技术和 VR 模式，把陶瓷文化搬到网上，实现陶瓷文化跨时域、跨地域的共享，拓展传统实地旅游的模式。二要以全面的数字服务挖掘消费潜力。深入挖掘数字技术条件消费模式、生活模式特点，全面把握“云服务”“宅经济”“线上旅游”“直播带货”等模式，让陶瓷经济深入百姓生活，拓展陶瓷文化的受众面，让陶瓷文化的审美理念影响到广大民众，提升百姓的审美理念和生活质量。积极打造以注重个人体验感和文化服务为重点的旅游模式，让游客参与到陶瓷生产的过程中去，体会制瓷的技艺和乐趣，将陶瓷文化旅游链条向工艺链条延伸。积极打造陶瓷文化教育基地，加强与周边学校的文化教育交流，让中小学生对陶瓷文化的认知更真实、更具体。紧贴数字经济多元化消费特点，积极探索提升陶瓷文化服务的内容升级、消费方式多样以及突出陶瓷文化涵养的旅游驱动模式，不断挖掘陶瓷文化消费潜力。同时，重视森林康养与陶瓷文化滋养的结合，打造具备陶瓷文化特色的康养产业。积极发挥陶瓷院校综合专业性强的优势，开展广泛的意见征集和社会调研，不断完善陶瓷文化知识产权保护的立法和执行，重视知识产权观念的培育和宣传，严肃知识产权执法，让知识产权观念深入到陶瓷产业发展全过程，进一步规范陶瓷产业发展，持续提升景德镇陶瓷文化在对外交流中的底气和正气。三要重视人才建设与产业结构调整的统一。积极发挥国家试验区的头雁作用，推动陶瓷文化的传承与创新，进而辐射激励其他优秀传统文化的转型升级。积极探索、调整数字经济条件下产业结构模式，使其与数字经济特点相统一，积极发挥景德镇优秀陶瓷人才的主体地位，重点围绕艺术瓷和生活瓷这一强项，挖掘提升其资源的竞争力，逐渐打造具备特色的“陶瓷产业雁阵”，并依靠产业链聚集人才链，依靠人才链推动产业链的拓展，使二者耦合更加密切。同时，重视人才培养、保留，优化城市基础建设和人文建设质量，提升陶瓷从业的待遇和工作生活环境，重视从设计到销售全产业链人才培养与吸收，积极打造人才队伍培养得出、留得住、用得好的良好氛围。

（二）注重协同发展，谋求国家试验区建设的最大公约数

国家试验区建设是个系统工程，不是片面的陶瓷文化传承创新，而是要求对整个社会资源进行整合，这也与数字经济的资源调动要素全、范围宽、及时性强的特点相吻合。一要注重陶瓷产业生产要素间的协同。国家试验区建设立足高质量发展，在传统意义生产要素的基础上，更重视与人才、数字科技、信息服务等资源的整合，保持与市场的同步性。注重陶瓷设计生产、城市建设、文化宣传等各要素之间的协同配合，使传统生产要素增加时代特色，激发陶瓷文化资源活力，使陶瓷文化的发展紧跟时代、更接地气。另外，针对景德镇陶瓷产业领头雁不明显、资源分布散、规模普遍较小、作坊经营体量大等特点，积极探索盘活产业链、整合资源形成合力的途径，以规模化经营为导向，倡导差异化发展方式，探索“合作社”式发展模式，逐步消化同质化造成的产能过剩，避免不良竞争产生的资源浪费，提升产业的高质量发展水平和整体竞争力。在艺术瓷、日用瓷的基础上，注重模式创新，重视优秀产能的外延拓展，以“瓷毯”为例，其将景德镇具有优势的陶瓷艺术与现代生活装饰需求

相结合，兼具适用性、装饰性、艺术性，国内外市场反响强烈。二要注重不同区域、不同产业之间的协同。国家试验区建设的发展定位是放眼全球、面向全国，其发展资源也要突破狭隘的区域限制。本着物尽所用的原则，博采众长，突出共建共享，使陶瓷文化的创新视野更宽、角度更全、兼容性更强，以强烈的文化传承担当实现高水平发展。以陶瓷文化的保护为例，积极与故宫博物院、陕西历史博物馆等合作，借鉴他们的长处，使遗址保护、文物保护等工作更专业、更完备。三要注重高品质陶瓷数字产品的开发。一首《青花瓷》，牵绕了海内外、大江南北多少人对景德镇陶瓷、美景无限的向往；一支瓷乐团，加深了多少人对景德镇瓷都的理解。当前，“数字 +”更新了文化宣传方式的定义[①]。自媒体、“云课堂”、“云展馆”、VR 展示等线上方式让陶瓷文化在网络这个特殊的空间活了起来，受众面更宽、影响范围更广。为此，发展这个虚拟空间的沉浸式消费新市场，就需要鼓励开发好的创意，创造好的作品，做出好的诠释，让陶瓷文化在网络上活起来。积极发挥景德镇陶文旅等一批骨干企业的领头羊作用，引领个体在自媒体上进行陶瓷文化宣传，让更多参与主体、更多视角来诠释、创新、宣传陶瓷文化的特有属性。四要注重陶瓷品牌的打造和企业矩阵的培育。景德镇高端陶瓷产业经过 40 余年改革开放的发展，已经形成了一定的聚集效应，也孕育出一批有潜力的骨干企业。要充分利用大数据优势，在国内国际范围内全面筛选优秀企业，谋求深入合作，鼓励骨干企业做大做强。并以此辐射景德镇整个陶瓷产业的发展，形成高质量陶瓷的集聚效应，不断培育企业矩阵，逐渐推进景德镇陶瓷产业整体从低端向中高端的跃升。注重外来龙头企业的引进和本土优秀企业的连接，以此补强、延伸陶瓷产业链。

（三）紧跟大众需求，大力发展文化智慧旅游

文化智慧旅游，文化属性是核心，智慧服务是关键，本质要用文化来塑造新的旅游模式，用旅游来表现文化特征，用高质量的智慧服务使人民群众身体上得到放松，精神上的文化感受得到充盈。

---

① 杜坚，赵峰 . 从“数字 +”到“数字融”——探寻第一财经新媒体数字化经营的转型路径［J］. 上海广播电视研究，2022（1）：42–47.

一要完善文化智慧旅游的景区配套。融入陶瓷文化元素，在现有陶瓷墙、陶瓷文化主题公园的基础上，加快基础设施的智能化、数字化建设。进一步完善旅游景区的大数据平台，畅通信息开放、共享渠道。建设涵盖陶瓷博物馆、陶瓷制品、工艺流程、特色旅游景点等内容的陶瓷图书馆网络平台，提高用户检索陶瓷文化信息的便利性。搭建瓷都专属的旅游 App，完善景区推荐、路线服务、电子导航、特色小吃、民宿、在线答疑等智慧化服务，塑造景德镇陶瓷文化旅游的智慧品牌，进一步改善服务质量，提高游客满意度①。二要丰富陶瓷文化智慧旅游的内容。注重游客的精神体验，特别是让游客在数字层面全面了解制瓷流程，在现实层面增强互动性，积极参与其中、体验其中。另外，结合瓷都的直升机资源优势，丰富空中观光等旅游资源内容，让游客从空中更全面了解、感受不一样的陶瓷文化。三要重视陶瓷文化的“云推广”。网络经济的发展加上两年多疫情影响，改变了人们的出行方式和购物、消费方式，传统的营销模式也受到了较大的冲击。充分利用云服务、自媒体的宣传手段，推出更多互动性和体验性的产品，缩短陶瓷服务与消费者之间的距离，精准满足不同消费群众的差异化需求。结合新生代的审美特征挖掘陶瓷资源，努力打造网红景点，让陶瓷旅游插上“流量”的云翅膀更好地服务广大人民群众。

（四）用数字化引领陶瓷产业的绿色发展

“十四五”规划中提出：“深入推进绿色智慧生态文明建设，推动数字化绿色化协同发展。”数字化和绿色化是陶瓷产业结构调整的必然趋势，也是景德镇陶瓷文化转型升级的重要机遇，在此过程中，应重视制度建设的基础性作用，加强政府的全面引导，持续进行体制创新，以实现陶瓷文化的高质量发展。

首先，进一步夯实制度建设这一基础。无规矩不成方圆。充分发挥制度建设引导市场发展方向、规范市场主体行为的作用，有效遏止和规避生态破坏现象，降低环境污染水平，使陶瓷文化传承与环境保护相统一。制度建设应始终契合时代特点和陶瓷产业发展规律，及时调整更新使其与社会发展相匹配、

① 朱瑜．景德镇旅游业与陶瓷文创产业融合发展路径研究［J］．太原城市职业技术学院学报，2019（2）：43–47．

与产业结构特点同频共振，既能起到为绿色发展提供强力支撑的作用，又能助力产业的高质量发展。同时，要重视绿色发展的监督制度建设，科学合理设定违法成本，让资本驱动下违法行为无处遁迹，使监管制度在具体执行中出真章见实效。积极探索陶瓷生产全流程的制度监管，特别是在新釉料的研发、新工艺的设计、新材料的选用以及烧制燃料的后期处理等环节，科学设置监管点、量化生态陶瓷建设标准，使绿色发展监管有法可依，产业绿色发展有章可循。同时，应重视网络媒体的监督作用，积极搭建民众的监管平台，畅通民众监管渠道，让政府、企业、社会力量共同参与陶瓷产业的绿色发展，积极打造绿色发展共同参与、共同受益的局面。严格执行绿色发展相关法律制度，强力捍卫法律的约束效果，兼顾企业实现绿色发展的有效收益和违法重罚的双重手段，规范引导绿色发展的长效性。

其次，进一步加强政府全面主导。绿色发展关键是要以人类社会的长期可持续发展为根本。就陶瓷产业的发展而言，涉及生产和消费两个层面。就生产层面而言，应重视政府的激励与约束双重作用的发挥，以釉料选择为例，对人体和环境危害的一个关键指标是其中砷和铅的含量。对企业而言，当选择低污染的绿色材料能够有利可图时，结果往往不言而喻。相反，如果此种行为的成本过高，势必导致企业缺乏采用新材料新工艺的动力和信心，最终势必形成路径依赖甚至导致创新乏力锁定，循规蹈矩在所难免，这势必限制陶瓷产业的向前发展。由此显而易见，政府政策的激励有助于绿色发展的推行，其中包括财政政策、税收政策以及品牌扶持。就消费层面而言，积极宣传陶瓷文化的绿色属性消费，培养民众的绿色消费意识，有助于引导和培养绿色消费理念，用市场的消费行为倒逼生产环节的绿色革新。

最后，进一步完善体制创新。就景德镇艺术陶瓷产业的结构而言，其典型的特点是：一是总体规模庞大、单体数量较小的作坊式创作模式；二是数量庞大的艺术人才聚集；三是强力的陶瓷院校、科研院所支撑；四是科研成果的庞大与转化为成果的不匹配；五是完备的“瓷家、瓷工、瓷商、瓷徒”人才体系。这些特点交错融合，互相作用，共同形成了当前作坊式生产模式整体欣欣向荣但产品同质化严重、人才储备丰富但创新效果不够充分、科研院所理念先进但成果转换不够同步、陶瓷文化积淀深厚但与国际国内影响力不匹配等矛盾局面。针对此种情形，应秉承绿色发展集约高效的模式，在运行机制组织上，积极创新运营模式（比如陶瓷生产合作社），整合产业资源，盘活各环节、各要素，逐渐消化、转移多余产能，激发内在创新动力，积极搭建对外交流平台，持续加强陶瓷文化对外交流，在陶瓷文化互鉴中不断实现高质量绿色发展。

五、结语

景德镇国家陶瓷传承与创新试验区建设是个系统工程，涉及面广，影响范围宽，必须坚持习近平总书记以人民为中心的发展理念为指导，秉承绿色发展思维，重视资源代际间的可持续传递，坚定文化自信，紧盯文化软实力培塑，结合新时代数字经济特征，汇集陶瓷文化发展增量要素，注重协同发展，谋求最大公约数。

数字赋能是新时代赋予景德镇陶瓷文化传承与创新的新增长点，不仅从技术层面为陶瓷文化的数字化建设提供了重要支持，更为陶瓷文化的可持续发展提供了强力支撑。但在数字赋能试验区建设的实践中，要重点关注以下三个问题：一要确保线上与线下双过硬。数字化是试验区建设的方向，但是必须以试验区各种过硬的基础建设和文化建设为基础，不能本末倒置，数字化本质是一种技术手段，试验区建设核心还是要突出人的主体地位，不能寄希望于实现数字化就一劳永逸。二要厘清数字化建设的边界，不能一提数字化就全线上马。三要避免对数字化的技术依赖，陶瓷文化的传承与创新，本质还是在陶瓷文化，还是需要实打实的技术创新。

推进江西优化营商环境“一号改革工程”研究

陶国根　邓顺平　夏露露　黎　凌*

【摘要】营商环境是市场主体生存发展的空气、土壤，良好的营商环境是一个国家和地区产业竞争力和经济发展的重要基础。近年来，江西省委、省政府从实现高质量发展关键一招、制胜之策的高度，在借鉴先进地区做法、对标世界银行和国家标准的基础上，采取综合措施，全面推进了全省营商环境的市场化、法治化、国际化。营商环境改革是一场深刻的体制变革和制度创新，是一项基础性、战略性、系统性工程，进一步优化升级江西的营商环境，需要持续在强化高位推进和优化政务服务、增强要素支撑和做大产业集群、降低交易成本和加强政策供给、构建亲清关系和增强法治保障等方面发力，真正使全省营商环境建设实现从“注重排名”“面子好看”“通用举措”“部门牵头”“亲清关系”到“内涵发展”“里子好用”“精准匹配”“整体推动”“勤廉生态”的深层次、整体性转变。

【关键词】优化营商环境；“一号改革工程”；江西高质量发展

* 陶国根　省委党校公共管理学教研部负责人、教授
邓顺平　省委党校公共管理学教研部副主任、副教授
夏露露　省委党校公共管理学教研部副教授
黎　凌　九江市委党校科研科科长

引 言

习近平总书记指出，投资环境就像空气，空气清新才能吸引更多投资。过去，我们吸引外资主要靠优惠政策，现在要更多依靠改善投资环境。改革开放40多年来，我国取得了举世瞩目的发展成就，造就了“世所罕见的经济快速发展奇迹”，这背后的原因诸多，其中，我国一直致力于改善投资环境和营商环境可以说是最重要的原因之一。

广义的营商环境，是指市场主体在投资兴业过程中涉及的政务、市场、社会等有关外部条件和因素的总和。在这些条件和因素中，发挥关键作用的始终是各级政府。为此，狭义的营商环境仅指与政府紧密相关的体制机制性因素和条件，即“制度性环境”。世界银行曾在1997年发布了一份名为《1997年世界发展报告：变革世界中的政府》的报告，提出“一个国家如果具有稳定的政府（政府政策）、可预知的法律变动方式、有保障的产权以及强有力的司法体系，就会比缺乏这些制度要素的国家取得更大的投资和增长”[①]。这四个要素用今天的话来说，其实就是营商环境。也即是说，如果有良好的营商环境，则一个国家和地区可以取得更大的投资和经济增长。世界银行还就营商环境影响投资和经济增长的情况，进一步进行了具体量化，明确如果有良好的营商环境，会使一国或地区投资率增长0.3%、GDP增长率增加0.36%。

一、我国优化营商环境的基本进程与经验启示

党的十八大以来，我国营商环境的进步是巨大的，世界银行发布的《全球营商环境报告2020》显示，我国的营商环境在全球排名第31位，相比于2012年的91位整整进步了60位，特别是2018年以来，提升幅度更是十分明显[②]。我国营商环境取得的进步，是各级党委政府高度重视，并采取积极有效

① 世界银行.1997年世界发展报告：变革世界中的政府［R］.蔡秋生等.中国财政经济出版社，1997.

② 世界银行.全球营商环境报告2020［EB/OL］.https：//openknowledge.worldbank.org/bitstream/handle/10986/32436/9781464814402.pdf.

措施的结果。

（一）我国优化营商环境的基本进程

2013 年 1 月，广州市政协委员曹志伟在当年的政协会议发言时，向大家展示了一张长达 4.4 米的图，这是他带领团队花了 11 年时间收集资料、经过 52 稿反复修改、花去 400 多天专门绘制出来的，揭示了当时在广州企业投资建设项目，要经过 20 个委、办、局，53 个处、室、中心、站，100 个审批环节，盖 108 个章，缴纳 36 项行政收费，最快需 799 个审批工作日。这张其后被称为行政审批“万里长征图”的图片，一经发布即引发外界的热议，也引起了中央领导层的高度关注。此后，以行政审批改革为引领和突破口的营商环境改革，在全国范围内深入展开和推进。①

2020 年 5 月，另一位政协委员的发言再次引起了人们对营商环境的关注。这个发言的人叫袁慧鹰，是海南省海口市的政协委员，也是一名女企业家。袁慧鹰以自己投资办企业的亲身经历，直陈当时海口营商环境和深圳营商环境的差距。她说自己在深圳见到的政府工作人员，都是友善热情的笑脸，享受的是“五星级的服务”。这些工作人员不但真诚、周到、仔细，而且对公司落地、项目人才等各类政策掌握得准确透彻，服务非常专业而主动；反观在海口，自己碰到的政府工作人员却是冰冷生硬的面孔，感受到的是权力的傲慢。同样是经济特区，经过三四十年的发展，目前海口与深圳的发展差距明显，其中原因可谓诸多，营商环境无疑是其中重要的方面。

事实上，党的十八大以来，我国在优化营商环境方面采取了一系列重要举措，逐步深化这项工作。2013 年，党的十八届三中全会在《中共中央关于全面深化改革若干重大问题的决定》中，首次提出“建立法治化营商环境”的目标。2015—2017 年，李克强同志连续三年在全国“放管服”改革电视电话会议中提到，要积极关注中国在全球营商环境排名的情况和变化。2018 年以来，国务院成立了推进政府职能转变和“放管服”改革协调小组，并下设优化

① 许珂，周明 . 内外联动：地方政府优化营商环境的动因剖析［J］. 北京航空航天大学学报（社会科学版），2022（04）：75-82.

营商环境专题组；国家发改委按照国务院工作部署，构建了中国营商环境评价指标体系，并连续组织开展了多批次的营商环境评价。2020年1月1日，《优化营商环境条例》正式施行，我国“优化营商环境”工作纳入法治化轨道。实践中，近年来全国各地纷纷在这个领域“出实招”“放大招”，其中的典型经验有北京“一窗一网”改革、上海“一网通办”改革、广东“争取不用跑”改革、江苏“不见面审批”改革、浙江“最多跑一次”改革和贵州“全省通办”改革。[①]2021年10月31日开始，在北京、上海、广州、深圳、重庆、杭州六个城市开展首批营商环境创新试点，标志着我国优化营商环境进入全面提升的新阶段。

（二）我国优化营商环境的经验启示

根据上述例子和分析，会发现：不论是国内还是国际，良好的营商环境都可以促进一个国家和地区的投资增长和经济发展。李克强同志指出：好的营商环境就是生产力、竞争力，要坚持市场化、法治化、国际化整体推进，打造一流营商环境，促进大企业“顶天立地”、小企业“铺天盖地”，不断解放和发展生产力。李克强同志正是从生产力、竞争力的高度，从促进产业发展和经济发展的角度去看待营商环境的。当前，我们发展面临的形势比以往更加错综复杂，稳住经济基本盘的压力进一步加大。2022年5月，全国政府系统稳住经济大盘电视电话会议强调和重申“发展是解决我国一切问题的基础和关键”。此后，国务院发布了《扎实稳住经济的一揽子政策措施》（33条），我省出台了《关于切实稳住经济发展若干措施》（43条）。

党的二十大报告强调：“高质量发展是全面建设社会主义现代化国家的首要任务。发展是党执政兴国的第一要务。没有坚实的物质技术基础，就不可能全面建成社会主义现代化强国。”用发展的办法解决前进中的问题，是改革开放以来我们党执政兴国的一条重要经验，今天我们仍然应该毫不动摇地坚持。实践中，营商环境既是国际投资的风向标也是经济发展的晴雨表，是实现经济

① 郑子君，周文彰．以行政审批制度改革为突破口优化营商环境［J］．行政管理改革，2022（07）：59-66.

社会发展特别是高质量发展的关键一招、制胜之策。在当前的形势下，我们各级党委政府更要以高度的责任感和紧迫感，聚焦于实现高质量发展，做好安商稳商扶商护商工作，切实保护好市场主体和经济发展韧性；进一步来说，还要以敢于担当的勇气和行动，善于化危为机和创造比较优势，努力以营商环境的优化升级增强我国高质量发展的新动能。

二、良好营商环境的国际国内标准与评价

推进营商环境改革和优化，首先要有明确的方向和标准。在国际上，一些发达国家有先行探索的成功经验，特别是世界银行等国际组织制定了相关评价标准，并开展了多年的评价实践；在国内，我国也有自己的国家标准和各地方标准。

（一）良好营商环境的国际标准及评价

关于营商环境评价，国际上目前主要有三大标准和体系。一是世界经济论坛《全球竞争力报告》，评价时间自 1979 年始每年开展，评价对象包括全球 140 个经济体，评价体系包括行政管理架构、基础设施、信息技术运用、宏观经济稳定度、健康水平、技能、商品市场、劳动力市场、金融市场、市场规模、市场活力、创新能力等 12 项一级指标。二是瑞士洛桑国际管理学院《IMD 世界竞争力排名》，评价时间是自 1989 年始每年开展，评价对象是全球 63 个经济体，评价体系包括经济表现、政府效率、商业效率、基础设施等 4 项一级指标。三是世界银行《全球营商环境报告》标准，这是最权威和影响最大的评价，自 2003 年始每年开展一次评价，涉及全球 190 个经济体，评价体系共为 12 项一级指标，分别是开办企业、办理施工许可、获得电力、登记财产、获得信贷、保护少数投资者、纳税、跨国贸易、执行合同、办理破产，以及劳动力市场监管、政府采购两项参考指标。

在最近一次世界银行的评估（2020 年）中，全球营商环境排名前 10 的经济体分别是新西兰、新加坡、中国香港、丹麦、韩国、美国、格鲁吉亚、英国、挪威、瑞典。除了美国和格鲁吉亚外，其他大部分位于西北欧和东南亚，

这也是全球经济发展最好和最有活力的地方，也验证了经济发展与营商环境的正相关关系。中国在2020年评估中的综合排名是第31位，代表中国参评的城市是北京、上海，权重分别是45%和55%。具体来看，指标中最好的是执行合同，排名第5位，成为执行合同效率最高的经济体之一；排名最后的是纳税，第105位，这说明虽然近年来我们纳税的便利度有了很大提升，但企业所负担的税率和行政事业收费项目还处在较高的水平，影响了综合排名。

世界银行于2021年9月宣布停发原有的《全球营商环境报告》，2022年2月发布了新项目宜商环境评估体系说明，新的宜商环境评估项目将于2022年下半年试运行，于2023年1月开始正式实施。[①]新的宜商环境评估指标，与原有指标相比，有的直接保留，如纳税、办理破产两项指标；有些指标虽然表述不同但内涵基本一致，不过概括得更加准确全面，如从开办企业到企业准入、办理建筑许可到获得经营场所等；也有些指标融入到了新指标，如保护中小投资者、执行合同融入到了争端解决；还有些是新的提法，如促进市场竞争；等等。这次更新的评估指标，还特别关注数字技术和环境可持续两个跨领域的内容。世界银行宜商环境标准的推出，标志着世界银行对全球商业环境的评估进入了新阶段。可以预测，我国可能也会逐步用宜商环境的概念和标准代替现有的营商环境概念和标准，以更好地实现与国际接轨。

（二）良好营商环境的国内标准及评价

本着国际可比、对标世行、中国特色的原则，2018年我国由国家发改委牵头，构建了中国营商环境评价指标体系，并在全国22个城市组织了两批次试评价。2019年，对全国41个城市开展营商环境评价，并对东北21个城市开展营商环境试评价。2020年，评价扩大到全国80个城市和18个国家级新区。中国营商环境评价指标体系共18个一级指标，其中，1—15是从“企业全生命周期链条”角度构建的微观指标，这是在世界银行12个指标基础上，加上了招标投标，获得用水用气，知识产权创造、保护和运用三个指标；16—18是

① 刘兆彬．从营商环境到宜商环境——世行评估体系的新变化及启示［EB/OL］.https：//baijiahao.baidu.com/s？ id=1732361778318060038&wfr=spider&for=pc.

从“城市高质量发展”角度构建的相对宏观性的指标，在一定程度上弥补了世界银行标准在宏观评价方面的不足。

评价方式上，是由国家发改委牵头，引入评价机构、律所、会计事务所等第三方，组建中国营商环境评价团队，评价的具体方法包括部门深度参评（数据填报）、企业满意度测评、实地调研和数据抽查核实等。据《2021中国营商环境评估》披露，当年评估中综合得分前25位的标杆城市，分别是上海、深圳、广州、北京、杭州、苏州、厦门、南京、济南、成都、青岛、武汉、西安、衢州、重庆、东莞、天津、银川、沈阳、常州、无锡、珠海、宁波、济宁、烟台；另外，还有14个进步较快城市，分别是青岛、郑州、重庆、长沙、昆明、长春、济南、西安、成都、呼和浩特、合肥、大连、南宁、沈阳。

江西省参照世界银行和国家指标体系，借鉴先进地区经验，建立了江西省营商环境评价指标体系，其中一级指标18个，二级指标86个。评价范围上,2020年在11个设区市、赣江新区开展，自2021年开始扩大到全省所有市、县、区和赣江新区。评价方式上有创新，主要采取部门评、企业评、第三方评相结合的方式。在2021年的评价中，得分指标分布情况为：得分较高的6个指标是开办企业与注销、获得电力、登记财产、获得用水用气、招标投标、纳税；得分靠后的3个是办理破产、包容普惠创新、保护中小投资者；处于中等水平的9个指标是劳动力市场监管、政府采购、市场监管、执行合同、知识产权创造保护和运用、政务服务、办理建筑许可、获得信贷、跨境贸易。

（三）全面正确地看待营商环境评价

关于营商环境的评价和排名，我们在调研中发现，评价中排名相对靠后地方的同志，除了认识到自身存在的问题之外，都或多或少质疑评价的科学性，总觉得某某地方的情况我们都很清楚，跟我们差不多甚至更差，怎么排名就比我们高这么多呢？认为这些地方“搞了名堂”，比如说临时搞突击，私下做了测评对象的工作，或者说平时跟省里打分部门沟通汇报得多，留下了好印象，甚至是通过一定的方式去影响第三方测评团队。的确，只要涉及评价特别是排名，就会存在一定的干扰因素。对此，各地政府要正确看待，不能因噎废食，不能因此就否定这项工作的积极意义。事实上，开展评价是我们推进营商环境优化的重要抓手，为我们指明工作的方向和重点，整体上有利于改正不足、推进工作。为此，我们不能因为评价中存在不完善的地方就否定这项工作。不过，作为具体从事这项工作的同志来说，则要以开放的胸怀、谦卑的态度，认真听取各方意见建议，进一步完善体系、优化评价，使评价一次比一次做得更好、更科学和更让人信服。

一个地方想提升营商环境评价的排名，是一种积极的态度和行动，但还要能跳出排名看评价，优化营商环境除了提升排名，还有更重要的目的或使命。关于优化营商环境的目标，可以从至少三个层面来看：从最微观层面来说，就是要实现办事便捷、排名提升，这主要是业务和术的内容；从中观层面来说，就是要实现要素集聚、产业发展，这主要是思维和法的内容；从宏观层面来说，就是要实现经济繁荣、美好生活，这主要是情怀和道的内容。[①]在优化营商环境的过程中，三重目的都很重要。上述说的国内国际的评价标准，可能显得比较繁琐。事实上，我们依据以上介绍的几大标准和体系，结合现实中的工作重点，可以将良好的营商环境通俗地概括为四个方面，也即四个关键要素：政务服务方面，看开办运营方不方便；[②]基础支撑方面，看要素设施匹不匹配；政府政策方面，看产业支持有不有力；法治保障方面，看人身财产安不安全。

三、江西营商环境改革的成效和不足

近年来，江西省委、省政府在优化营商环境方面，下了大力气、用了实功夫，采取了多种有效措施，使营商方面的政策、市场、政务、法治和政商环境得到了全面优化和提升。

---

① 程云斌．进一步优化营商环境 推进高水平对外开放［J］．中国行政管理，2022（12）：153-155.

② 国务院关于加快推进政务服务标准化规范化便利化的指导意见［J］．中华人民共和国国务院公报，2022（5）．

（一）江西营商环境改革进程与成效

在优化营商环境方面，江西省委、省政府是努力站前列、做表率的。2018年就提出要打造“四最”发展环境，2019年又提出要打造一流营商环境。2020年11月25日省人大常委会通过了《江西省优化营商环境条例》，于2021年1月1日开始实施，将每年的11月1日确定为江西“优化营商环境日”；建立了“1+18”省优化营商环境工作领导小组，先后出台了《江西省优化营商环境攻坚行动方案》《关于深入推进营商环境优化升级“一号改革工程”的意见》等政策措施，实施了营商环境系列对标提升和攻坚行动，开展了全省范围的营商环境评价，建立了企业家参与涉企政策制定、聘请营商环境社会监督员和咨询专家、联合电视台推出“曝光怕慢假庸散”系列节目等社会参与机制；公布了我省“3+8”首批营商环境创新试点，即南昌市、鹰潭市、赣州市3个设区市，瑞昌市、浮梁县、湘东区、渝水区、丰城市、广丰区、安福县、黎川县8个县（市、区）。

在江西优化营商环境的进程中，我省推出的“赣服通”、惠企政策兑现、中介服务超市、行政许可清单管理等一批改革实践分别获得国务院及有关部委的表彰与肯定。其中，《江西打造“赣服通”移动平台 加快推动“掌上办”》和《江西全面推行延时错时预约服务 全省政务服务365天“不打烊”》列入国务院职转办《深化“放管服”改革 优化营商环境典型经验100例》，相关做法连续三次作为国务院大督查发现的典型经验获得国务院办公厅通报表扬。另外，根据全国工商联组织的“万家民营企业评营商环境”，2021年度我省营商环境满意度列全国第11位，较上一年提升了7位。[①] 营商环境好不好，市场主体最有发言权。据统计，2022年1—9月，江西利用省外项目资金7260.9亿元，增长9.1%；引进“5020”项目149个，增长36.7%，投资总额4963.9亿元，增长43.1%。[②] 宁德时代、比亚迪、格力、吉利、欣旺达等一批知名企业

① 数据来源：http://www.rmzxb.com.cn/c/2021-11-01/2976160.shtml.

② 数据来源：http://drc.jiangxi.gov.cn/art/2022/11/2/art_14592_4198895.html？from=groupmessage&isappinstalled=0.

纷纷加大了在江西的投资布局。这是江西营商环境领域取得明显进步的最有力证明，也是一种激励和鼓舞。

（二）江西营商环境存在的短板和不足

同时也要看到，在更权威的国家发改委组织的营商环境综合评估中，江西的南昌、九江和赣江新区（两个省内营商环境评估排名第一、第二的城市和唯一一个国家级新区），在全国的80个重点城市和18个国家级新区中，分别排名第52位、第56位和第14位。可以说整体排名是比较落后的，还有比较大的提升空间，还有不少需要解决的问题。这些存在的问题，主要包括以下五个方面：一是政策系统集成不够。各地政务服务标准不一、质量不一、流程也不同，没有形成省级层面的统一标准；存在各搞各的系统，“系统通而数据不通”“数据通而不动”等现象。二是惠企政策落地不实。出台的部分惠企政策，往往追求时效性，前期征求企业家的意见不够，与企业发展关联度不高，缺乏可行性；有些政策宣传不够，“最后一公里”落实得不好。三是中介机构借机起势。不少政府职能转移到了中介机构去了，原来指望中介机构会做得更专业、更公平和更有效率，现实却是办起事来环节多、耗时长、态度差、收费贵。四是监管执法不够规范。权力下放后事中事后监管跟不上，该管的事没管好；部分领域出现多头执法、重复执法、随意执法的现象。五是政府诚信不够、形象不好。招引项目时，好话说尽没有底线，笑着脸“开门迎客”；项目开工建设后，那可能就是“关门欺客”和“上门宰客”了。

从调研来看，还有三点发现：一是面子与里子的区别。各地的审批中心、服务中心做得都高大上，硬件都很好，但发现没太多群众来办事，机器的按键都是新的；一些地方标新立异的口号叫得很响，花样繁多，但真正能解决难题的创新举措不多。二是个人与企业的区别。老百姓个人办事确实方便了不少，但企业办事感觉改进的力度没那么大，线上的归线上，线下该怎么干还得怎么干，一个印章搞审批，搞完审批还是要补程序，仍然存在大鬼作祟、中梗阻、小鬼难缠等问题。三是指标与感受的区别。从评估指标来看，可能得分提升了、排名进步了，但市场主体和群众的感受度不强，获得感有限；一些地方虽然上次评价中没有进入前20强，但干部创业的状态非常好，当地的营商环境事实上可能比进入前20强榜单的地方更好。

四、推进江西营商环境持续优化升级的建议

2021年11月，江西省第十五次党代会将优化营商环境提到前所未有的高度，列为“一号改革工程”，提出：坚持把优化营商环境作为“一号改革工程”……打响“江西办事不用求人、江西办事依法依规、江西办事便捷高效、江西办事暖心爽心”营商环境品牌，争当全国政务服务满意度一等省份。深入推进“一号改革工程”落地见效，实现营商环境的持续优化升级，还需要有新举措新办法。

（一）强化高位推进和优化政务服务

“一号工程”不是随便叫的，“一号工程”就得有一号的标准、一号的要求。按照省主要领导的正式界定，所谓“一号工程”，就是在改革发展中具有战略性全局性引领性突破性的关键工作、头等大事。这就要求我们眼光要向那里看齐，政策要向那里倾斜，资源要向那里集聚，全力以赴推动这项工作的落实。营商环境不只是发改委、政务服务中心、工商联等部门的事情，而是党委政府所有部门的事，需要形成各部门参与营商环境的格局。同时，营商环境也不只是党委政府的事，而是全社会的共同事业，这就要求人人都参与到营商环境建设中来。要更好地推动“一号改革工程”落地见效，还要重视营商环境的评价考核，优化考核方案和办法，并加强对相关结果的运用。

优化升级营商环境，我们要紧紧抓住优化政务服务这个重点，打造全国政务服务满意度一等省份。2022年8月3日，江西省时任省委书记易炼红在省发展数字经济领导小组和省优化营商环境工作领导小组会议上的讲话中提出：要全面对标“凡是大湾区、长三角地区能做到的，我们都要做到”的标准，对标一等、对标一流……认真查漏补缺、缩小差距，努力变“跟跑”为“并跑”，加快建设全国政务服务满意度一等省份。实践中，要进一步强化服务理念，真正实现人人都是服务员、行行都是服务业、环环都是服务链；要进一

步提高服务质量，推行错时延时办、帮办代办和异地通办；要进一步降低服务成本，进一步推动减证便民、数据共享，以及相关优惠政策的免申即享；要进一步提升服务效能，推动一网、一门、一次、一号，探索“大综窗”收件出证，实现“一件事情一次办”。[①]

（二）增强要素支撑和做大产业集群

生产要素指进行生产经营活动时所需要的各种资源。按中央的提法，目前主要的五大生产要素，分别是土地、资本、劳动力、技术、数据。土地方面，要进一步推进市场化配置和提升使用效率，探索推进企业“亩产论英雄”，对“高产田”和“低产田”进行差别化的政策支持或限制，引导资源向“高产田”集聚；劳动力方面，要注重技能型人才培养和人才的引进培养；技术方面，要加强与重点产业相关的科技研发，推进产学研一体化；资本方面，要抓住金融这个关键，拓展多样化融资渠道，切实解决中小企业融资难融资贵的问题，目前我们省工信厅的“工信通”[②]和科技厅的“科贷通”[③]在这方面做得不错，还有一些地方探索的“供应链金融”也做得不错，同时，还要做大做强国有投融资平台和产业引导基金。此外，我们还要积极完善现代化的基础设施，特别是适应新发展形势的新基建。

优化营商环境，还要十分注重用产业思维、配套协同办法去破解现实发展困境。一个地方招几个大企业、搞几个新项目，的确有利于经济发展，成效也来得快，但从长远来说，更多地方还是要在明确本地比较优势的基础上，围

① 范合君，吴婷，何思锦．“互联网＋政务服务”平台如何优化城市营商环境？——基于互动治理的视角［J］. 管理世界 .2022（10）：126-140.

② “工信通”是指江西省中小微企业贷款风险补偿金业务，由江西省财政统筹安排专项资金注入中小企业融资产品风险补偿资本金，为中小企业提供低利率信用贷款支持；贷款分为固定资产贷款和流动资金贷款两种；贷款由江西省中小企业信用担保有限责任公司担保，担保不收取担保费用。

③ “科贷通”是江西省科技与金融深度融合的新机制，科技部门设立科技型中小企业信贷风险补偿资金（科贷补偿金），向银行推荐符合条件的“科贷通”贷款备选企业，银行进行审贷决策提供信贷服务。银行为科技型中小企业提供贷款总规模不低于科贷风险补偿金额度的 8 倍，单个企业可获得一年期额度不超过 500 万元的技术开发贷款。

绕“主导产业＋重点企业”，在强链、补链、延链上下功夫，久久为功，厚植产业之林，构建良性发展生态。各地、各开发区要聚焦“2+6+N”产业，以产业链链长制为抓手，坚定不移推进产业集群提能升级。在打造产业集群方面，也不是政府什么都要去做，而是要把单个企业不能做不想做的事情，由政府集成来做，重点是放在搭建各类平台上，包括各类承载平台、研发平台、检测检验平台和仓储物流平台。此外，还要鼓励形成有地理集中性的产业集群的发展，打造有本地特色的品牌产业和产业集群。

（三）降低交易成本和加强政策供给

降成本主要包括如下措施：一是减税降费，特别是对小微企业和个体工商户、初创企业、科技型企业；二是融资优惠，支持实体经济、小微企业和个体工商户的发展，以及创业担保贷款和政府续贷周转金等；三是降低用能成本，包括用能用水用电用气等方面；四是降低物流成本，包括铁路运价优惠、“三同”试点、收费公路差异化收费和支持物流设施建设等。此外，还要特别强调降低“制度性交易成本”。所谓“制度性交易成本”，通俗地讲就是因国家法律、政府政策和公职人员行为，造成的完成特定交易所需要的成本。“制度性交易成本”特别是“隐性制度交易成本”太高，将严重损害政府的公信力，也会破坏一个地方的投资环境，最终制约地方的经济社会发展。

关于政府的政策供给，近年来关注的重点是产业政策。政府进行基础设施投资，理论界和实践中都无太多争议，这也是营商环境优化的重要内容，但政府直接参与产业项目的投资，则在理论界和实践中都有不同看法。[①] 在主流的政府理论看来，政府职能是有限的，政府与市场是有边界的，特别是强调政府不能直接介入微观经济活动和参与市场竞争。然而，近些年来地方政府都在想方设法、争先恐后这么干，其中的佼佼者就是安徽省合肥市。江西在这个领域，既有成功的经验，如上饶市政府与晶科能源的合作，被业界认为是最成功的资本招商案例之一；也有失败的教训，如当年的赛维事件。虽然地方政府参

① 郭栋，胡业飞．地方政府竞争：一个文献综述［J］．公共行政评论，2019（3）：156–173，193–194．

与产业项目投资是有风险的，但很多地方都在这么干，如果我们不这么干，那么投资和产业就进不来，进来了也壮不大，就会错过发展的机会。[①] 面对这种现实，我们能做的就是面对，并提升相应的能力。

（四）构建亲清关系和增强法治保障

深圳市原市长李子彬 2020 年出版了《我在深圳当市长》一书，书中专门有一篇文章叫《我与华为的友情》，介绍了自己与华为交往的经历。李子彬此后在接受采访时说，华为能取得成功源于：一是他们自身卓越的工作；二是深圳的环境。离开深圳那个环境，他们未必能成长起来，未必能有今天。当然，我们同样也可以说，如果没有一批像华为这样的企业，深圳也就不是今天的深圳。在深圳，政府和企业互相依存、互相成就，是一种健康的共生关系。这种健康的共生关系，就是习近平总书记所讲的“亲”“清”新型政商关系。所谓“亲”，就是要坦荡真诚同民营企业接触交往，特别是在民营企业遇到困难和问题情况下更要积极作为、靠前服务，对非公有制经济人士多关注、多谈心、多引导，帮助解决实际困难，真心实意支持民营经济发展。所谓“清”，就是同民营企业家的关系要清白、纯洁，不能有贪心私心，不能以权谋私，不能搞权钱交易。习近平总书记的重要讲话，为构建亲清新型政商关系提供了根本遵循。

法治是最好的营商环境。实践中，要注重把握法治力度和温度的平衡。最高人民法院院长张军曾在多个场合说：民营企业在当前国际经济下行的压力下，在经济上犯罪，是该捕就捕、该诉就诉、该判实刑就判实刑，还是有个司法政策作调节呢？“可捕可不捕的不捕、可诉可不诉的不诉、可判实刑可判缓刑的判个缓刑好不好？我们认为是非常需要的。”省长叶建春多次就这个问题强调：要在更多领域依法推进轻微违法行为免罚和“首违不罚”清单，推广“企业安静日”，让执法既有力度又有温度。要严格规范司法，进一步落实“少捕慎诉慎押”刑事司法政策，妥善处理各类企业特别是民营企业经营发展过程中存在的不规范问题，依法保护各类市场主体的合法权益。从优化营商环境角

---

① 宋林霖，何成祥．从招商引资至优化营商环境：地方政府经济职能履行方式的重大转向［J］．上海行政学院学报，2019（6）：100–109.

度来说，加强法治保障还需要政府协助企业解决法律纠纷和预防法律风险。① 实践中，发达地区有一些创新性探索，值得借鉴。如上海、广州成立了“法治保障共同体”或“法治联合体”，重庆、广州探索进行政府承诺合法性审查和政务诚信监测治理，上海、北京探索行政执法“免罚清单”和“惩罚性赔偿”，广州、青岛开展“法治体检 / 护航”等法律惠企服务行动。

五、进一步的思考

营商环境只有更好，没有最好。一流的发展成效有赖于一流的营商环境，一流的营商环境需要一流的干部、一流的作风。

（一）标本兼治，推进优化营商环境从“注重排名”到“内涵发展”

坚持强化对标先进地区、对照 18 个评价指标找差距，确保先进地区能做到的我们也能做到，确保相关指标达到优异优秀，实现全省营商环境在全国位次前移进档；同时，营商环境优化升级更要紧扣问题抓整改，坚持以产业思维和发展思维去破解现实难题。如南昌市 2022 年开展“胡子工程”专项攻坚行动，解决了制约经济社会发展的“老大难”问题；宜春市大力支持锂电新能源领域的企业研发平台建设，建设了锂渣固废资源综合利用研发中心、锂渣固废资源化利用科研产业化基地，建设了锂电新能源产业学院。营商环境评价不应只是“排名榜”，更应该是“助推器”，必须“跳出排名看评价”。如目前我省中小企业面临的最大难题是产业配套不全、协同不力、集聚度不高，这些问题不是光靠评价就能解决的，需要各级党委政府坚持以产业发展为导向，日日精进、久久为功，厚植产业之林，构建产业发展的健康生态。

（二）内外兼修，推进优化营商环境从“面子好看”到“里子好用”

当前，全省各地营商环境改革最大的成效，集中体现在政务服务的便捷高效上。如赣州市于 2021 年底建成线上“亲清赣商”惠企政策兑现平台，使各类惠企政策实现“线上兑付”，目前该平台全面接入省“惠企通”平台，全

---

① 苟学珍．地方法治竞争：营商环境法治化的地方经验［J］．甘肃行政学院学报，2020（4）：114–123.

面推动惠企政策“一网查询、一窗受理、一站兑付”。下一步，既要继续在推进政务服务提质增效上下功夫，努力变“人找政策”为“政策找人”，逐步从办事主体的角度实现“一件事情一次办”，更要在持续深化“放管服”改革和政府职能转变、打造公平竞争的市场环境、切实保护市场主体合法权益等方面取得新成效。归根结底，就是要真正建立起高标准的市场经济体制，使各类市场主体拥有稳定、公平、透明、可预期的法治环境和社会环境，能够放心投资、安心经营和专心创业。要坚持把营商环境、招商引资、产业升级、经济发展等统筹起来考虑和推进，努力形成一流营商环境汇聚一流资源要素、一流资源要素支撑一流发展水平的良性循环。

（三）精准施策，推进优化营商环境从“通用举措”到“精准匹配”

当前，全省各地营商环境改革举措大同小异，这些统筹一致的“通用举措”非常重要，但基于当地实际要求的“精准匹配”措施更为必要。各地应注重深入分析本地“真问题”，切实把握市场主体的内在需求，在法治框架内探索出内生性、精准性的具体措施。如南昌县成立由县城投公司主导的国有还贷周转金公司，通过加强“倒贷基金”缓解中小企业贷款资金续贷周转对经营活动的冲击。要时刻关注企业的“生存之难”和“发展之困”，在精准供给资金、土地、环境、人才等政策方面下更大功夫，不断增强市场主体的获得感和满意度。特别是要抓住金融这个经济发展的“血脉”，围绕本地区主导产业和战略性新兴产业，把基金建设作为营商环境优化升级的重点任务，整体谋划布局，加强人才队伍建设，有序有力推进。

（四）聚集合力，推进优化营商环境从“部门牵头”到“整体推动”

各地要掀起新一轮思想大解放，通过大学习、走出去、找差距等方法，使各级干部深刻认识到推进营商环境优化升级的极端重要性和现实紧迫性。如赣州市赣县区2022年以来通过召开专题讲座、开辟“干部大课堂”和进行“十大课题”攻坚等方式，推动全区干部由“老区思维”向“湾区思维”的转变。要牢固确立“人人都是营商环境，事事都是营商环境，处处都是营商环境”的理念，凝聚政府、市场和社会各方共建共享营商环境的合力。积极探索推行“企业吹哨、部门报到”“前端吹哨、后台报到”机制，更好发挥12345热线“一号集成”作用，对市场主体和群众需求做到接诉即办、未诉先办。坚持寓监管于服务之中，在更多领域依法推进轻微违法行为免罚和“首违不罚”清单；深入推进“督帮一体”，对执法检查中发现的问题既提出整改方案又帮助解决问题。

（五）正本清源，推进优化营商环境从“亲清关系”到“勤廉生态”

营商环境的改革，本质上涉及政商关系的重构。比如赣州市章贡区每月选定一个主题开展营商环境优化“吐槽大会”，现场办公为企业解决实际问题；赣县区实施政企人员双向交流，政府向企业派出“服务专员”，企业代表到政府部门做“营商环境顾问”。进一步厘清政府职能边界，健全完善权力、责任、负面清单，从根本上防止“权力任性”。十分注重依法保护市场主体和企业家的合法权益，妥善处理各类企业特别是民营企业经营发展过程中存在的不规范问题。学习南昌县成立“诉调对接中心”的做法，推动构建涉企矛盾纠纷一站式多元化解体系。建立完善推进“一号改革工程”考核评价制度，善于在营商环境改革进程中识别、培养、锻炼和选拔使用干部。积极探索广覆盖、多渠道的监督办法，始终高悬反腐“利剑”，让一切营商环境领域的腐败行为和隐蔽的“为官不为”无处藏身，营造风清气正的良好发展生态。[①]

结　语

营商环境改革是一场深刻的体制变革和制度创新，是一项基础性、战略性、系统性工程。营商环境优化升级只有进行时，没有完成时。我们要以更高站位、更大决心、更强力度、更实举措，全力推动营商环境优化升级“一号改革工程”取得更大成效，成为江西的金字招牌，为全省经济发展提速提质提效提供坚强支撑。

---

① 邓慧慧，刘宇佳．反腐败影响了地区营商环境吗？——基于十八大以来反腐行动的经验证据［J］．经济科学，2021（04）：84-96.

打造高质量法治化营商环境　助力提升地方发展软实力

——以万年县为例

舒小庆　张　涛　贺顶丹*

【摘要】良好的营商环境是现代经济体系的重要支撑，而在新时代，高质量法治化营商环境则是提升地方发展软实力的内在要求。2022年，课题组赴江西省万年县进行现场调研，总结认为万年县在优化企业异地通办合作服务、促进“一站式”服务提质增效、深入推进企业投资审批集成改革、惠企融资服务从简从快、规范涉企业行政执法行为等方面的丰富实践有效地提升了万年县的法治化营商环境，促进了该县非公有制经济和民营企业的健康发展。万年县优化营商环境的经验值得在全省其他地区推广。

【关键词】法治化营商环境；民营企业；政府服务；“放管服”改革

营商环境，是指企业等市场主体在市场经济活动中所涉及的体制机制性因素和条件。[①]良好的营商环境是现代经济体系的重要支撑。习近平总书记在民营企业座谈会上强调，要毫不动摇鼓励支持引导非公有制经济发展，支持

*　舒小庆　省委党校法学教研部主任、教授
张　涛　省委党校法学教研部副主任、副教授
贺顶丹　省委党校法学教研部助教

① 《优化营商环境条例》第2条。

民营企业发展并走向更加广阔舞台。[①] 市场经济本质上是法治经济，在营商软环境中，法治是最核心的因素之一，是营商环境的最重要组成部分。打造一流营商环境必须打造良好的法治环境。为进一步优化万年县营商环境，为全县企业提供更加优质高效的政务服务，万年县政务服务中心持续深化“放管服”改革，大力推进营商环境优化升级“一号改革工程”，努力打造“依法办事、便捷办事、暖心办事”的营商环境品牌，取得了较好效果。2022 年，中共江西省委党校法学教研部课题组赴万年县就营造法治化营商环境进行了专题调研。课题组对万年县优化法治化营商环境的实践和经验进行了总结分析，梳理出万年县在打造高质量法治化营商环境方面多点培育、多方协同、共同推进的宝贵经验，以期为我省其他地区优化营商环境提供参考。

一、万年县优化法治化营商环境的相关实践

万年县，以县治于万年峰之阳而得名，历史悠久，人杰地灵，自明朝正德年间以来就已建制。万年县地处江西省东北中部、上饶市中部西侧、乐安河下游、鄱阳湖东南。东与弋阳县、鹰潭市的贵溪市毗邻，南与鹰潭市余江县交界，西与余干县接壤，北与乐平市相连、与鄱阳县隔乐安河相望。县城距南昌 93 公里、景德镇 76 公里、鹰潭 56 公里、上饶市区 95 公里。全县辖 6 镇 6 乡和 2 个管委会，人口 40 万，多为汉族江右民系，使用赣语。全县总面积 1140.76 平方公里，地貌特征为“六山一水二分田”，素有“鱼米之乡”之称。

近年来，万年县响应党和国家优化营商环境的号召，积极探索营造法治化营商环境的实践。万年县按照深化“放管服”改革的要求，围绕打造“四最”环境目标，深化行政审批制度改革，推进投资便利化，减少职业资格许可认定事项，全面规范收费项目，激发了市场活力和发展内生动力，不断提高政府“放管服”水平。在开展万年县营商环境提质年期间，营商环境提升取得

① 2018 年 11 月 1 日习近平在民营企业座谈会上的讲话。

了明显的成效。2021 年，万年县荣获“2021 年度中国营商环境百佳示范县市”称号。

营商环境优，则发展后劲足。我们可以看到，中央及地方对营商环境重视程度都越来越高、推进力度越来越大。国务院专门成立推进政府职能转变和“放管服”改革协调小组，国务院和江西省政府都出台了相关工作条例。党中央、国务院，省市党委政府的新部署新要求，既传递了强力优化营商环境的强烈信号，也为我们进一步优化营商环境提供了重大机遇。当今时代，区域发展已由“政策驱动”转向“环境驱动”，区域竞争也由资源、区位和政策之竞争逐步转向服务、环境、创新之竞争。实践证明，哪里营商环境好，人才、资金和项目就往哪里去。近年来，万年县在县委县政府的坚强领导下，结合本县具体情况，对优化法治营商环境方面进行了相关设计，形成了一系列适合本县具体情况、符合国家政策导向的法治化营商环境建设实践。

（一）强化顶层设计，创新工作机制

营商环境转变的关键在于政府。借鉴沿海发达省份的经验可以发现，营商环境的优化与政府理念转变有着重要联系。万年县近年来积极转变治理理念，加强学习，强化营商环境的顶层设计，创新营商环境方面的工作机制。

近年来，万年县以出台地方性法规、规范性文件的方式对优化营商环境进行了顶层设计，致力于将万年县打造为优化营商环境的政策高地。万年县分别从规范政商交往和细化营商举措等方面一一明确，确保优化营商环境各项政策措施刚性落实。同时统合四大政企互通渠道，使企业办理惠企政策具体过程中，实现“多端受理、内部流转、集成服务、限时办结”。

同时，万年县在优化企业环境方面组建助企专班，推行帮办代办；大力推进专项整治，对窗口工作人员工作、行为进行整治监督，确保政策兑现一站通达，企业办事不再“等”“跑”“送”；创新工作机制方式，对有关企业营商环境的相关部门实行“联办”，对同一职权领域内的行政事项实行跨域“通办；优化行政审核相关程序，在法律允许的范围内实行企业“帮办”“容缺办”“自助办”“监督办”，提高企业在万年县的营商体验，打造营商体验高地。

（二）落实政策助力企业纾困

疫情之下，中小企业和小微企业的发展受到多方面的冲击。2022 年以来，复杂严峻的经济形势给许多市场主体带来了生存和发展的压力，特别是中小微企业抗风险能力较弱，受需求不足、成本上升、要素制约等多种因素影响，生产经营困难增多。以现金流为例，疫情对现金流的影响是多维叠加的，疫情的影响让本来就捉襟见肘的企业经营现金流愈发吃紧，企业经营步履维艰。优化营商环境，还要发挥政府在企业帮扶方面的积极作用，了解企业在疫情之下的现实困难，找准症结、精准施策、纾困解难。

作为产业链供应链的“毛细血管”和市场的“神经末梢”，中小微企业一直以来都是发展的生力军、就业的主渠道、创新的重要源泉。一个地区的经济要有活力和竞争力，不仅需要“顶天立地”的大企业，还需要“万紫千红”的小微企业。得益于税收政策的助力，中小微企业的发展能有效激发地方经济活力，并通过吸纳就业的方式在一定程度上提升当地居民可支配收入，带动地方消费，从而形成正向循环以带动地方经济高质量发展。因此，疫情之下如何提振中小微企业发展信心，是任何地方政府都需要思考的问题。

万年县各政府部门发挥职能作用，聚焦中小微企业，精准落实新的组合式税费支持政策，深入开展助力中小微企业发展活动，积极推进政策惠企、服务助企、发展护企，切实帮助中小微企业减负纾困、提振信心，稳住经济大盘。万年县主要是从以下方面助力企业纾困的：一是推进惠企纾困政策落地。县政务服务中心对全县涉企惠企政策重新梳理汇总，建立惠企政策事项清单，并在大厅设立了惠企政策兑现专窗，建立政策兑现联络表，明确每条政策具体联络人，全程帮助企业优惠政策兑现。线下申请办理兑现惠企资金 159.1 万元（不含免申即享、即申即享兑现资金）。二是推行首套印章免费刻。2022 年 5 月，县政务服务中心联合县市监局，正式推出了新开办企业首套印章免费刻制业务（免费印章共 5 枚，省里文件要求 4 枚）。通过线上“一网通办”平台及线下办事窗实现企业登记和印章制作一站式免费办理，大大缩减企业时间成本和经济成本。已为 140 家新登记注册企业及分支机构免费办理该业务，为企业减负 6

万余元。三是持续优化服务举措。为方便企业征信查询，县人行率先向省里申请了企业征信机，该企业征信机资金已到位，设备正在运往县政务服务中心大厅，即将投入使用，部署步伐走在全省前列、全市领先。此外，为办事人员提供更加便捷、优质、高效服务，县政务服务中心推出证照免费邮寄服务；增配了6台复印设备，推出免费复印服务；打造了1间母婴室，满足孕妇等特殊办事群体的诉求；配备了便民服务箱，为办事人员提供创可贴等小物品。

（三）充分利用大数据保障企业复工复产

在疫情防控中，大数据已成为各地战疫的强有力武器。大数据分析技术在新冠疫情预测、密切接触者追踪方面产生了至关重要的作用，大大提升了疫情防控和复工复产的效率。大数据技术的应用能够实现海量数据的交叉协同，成为精准抗“疫”的重要支撑。利用信息化和大数据监控手段，通过汇聚来自航空、铁路、电信与其他单位的大数据，为党委政府提供决策支持。

而在全方位综合防控“科学精准、动态清零”阶段，大数据已成为全国上下防疫战疫、激发企业复工复产活力的强有力武器。随着新冠疫情形势积极向好，各地企业陆续按下快进键，跑出转型发展加速度。为助力复工复产科学有序进行，各地纷纷运用大数据、5G、人工智能等数字技术，充分发挥信息化优势，为复工复产提供有力支撑。利用大数据，党委政府得以准确把握复工复产进行程度、企业有无需要帮助解决的问题、人员流动情况等政府部门在疫情常态化防控阶段重点关注的重点信息，为复工复产提供依据。近年来福建、山东、吉林、安徽、云南、贵州等地相继开展充分利用大数据保障企业复工复产的实践。

万年县委、县政府积极落实主体责任，依法依规做好疫情防控工作，根据万年县的具体情况采取差异化防控和复工复产措施，同时积极探索利用大数据积极保障企业的复工复产。万年县主要有以下积极实践：一是加快实现复工复产等重点事项网上办，推行线上开标。县公共资源交易中心全面推行“不见面开标”，在招投标过程中，各投标企业不用来现场参加开标会议，投标人只要登录相关操作系统，就能实现远程在线实时开标，确保防疫、交易“两不误”，解决了疫情期间开标现场人员聚集这一难题，节约企业投标成本。二是推行电子保函，在疫情期间发挥线上办公电子办公的优势，为疫情之下企业办事提供方便。县公共资源交易中心大力推进“电子保函”在招标投标领域的应用，做到“让数据多跑路，投标人少跑腿”。三是开通12345热线服务，通过热线服务帮助解决企业复工复产中遇到的实际困难，并提供相关的法律指导服务。万年县12345热线实行7×24小时在线应答，为企业提供线上业务查询、咨询、投诉、求助等服务，减少了办事人员的跑腿次数，努力做到接诉即办，有求必应，使热线打得通、答得准、办得好。

（四）推行企业办事“一站式”服务

根据《国务院办公厅关于进一步精简审批优化服务 精准稳妥推进企业复工复产的通知》精神要求，万年县努力提升复工复产服务的便利度，推行民营企业办事“一站式”服务。在满足疫情科学防控的基础上，按照最少、必需原则，在省级复工复产条件的基础上进行细化，公布万年县复工复产的详细条件，并详细公开办理的程序、材料和时限。对于重点企业复工复产，在合法的前提下设置审批绿色通道，助力加速复工复产。

此外，推行企业办事“一站式”服务还是深化“放管服”的必然要求。近年来，我省“放管服”改革扎实推进，以“赣服通”为代表的“放管服”改革成效明显，简政放权力度持续加大，为打造优质营商环境提供了坚实支撑。我省推动重点领域办事环节再简化、时限再压缩、费用再降低、服务再提升，全面打响“江西办事不用求人、江西办事依法依规、江西办事便捷高效、江西办事暖心爽心”营商环境品牌，打造市场化法治化国际化的一流营商环境，争当全国政务服务满意度一等省份，这就要求下面的地市积极根据放管服改革的部署，为企业办事提供优化服务。

万年县委、县政府高度重视精简审批、优化服务，想企业之所想，急企业之所急。为推动营商环境持续优化，围绕企业开办中的痛点难点问题，协调联动相关部门，推行企业开办“一站式”服务。一是组建万年“小赣事”帮办代办队伍。为打造万年县营商环境服务平台，全程免费为企业提供“帮办代办”服务，助力企业落户实现零跑腿的目标，万年县2022年上半年共增配了12名帮办代办和导办人员，为企业和群众提供保姆式“一对一”贴心帮办代办服务，变“企业群众办”为“政府办”，最大限度减少企业和群众跑腿次数，共为企业、群众办理业务611件次。二是设立通用综合窗口，方便企业群众办事。万年县将部门设置的“一窗”变成按事项集成审批的“通用综合窗口”，推进综合受理“一窗化”，大力推进政务服务“以部门为中心”向“以事项为中心”转变，实施“一网、一门、一窗、一次”改革，推进综合受理“一窗化”避免群众“多头跑”。全县12个部门的178项依申请类政务服务事项已纳入通用综合窗口。三是开展第三轮事项梳理。为加快实现县级自建系统与“一窗式”综合服务平台对接，进一步提高县级政务服务事项网上可办率和“一网通办”率，县政务服务中心组织工作专班对全县依申请类事项清单及要素配置进行第三轮梳理并取得阶段性进展。四是推行网上中介服务超市，为项目业主选取中介服务减时、降费、提质，逐步破解中介服务市场竞争不足、效率不高、监管不严等问题。下一步，中介服务超市将不断优化评价机制，筛选培育一批优质中介服务机构，持续优化营商环境。

二、万年县优化法治营商环境的相关经验

党的二十大报告指出，“高质量发展是全面建设社会主义现代化国家的首要任务”，“营造市场化、法治化、国际化一流营商环境”。党的十八大以来，在以习近平同志为核心的党中央坚强领导下，各地方、各部门把优化营商环境工作摆在更加重要的位置，坚定不移全面深化改革，持续推进制度规则立改废释，大幅放宽市场准入，加快推行公平公正监管，加力优化政务服务，有序推进中国营商环境评价。万年县根据党和国家优化法治营商环境的政策部署，积极探索优化营商环境。在优化法治化营商环境的探索中，万年县总结出了相关问题，也有了一定的思考。法治化营商环境涉及基础设施建设、审批服务、产业政策、资金支持、执法监管等多个领域，属于一把手工程，目前仅靠文件推动对上联系，在实践中很容易出现少数职能部门不作为、推而不动的问题。因

此，优化法治化营商环境必须深入学习习近平法治思想，在实践中多点培育，多方协同，共同推进。

（一）优化企业异地通办合作服务

企业赴异地办理行政审批事项将会面临更多困难。为从体制层面解决该问题，地方政府应推行“异地通办”，解外地企业燃眉之急。国务院办公厅2022年10月印发的《关于扩大政务服务“跨省通办”范围进一步提升服务效能的意见》强调，要坚持以人民为中心的发展思想，统一服务标准、优化服务流程、创新服务方式，推动线上线下办事渠道深度融合，不断提升政务服务标准化、规范化、便利化水平。江西省自2020年11月建立全省统一的网上中介服务超市平台，推进中介服务管理体系改革，实行中介机构入驻零门槛、服务选取多渠道、服务效果实时评、服务流程全监控、服务质量有奖惩，形成“一网选中介”服务新模式。此后，万年县也力推“赣服通”“惠企通”“中介超市”等企业异地通办服务，企业纷纷反馈通过“赣服通”“惠企通”“中介超市”办事效率提升明显。目前，万年县有关部门已与浙江义乌等8个地区签署跨省通办协议，为远在外地的万年籍企业、群众提供医保、社保、公安等高频政务服务。万年县政务服务中心要持续加强对外省、市的沟通交流，就企业异地办件的各个环节等进行明确，确保两地权责清晰、高效协同，努力打破行政区域壁垒，着力解决区域协调发展中的难题，以解决企业的异地服务畅通之忧。但是，从企业和群众期盼来看，当前群众和企业办事难、办事慢的情况依然比较普遍，对政府机构窗口服务存在很多不满，对企业的操心事、烦心事反映强烈，对此需要格外重视。

（二）促进“一站式”服务提质增效

万年县近期推行惠企“一站式”服务，为企业提供精细化、常态化服务和保障，筑起服务招商引资企业优化法治化营商环境的强大合力。从其实践效果看，一定程度上克服了长期存在的办证手续繁琐、材料多等问题。目前，通过树立“放管服”管理理念，对于不必要的证明不再开，在缩短审批时间和手续、资料一次提供多次使用方面取得明显成效。进一步讲，就是通过提高窗口人员素质，教育一部分人员克服官本位思想，提高服务意识。此外，为了提升“一站式”服务窗口功能，针对一些部门审批权限进行统一与同步配套，多部门真正建立多事项并联审批制度，同时，还就统一跨部门审批权责清单、审批流程，大幅度缩减审批耗时、缩短审批环节，提高项目施工手续办理效率等进行深入改革，目的是让企业能够在窗口及时解决的问题绝不再到处跑路。因此，建议对中心大厅工作人员实行绩效考核。参照南昌、赣州、吉安等地经验做法，通过量化指标，定期考核窗口工作人员纪律、考勤、服务满意度等情况，采取奖优罚劣的方式，有效推动窗口工作人员综合素养的可持续发展。加快部署“一窗式”综合服务平台，依托“惠企通”对接全省一体化的惠企政策兑现服务体系，实现政策分类梳理、精准推送、高效兑现，彻底打通惠企政策兑现“最后一公里”，为企业提供“一站式”惠企服务，助力全县营商环境优化升级，为广大企业快速高质量发展提供强大动能。

（三）深入推进企业投资审批集成改革

企业投资是推动地方经济发展的重要“马车”，也是提高消费、扩大就业的关键所在，在疫情之后经济恢复发展中扮演了重要的角色。只有系统谋划、精准施策，持续提升供给质量，积极扩大有效投资，激发市场潜力，全力做好扩大内需这篇大文章，才能加快构建新发展格局，推动中国经济行稳致远。要深入落实党和国家的部署，全面深化“放管服”改革，释放更多改革红利，推动社会主义市场经济发展。

深化“放管服”改革、优化法治化营商环境，是稳定市场经济的内在要求，也是激发市场主体活力的必要举措。近年来，各地落实党中央、国务院部署，全方位深化投资领域“放管服”改革。2021 年，国家发改委也强调要多举措推进投资项目审批制度改革。总体来看，在企业投资审批改革中，重点要做到审批“瘦身”，打造投资建设“高速通道”；即接即办，加大重大项目建设要素保障；数据共享，数字化改革激发投资活力；优化流程，刷新项目落地“加速度”。目前，在经济平稳恢复发展的关键时期，投资审批改革正进入全面提速期。在“六稳”“六保”的政策引领下，多地在投资审批、绿色通道、一站式服务等方面不断创新。

万年县聚焦企业和群众关切，巩固提升“只跑一次”等改革经验，协调职能部门，将企业准入准营、投资项目审批等事项进行一站式集合，通过流程再造和信息共享，整合业务资源、优化业务流程，实现企业法人“一件事一次办”。建议实行“一枚印章管审批”，按照“谁审批、谁负责，谁主管、谁监管”原则，打造“审批事项前台化、服务管理后台化、审管分离联动化”运行模式，以期不断提升企业的满意度。

（四）惠企融资服务从简从快

企业发展周期长，需要长期稳定的融资支持。在产业链上下游的小微企业在授信方面却面临着多方面的困难。小微企业的发展具有更多的风险，融资信息成本较高，这导致小微企业融资难成为常态。在新冠疫情的背景下，小微企业向金融机构借贷面临了更多的问题。想要化解小微企业的融资困境，仅凭借市场机制的调节是不够的，政府也应该适当干预。疫情背景下，政府和相关金融机构更要围绕企业融资“痛点”“难点”，有的放矢优化服务，为企业发展注入更强动力。

万年县积极响应党和国家对民营企业发展采取的关怀、支持的态度，积极保障民营企业平等获取投资补助、贷款贴息等政府投资的权利。实践来看，万年惠企政策破解了以往发布渠道比较集中的问题，采取公众号发布、线上线下公开多种形式。为确保企业享受的优惠政策落到实处，建立了“双向承诺兑现机制”，使得市场主体知晓度较高且奖补资金能够及时兑现，促进了政策红利效应的积极发挥。万年县近年来积累了丰富的招商引资成功经验，概括起来，就是能及时归集、汇编，做到制度化、程序化、普及化、电子化。虽然一段时间以来，疫情对经济发展造成严重影响，但是，万年县政府通过银行发放的惠企补助资金及额度尽可能快速直接到达，以满足企业渡过难关需求，这使得万年不少小微企业有效避免了资金断流风险，保住了市场主体。同时，加大金融机构产品创新，重担保、重抵押的问题从根本上得到改变，多数中小企业在办理信用担保手续时需要支付的手续费、担保费亲民，办理时间也大幅度缩短。

（五）规范涉企业行政执法行为

在“六稳”“六保”的政策导向下，涉企业行政执法行为更需公平规范，依法维护正常生产企业的正当利益，对涉企业行政执法进行约束和规范。要聚焦依法行政，着力推进监管执法水平提升工程。依法公开公示涉企行政执法事项，推出“轻微违法行为不予处罚”清单，建立“安静生产期”制度，有效服务企业生产。全面推行行政执法公示、执法全过程记录、重大执法法治审核，加强涉企产权保护。聘请专职法律顾问，成立法治审核小组，重大行政执法必有法治审核意见书，强化涉企行政执法监督保障。要全面梳理总结未经批准擅自开展行政执法的行为、不依法履行行政执法程序行为、“随意执法”行为和“任性执法”行为等问题，形成“涉企行政执法负面清单”，让企业全面知晓各部门执法权力边界，有针对性地开展监督。

万年县率全省之先在“政企直通车”服务平台创新开通入企检查执法扫码功能，“线上”透明监管行政执法机关入企执法过程，在一定程度上有效杜绝监管执法过程中选择性执法、随意性执法及办“关系案”“人情案”行为，严防“执法扰企”，有效破解“重叠执法”的困扰，具体做法就是督促相关部门、单位的执法行为要由“随意执法”向“规范执法”转变，切实做到规范、公正、文明执法，这一工作机制对于贯彻落实营商环境“一号改革工程”服务机制和亲清政商关系具有相当的积极作用；这一“入企执法留痕迹”监督工作机制，有助于真正实现执法前“报备”、执法中“留痕”、执法后“反馈”，避免过多过滥执法检查，有利于畅通企业诉求和权益保护反映渠道，进一步推进政企沟通制度化，以便在全县范围内树立“让权力在阳光下运行，让执法在监督下开展”的良好营商环境。

三、万年县优化法治化营商环境对全省的启示

（一）优化营商环境要深入学习贯彻习近平法治思想

党的十八大以来，以习近平同志为核心的党中央从坚持和发展中国特色

社会主义的全局和战略高度定位法治、布局法治、厉行法治，形成了习近平法治思想，开创了全面依法治国新局面，为在新的起点上建设法治中国奠定了坚实基础。习近平法治思想深刻回答了系列重大问题，其中包括市场经济和法治环境的关系。习近平总书记在主持召开中央全面依法治国委员会第二次会议时强调“法治是最好的营商环境”①，为优化营商环境，支持市场主体平等竞争、蓬勃发展指明了方向。要深入学习习近平法治思想中关于打造法治化营商环境的论述，坚持依法有为，优化政府服务水平，营造平等有序的市场监管环境。

良好的法治化营商环境需要“有为政府”和“有效市场”的平衡作用机制共同塑造。营商环境是推动经济发展的“软实力”，是提振市场信心的“压舱石”，好的营商环境既是生产力也是竞争力。实践证明，只有在法治环境下，才会有公平的竞争秩序、稳定的市场预期、可靠的商业信用，才能最大限度激发市场活力、增强内生动力，推动经济社会发展行稳致远。越是发展环境复杂、发展水平滞后，越要织密法律之网、强化法治之力，把法治这一最大最好、最可预期的营商环境做实做强。地方政府要把保护市场主体权益作为首要工程。习近平总书记指出：“市场主体是经济的力量载体，保市场主体就是保社会生产力。”② 当前，受常态化疫情防控和经济增速放缓的双重影响，许多市场主体面临前所未有的生产经营压力，特别是中小微企业因规模较小、抗风险能力较弱，更容易受到冲击。然而，与成本上升、供应迟缓、需求疲软等痛点相比，各类市场主体最期盼的仍是平等法律保护。因此，政府要善于抓住“关键点”，积极运用改革思维和法治方式推进诉源治理，把非诉讼纠纷解决机制挺在前面，推动多元解纷功能整合、资源聚合、力量统合，推动更多法治力量向引导和疏导端用力，最大限度减少市场主体诉累，当好企业诚信经营的守护人、市场经济良好运行的帮扶者。

① 2019 年 2 月 25 日习近平在中央全面依法治国委员会第二次会议上的讲话。
② 2020 年 7 月 21 日习近平在与企业家座谈会上的讲话。

（二）法治是打造高质量营商环境的内在要求

法治是最好的营商环境，要求在尊重市场经济规律基础上，运用法治规范市场，使市场手段仅能在法治框架对市场进行调整。我国社会主义市场经济发展的历程告诉我们，法治是市场经济的内在要求，也是市场经济良好运行的重要保障。法治是营商环境的核心要素之一，法治化营商环境的好坏，将决定营商环境的总体质量。近年来，省委、省政府推出一系列优化营商环境举措，强力推动营商环境大提升，充分激发高质量、跨越式发展活力。《关于加强作风建设优化发展环境的意见》明确提出“着力打造忠诚型创新型担当型服务型过硬型政府，着力打造政策最优、成本最低、服务最好、办事最快的‘四最’发展环境”，《关于支持民营经济健康发展的若干意见》《关于金融支持民营经济发展的若干措施》等规范性文件助推“五型政府”“四最环境”建设落地生效等举措在引领、规范高质量打造法治化营商环境实践中发挥积极作用。

（三）打造高质量法治化营商环境的着力点

一般来说，法治化营商环境包括制度环境、政务环境、司法环境、信用环境、安全环境和人文环境六大要素。打造高质量法治化营商环境必须以六大要素作为着力点，多措并举、持续发力。

第一，法律是治国之重器，良法是善治之前提。优化法治化营商环境，必须重视立法工作，为营商环境奠定制度基础。2019 年 10 月 23 日，国务院发布《优化营商环境条例》，以行政法规形式助推国家层面的营商环境改善；2020 年 11 月 25 日，江西省通过《江西省优化营商环境条例》，以地方性法规为省域营商环境优化升级提供制度保障，构成我省促进公平竞争、增强市场活力和推动高质量发展的重要举措。接下来，应当根据我省经济社会发展要求，进一步细化、精准化地方立法，及时进行地方立法的评估、修改和完善。

第二，法律的生命力在于实施。正确处理市场和政府的关系，政府应在市场准入、审批许可、经营运行、项目审批方面做到公平公正、合法合规。必须加快转变政府职能，实施行政机关权责清单制。通过政府角色的法治化回归，进一步提高公共服务的效能、降低公共服务的成本，为市场和社会提供良好的政务服务和公共服务。以法治平衡政府与市场之间的关系，确保市场在资源配置中发挥决定性作用。

第三，司法是维护社会公平正义的最后防线。要优化法治化营商环境，必须强化公正司法保障，通过公正司法来保护投资者和市场经营主体的合法权益，保证产权所有者的合法产权不受侵犯，激发市场主体的创造力，提升社会主义市场经济的活力。

第四，诚实信用是市场经济的灵魂。发展市场经济离不开营商主体对诚信营商环境的信心和预期。信用环境通过政务诚信、社会诚信和司法公信来体现。以法治保障政府的信用和承诺，可以增强政府行为的连续性、稳定性、一致性，也才能增加对投资者的吸引力和凝聚力。因此，要加快推进社会诚信体系建设，持续擦亮我省"法媒银"的信用平台和执行名片，以引领社会诚信建设。

第五，安全是发展的前提，发展是安全的保障。坚持总体国家安全观要求政府积极响应和贯彻党和国家的国安政策，将维护国家安全贯穿工作各方面全过程，将国家安全放到与经济社会发展同样重要的高度进行重视。因此，既要高度重视、统筹处理安全和经济发展的关系，又要依法维护好企业的合法权益，让经济发展沿着安全、法治的轨道运行。统筹抓好安全工作和经济工作，确保社会大局安全稳定。

第六，厚植法治化营商环境的文化土壤。前述的制度环境、政务环境、司法环境、信用环境、安全环境除了自身的个性要求外，其共同点在于其营造的人文环境。对全社会而言，要大力培育和践行社会主义核心价值观，注重弘扬中华传统美德，在中华优秀传统美德的土壤上培育公民的法治意识。大力培育公民遵纪守法、诚信守约的当代法治思维。对政府各级管理者而言，要积极探索当地的法治文化土壤，利用本土的文化资源发展法治文化，为打造法治营商环境提供坚实的文化支撑。

（四）提升打造法治化营商环境江西品牌的管理效能

近年来，我省多措并举、多管齐下，不断深化"放管服"改革、转变政府职能，全面优化全省营商环境，为各类企业发展提供良好保障。但是，我省在营商环境上仍有一些问题和短板。例如打造高质量法治化营商环境的内生动力不强，各类市场主体满意度不高等。因此，要通过出实招、见真章，进一步增强打造法治化营商环境的自觉意识和内生动力。

一是应当进一步强化党委政府依法保护企业合法权益、优化法治化营商环境的意识。通过将非公有制企业维权服务纳入营商环境评价，进一步加强“五型”政府、“四最”环境建设的意识和能力；以互联网为依托，开展线上线下法律维权服务。一方面将维权网络向县一级延伸，构建省、市、县三级维权服务纵向网络体系，实现非公有制企业维权服务工作全覆盖；另一方面建立与政法部门的工作联动机制，形成责任明晰、维权高效的横向网络。

二是应当加快转变政府职能，提高行政决策的科学性，提高公共服务的效能，降低公共服务的成本。国际上影响比较大、认可度比较高的《营商环境报告》通过量化评价政府监管对企业行为和经济结果产生的影响，从整体上评价营商环境，其评价指标体系值得参照，有针对性地出台各项改革措施，为打造法治化营商环境奠定坚实基础。

三是应当持续整合执法力量，深入推进综合执法的改革。优化法治化营商环境，必须理顺行政执法体制，优化执法资源配置，形成监管与执法的合力。在市场“无形的手”难以有效对市场进行良性调整时，政府应该积极履行职责，发挥政府调整市场的职能，积极依法对市场进行监管，维护市场的正常运行。进一步深化行政执法改革，优化执法资源配置，消除行政监管盲区。

四是应当切实加强司法保障，着力为企业营造良好司法环境。通过进一步提高涉企案件审判执行质效，强化“快立、快审、快结”的审判思路，缩短案件审理周期；通过进一步加大涉企案件的执行力度，避免法律白条；通过进一步提高破产管理人水平，推动形成法院搭建平台、破产管理人推进程序、法院严密监督的破产案件办理模式；通过对财产保全案件的妥善处理，既依法保障双方合法权益，也关注涉案企业发展的实效。

参考文献：

［1］习近平新时代中国特色社会主义思想基本问题［M］. 北京：中共中央党校出版社，2020.

［2］《习近平法治思想概论》编写组. 习近平法治思想概论［M］. 北京：高等教育出版社，2021.

［3］穆虹. 构建高水平社会主义市场经济体制 //《党的二十大报告辅导读本》编写组. 党的二十大报告辅导读本［M］. 北京：人民出版社，2022：252-266.

［4］夏后学等. 营商环境、企业寻租与市场创新——来自中国企业营商环境调查的经验证据［J］. 经济研究，2019（4）.

［5］马建堂. 坚持以改革创新进一步优化营商环境［J］. 行政管理改革，2022（2）.

［6］李后龙. 深入贯彻习近平法治思想 优化法治化营商环境建设［N］. 人民法院报，2022-7-21（5）.

赣州对标粤港澳大湾区打造全国一流营商环境对策研究

陈相飞　阳振乐　曾　光　胡宗洪　许亚萍　邱华林*

【摘要】 赣州市毗邻粤港澳大湾区，是江西省对接融入大湾区的最前沿，也是大湾区联动内陆发展的直接腹地。党的二十大报告指出，要营造市场化、法治化、国际化一流营商环境。习近平总书记关于优化营商环境的重要论述，为赣州市对接融入粤港澳大湾区营商环境提供了科学有力的遵循，对奋力建设革命老区高质量发展示范区、谱写全面建设社会主义现代化国家赣州篇章具有重要意义。

【关键词】 赣州市；粤港澳大湾区；营商环境

2019 年 5 月 21 日，习近平总书记在江西视察主持召开推动中部地区崛起工作座谈会时强调，中部地区要向东部沿海地区看齐，对标国际一流水平，着力营造稳定公平透明的营商环境。[①]2022 年初，江西省委、省政府作出部署，将营商环境优化升级至“一号改革工程”的战略高度，以营商环境之“优”促

* 陈相飞　赣州市委党校常务副校长
阳振乐　赣州市委党校二级调研员
曾　光　省委党校江西经济社会发展战略研究所副所长、副研究员
胡宗洪　赣州市委党校经济与管理学教研室主任、教授
许亚萍　赣州市委党校经济与管理学教研室副主任、讲师
邱华林　赣州市委党校经济与管理学教研室副主任、讲师

① 习近平 . 在推动中部地区崛起工作座谈会上的讲话，2019-5-21.

经济发展之“稳”。为贯彻落实习近平总书记重要指示精神和省委、省政府决策部署，近年来，赣州全市加快融入粤港澳大湾区，围绕“大湾区能做的，我们也要能做到”这一目标，纵深推进“放管服”改革，扎实推进优化营商环境专项行动，打响“干就赣好”营商环境品牌，打造新时代“第一等”的营商环境。

一、习近平总书记关于优化营商环境的重要论述

（一）坚持党的领导是优化营商环境的根本保证

中国特色社会主义最本质的特征是中国共产党领导。习近平总书记指出，推进改革的目的是要不断推进我国社会主义制度自我完善和发展，赋予社会主义新的生机活力。[①] 这里面最核心的是坚持和完善党的领导、坚持和完善中国特色社会主义制度，不能南辕北辙。

优化营商环境是全面深化改革的内容之一，要激发市场主体活力。改革是沿着社会主义道路上的改革，不改旗帜，不改道路。坚持和加强党的统一领导，有利于全党和全国在改革上统一思想、坚定信心，有利于统筹协调，有利于推动各个方面改革。优化营商环境与党的十一届三中全会以来市场取向改革的思路一脉相承，是“开放搞活”历史经验的延续和发展，是完善社会主义市场经济体制丰富实践的重要内容，必须发挥党总揽全局、协调各方的领导核心作用。良好的营商环境有利于推动区域协调发展、有利于加快革命老区跨越式发展。优化营商环境事关地方综合竞争力，各级党委要既顾眼前、又谋长远，需要各级党委和政府部门协同配合。营商环境涵盖改革、发展、稳定等工作，优化营商环境工作点多、面广，涉及党委、政府和社会各个方面，需要统筹协调各个部门，同向发力。

（二）践行以人民为中心的发展思想是优化营商环境的根本出发点

人民是我们党执政的最大底气，是我们共和国的坚实根基，是我们强党

① 习近平关于协调推进“四个全面”战略布局论述摘编（三）[M].北京：中央文献出版社，2015：79.

兴国的根本所在。[①]习近平总书记指出，以人为中心的发展思想，不是一个抽象的、玄奥的概念，不能只停留在口头上、止步于思想环节，而要体现在经济社会发展各个环节。[②]

以人民为中心是新时代坚持和发展中国特色社会主义的根本立场，优化营商环境就是解决发展不平衡和不充分的矛盾，解决“好不好”的问题，不断解决人民群众最关心最直接最现实的利益问题，更高水平满足人民多方面日益增长的对美好生活的需要，更好地促进人的全面发展，有利于实现全体人民共同富裕。实行以人民为中心的营商环境改革，必须始终坚持从群众最关心的问题入手，推动改革成果更多更公平惠及全体人民。人民群众最关心什么，营商环境就抓什么，给人民群众带来更多实惠。党的十八大以来，优化营商环境聚焦市场主体反映突出“办事难、办事慢”“多头跑、来回跑”“奇葩证明”等问题，力除烦苛之弊端，大兴便民之举，努力营造权利公平、机会公平、规则公平的市场环境。不但使人民群众有了创新创业的积极性，而且有效盘活社会投资，增加了社会公共产品，提高了人民群众的获得感、幸福感、安全感。

（三）持续推进全面深化改革是优化营商环境的动力源泉

改革既要从机制体制创新上推进供给侧结构性改革，也要着力解决制约经济社会发展的机制体制问题。习近平总书记指出，改革开放是党和人民大踏步赶上时代的重要法宝，是坚持和发展中国特色社会主义的必由之路，是决定当代中国命运的关键一招，也是决定实现“两个一百年”奋斗目标、实现中华民族伟大复兴的关键一招。[③]

优化营商环境要向改革要动力，改革阻碍营商环境发展的机制体制。近年来，各部门、各地方持续深化“放管服”改革，我国营商环境得到明显改善，但是与人民期盼的营商环境相比，差距仍然很大，公平竞争、优胜劣汰的市场环境尚未形成，公共服务存在不少薄弱环节。优化营商环境必然要对利益

① 习近平．在“不忘初心、牢记使命”主题教育工作会议上的讲话［J］．求是,2019（7）．
② 习近平．在“不忘初心、牢记使命”主题教育工作会议上的讲话［J］．求是,2019（7）．
③ 习近平．在庆祝改革开放 40 周年大会上的讲话，2018-12-18.

格局进行调整，对制度体系进行变革，营商环境改革的敏感性、复杂性、艰巨性将更加突出，要确保各项改革措施落地生根。优化营商环境要解放思想，转变政府思维，用好“有形的手”，打破原有的权力框架，做“店小二”式的政府。营商环境改革方向应从群众反映强烈的突出问题入手，不仅要明确重点改革举措，更要明确落实路径和工作抓手，聚焦聚神聚力抓落实，抓铁有痕，踏石留印，更加准确精细地清除阻碍营商环境的“堵点”“痛点”。

（四）全面推进依法治国是优化营商环境的基本保障

习近平总书记指出，要建立公平开放透明的市场规则和法治化营商环境，促进正向激励和优胜劣汰，发展更多优质企业。[①] 法者，治之端也。法治化的营商环境是解决市场经济矛盾的抓手，是符合社会现代化市场经济规律的着力点。党中央对完善制度环境，健全法规制度、标准体系作出明确部署，要求坚持科学立法、民主立法、依法立法，完善党委领导、人大主导、政府依托、各方参与的立法工作格局，立改废释并举，不断提高立法质量和效率。

坚持高质量立法，加快推行公正监管，才能有效推动营商环境的优化改善。习近平总书记指出，要坚持问题导向，提高立法的针对性、及时性、系统性、可操作性，发挥立法引领和推动作用。[②] 要抓住提高立法质量这个关键，深入推进科学立法、民主立法，完善立法体制和程序，努力使每一项立法都符合宪法精神、反映人民意愿、得到人民拥护。发展改革部门承担着宏观调控和各方面协调管理的任务，更是重要监管部门，承担着国有企业改革、市场资源配置、节能等监管职能。近年来，发展改革部门大力创新监管方式，加快提升监管效能，狠抓重点领域重点监管，着力推进监管执法透明规范、合法公正。

二、粤港澳大湾区营商环境的主要经验做法

粤港澳大湾区以习近平新时代中国特色社会主义思想为指导，认真贯彻落实党中央、国务院关于深化“放管服”改革、优化营商环境决策部署，统筹

① 习近平．在 2018 年中央经济工作会议上的讲话．2018-12-19.

② 习近平．在庆祝全国人民代表大会成立六十周年大会上的讲话，2014-9-5.

经济社会发展，主动作为、探索创新，深入推进优化营商环境重点领域改革，结合实际推出了一大批实践证明行之有效、人民群众满意、市场主体支持的改革举措，推动各项纾困惠企政策直达基层、直接惠及市场主体，有力提升了企业群众的获得感和满意度，有力促进了经济社会持续健康发展。粤港澳大湾区的城市围绕深化“放管服”来优化营商环境，在开办企业、劳动力市场监管、办理建筑许可、获得电力、获得信贷方面的经验弥足珍贵，为赣州打造新时代“第一等”营商环境提供了有益借鉴和启示。

（一）开办企业高效便捷

开办企业，主要衡量城市的企业从设立到具备一般性经营条件所需经历的政府审批和外部办事流程，包括办理环节、办理时间、成本费用，以及提升开办企业便利化水平等情况。深圳市通过多种渠道广泛听取企业群众需求和一线办事人员建议，结合当地实际，采取人员集成、场所集成、信息集成等方式，实现“一窗受理、并联办理”，开通企业“一网通办”平台，推动企业开办全程网上办理，进一步压减企业开办时间至 4 个工作日内或更少，有效提升企业满意度和获得感，新设立企业数量实现快速增长。深圳市多措并举提升企业获得感，具体有以下三个方面值得赣州学习借鉴。

1. 线上线下便利开办。一是升级“开办企业一窗通”平台。打通各业务部门的数据接口，整合各部门的业务表单，申请人仅需登录一个平台即可一次性填报申请营业执照、刻制印章、申领发票、员工参保登记、公积金开户登记等信息，将相关流程整合为 1 个。二是开办企业“一窗进、一窗出”。各行政服务大厅完善开办企业专窗（或专区），配备综合窗口人员负责专窗前台全部对外服务工作，各开办业务部门人员进驻后台，负责事项审批和相关服务工作。通过前、后台全程无缝衔接，为企业一次性发放营业执照、公章、税控盘、发票，或者提供邮寄送达服务。三是提高网上全流程办理比例，推动开办企业所涉及的商事登记、印章刻制、申领发票、社保登记等事项全程电子化办理。实现包含商事主体设立、变更、注销、增补照登记在内的 52 项商事登记业务全流程网上办理，推动实现企业办事“零跑动”。

2. 提高办事效率。一是开办企业 1 天内办结。申请人通过平台填报开办企业信息后，市场监管部门在 0.5 天内予以办结。后续刻制印章、申领发票、员工参保登记、公积金开户登记等工作并联办理，均在 0.5 天内同步办结。取消企业银行账户许可，企业可通过“开办企业一窗通”平台办理银行预约开户。二是申领发票和税控设备即时办结。新办企业登录“开办企业一窗通”平台即可办理申领发票和税控设备，无须跳转税务业务平台。推行新办纳税人“套餐式”服务、区块链发票等改革举措，优化办税流程和环节。

3. 优化开办服务。一是免费提供刻章服务和税控设备。自 2020 年 1 月 1 日起，向新设企业提供一次免费刻制公章服务。完成专票系统改造，新设企业通过“开办企业一窗通”平台申领税控设备和发票的，免除其税控设备购买费用。二是全面应用统一地址库。应用统一地址编码，规范商事主体住所信息录入，解决虚构地址问题。应用统一地址库，建立各区网格化管理部门和市场监管部门的信息共享和协同监管机制，加强商事主体住所登记事项监管。三是推广应用电子证照、电子印章、电子发票。构建电子营业执照和电子印章综合应用体系，推进各类商业领域应用，满足政务申办、合同签订、文件签发等各类应用场景。新开办企业在“开办企业一窗通”平台中选择使用区块链电子发票的，可自动入链，税务机关自动审批，链上流程全闭环，免审核直接赋予新办企业区块链发票使用资格，推动实现“注册即用票”。四是加强开办企业咨询和帮办。各级行政服务大厅根据开办企业工作实际需要，配齐、配足、配强服务专员，提供开办企业咨询、导办、帮办服务，并在办事大厅显著位置摆放开办企业办事指南、宣传册等资料，提高办事效率。税务部门工作人员进驻大厅，做好咨询引导及企业领取发票和税控设备等有关工作。

（二）劳动力市场监管灵活完善

劳动力市场监管，主要衡量城市实施就业监管的灵活性，涉及招聘、用工、解聘等过程，以及提供就业服务，做好重点群体就业工作、多渠道促进就业等情况。珠海市依托预警监测平台对失业人员进行动态监测，进一步压缩失业保险金等业务办结时限，推进失业保险金“畅通领、安全办”。疫情期间，不断推进“互联网＋就业”服务模式，在线提供职业介绍、岗位招聘、创业指导、政策查询等服务，帮助企业解决用工短缺难题，缓解求职人员就业压力。珠海市多措并举保障劳动力市场健康发展，具体有以下五个方面值得赣州学习借鉴。

1. 加强创业支持力度。建立创业孵化基地 26 家（省级 3 家、市级 17 家、区级 6 家）。认定返乡创业孵化基地，为返乡创业人员提供创业孵化服务。为珠海高校大学生举办线上创业讲座、参赛项目辅导和开展基地宣传推广等活动，组织各类人员参加创业培训。通过设立担保基金、建立担保基金存放动态调整机制、提升创业融资额度等举措，加大创业贷款支持。

2. 支持企业复工复产。采用“点对点、一站式”方式，免费接运务工人员返珠返岗，建立 24 小时重点企业用工调度保障机制。疫情期间推出企业员工到岗奖励、招工补贴、延迟复工补助、一次性吸纳就业补贴、包车补贴等支持企业复工用工措施。

3. 强化重点群体帮扶。实施 2020 届珠海市高校毕业生就业攻坚行动，举办“同心战疫 粤鄂情深”湖北高校毕业生专场线上招聘会等活动。组织开发 500 个就业见习岗位安置高校毕业生。

4. 构筑劳动力市场诚信体系。建立分类监管机制，开展企业劳动保障守法诚信 A、B、C 三级等级评价工作，对 C 级且问题严重的用人单位负责人进行约谈。推进部门间数据共享互认，市人社部门定期向市住房城乡建设、交通、水利等行业主管部门以及人民银行通报行政处罚、列入拖欠农民工工资企业目录等信息，行业主管部门定期向各级人社部门通报欠薪隐患。

5. 防范化解劳动风险。成立粤港澳大湾区劳动争议联合调解中心暨珠海（横琴）速调快裁服务站，与澳门工会联合总会签订《推进珠澳和谐劳动关系建设合作框架协议》，成立珠海市劳动人事争议三方联合调解中心，探索建立粤港澳劳动用工政策法规交流机制，推进珠澳劳动关系领域制度创新，完善劳动争议仲裁绿色通道，优先受理欠薪案件，共同开展劳动人事争议联合调解工作。

（三）办理建筑许可科学有效

办理建筑许可，主要衡量城市的企业投资建设一个小型建筑物（比如仓库）所需经过的政府审批和外部办事流程，包括办理环节、办理时间、成本费用，以及控制建筑工程质量和提升办理建筑许可便利化水平等情况。广州市建立健全审批管理体系，加强各审批部门之间的沟通协作，实行“告知承诺制”“容缺受理制”等审批制度，加强事中事后监管，不断完善各审批事项信息，推进部门间信息互通共享，提升审批效率，增强市场主体项目报建过程中的满意度和获得感。广州市多措并举提升审批效率，具体有以下四个方面值得赣州学习借鉴。

1. 推行施工许可改革。一是分阶段办理施工许可。建设单位确定施工总承包单位后，凭土地出让时的规划条件，可办理“基坑支护和土方开挖”阶段施工许可证。取得设计方案审查意见后，可办理“地下室”或“±0.000 以下”阶段的施工许可证。取得“建设工程规划许可证”后，可办理“±0.000 以上”阶段或工程整体的施工许可证。二是细化用地方式。在把关用地合法的前提下，建设单位可提供划拨决定书、出让合同、不动产权证等 8 种材料中的任意一种，作为用地手续进行申报。三是简化办理装修许可。将既有建筑装饰装修工程的施工许可申报材料压减至申请表、不动产权证、施工合同、项目经理及总监资格证、图纸稳定承诺、五方责任主体授权书 6 项，审批时间压缩至 2 个工作日内。不涉及规划调整的既有建筑装饰装修工程，建设和设计单位做出承诺说明即可，无须办理施工图审查。四是分类别推进施工证变更业务。对登记单位名称变更等非关键信息，建设单位可自行在系统登记，直接完成业务办理；对项目负责人变更等关键信息实施网上“即来即办”，压缩审批时限 1 个工作日内。

2. 启动联合验收改革。出台《建筑工程质量、安全、消防、人防业务融合统一监管工作方案》，深度融合工程质量、安全、消防、人防监管职能，推行“一家监督站”对工程建设全过程实施建筑、消防、人防融合监管。在建设过程中，统筹协调质量、消防、人防等法律的问题，改变以前消防、人防部门管前端、后端，不管中间的局面。质量监督机构根据施工进度和项目建设的特点，开展融合监管分部验收，在最终验收时，将过程中分部验收资料融合到联合验收中，不再单独对人防、消防进行验收，为企业减少了施工单位工程竣工报告、白蚁防治现场施工记录表、房屋建筑内光纤到户通信设施工程设计文件等15项验收资料。

3. 建立工程质量潜在缺陷保险制度。广州市出台《广州市住宅工程质量潜在缺陷保险管理暂行办法》，居住用地出让时，将投保条款列入出让合同。住房和城乡建设部门在工程施工、竣工验收阶段对项目购买工程质量潜在缺陷保险以及施工过程中的第三方风险管控机构实施风险管控的情况进行监督。建设单位在业主办理房屋交付手续时，将《工程质量潜在缺陷保险告知书》《住宅质量保证书》《住宅使用说明书》一并交付业主。在保险期内，业主若发现工程存在保险范围内质量缺陷的，可以向保险公司提出索赔申请，由保险公司负责对质量缺陷进行维修或赔付。

4. 试点推行规划、消防、人防、施工“四证联办”。在花都、南沙区试点推行房屋建筑项目工程规划许可证、建筑工程施工许可证、人防工程报建、特殊建设工程消防设计审查“四证联办”审批，将原来串联单办或两证联办的事项，进一步扩展为跨部门“四证联办”，实现“全程网办、一次申报、并联审批、同步发证”，同时提供多种办理套餐供企业选择，对于无须办理消防设计审查的项目，企业也可选择“三证联办”。

（四）获得电力精准可靠

获得电力，主要衡量企业首次获得永久性电力所需经历的政府审批和外部办事流程，包括接入电网所需的办理环节、办理时间、成本费用以及供电可靠性、电费透明度、用电报装便利化等情况。广州市广泛征求群众建议，了解客户办电过程中的痛点、堵点、难点问题，持续改善用电营商环境。通过政务数据互联共享，升级线上办电功能，实现“线上办电、指尖办电”；推行电力接入工程“并联审批、一次办结”“告知承诺制”，进一步压减办电时间；逐步提高低压接入容量上限，延伸中小企业电网投资界面，实现客户办电更省钱；

建立全过程办电监督管控体系，畅通服务及监督热线，实现办电更加公开透明，提升客户的满意度和获得感。广州市多措并举改善用电环境，具体有以下四个方面值得赣州学习借鉴。

1.“简”化程序，不减服务。将高压办电环节减为受理申请、答复签约、竣工接电 3 个，低压办电环节减为申请签约、施工接电 2 个。通过政企数据共享，将电子证照与电子签章运用在办电领域，客户通过手机 App 办理用电业务时，采用“刷脸”方式进行身份验证，授权调用电子证照，同时应用电子签章完成电子合同签订，无须提供实体证照，线上同步完成“零证办电”“刷脸签约”。

2. 办电更“快”，联动提速。深化“业扩全过程一张图”监控平台应用，实时管控办电全过程，“客户 + 项目”双经理通过“业扩 + 工程”移动作业终端，发挥“框架招标、定额储备、分级存放、随时领用”的现代智慧物资供应链优势，贯通“报装受理、现场施工、物资配送”全过程数据链，提供配套工程“快递式”“套餐式”服务，推动办电全过程提速。

3. 供电更“好”，保障质量。推动将配电网发展规划纳入城市发展规划统筹考虑，动态开展电网风险评估，制定风险解决方案，加大电网建设投资力度，推动电网建设高质量发展，打造安全、可靠、绿色、高效、智能的现代化电网。通过输电通道可视化与智能监测、智能变电站、智能配电房、智能台区、智能管廊建设，打造立体智能巡检体系，降低电网安全风险，提高运维质效和供电可靠性。

4. 节“省”成本，轻装上阵。强化投资界面执行标准，高压电力接入工程由供电企业投资延伸至客户规划红线范围，全面推广临电租赁共享服务，报装容量 200 千瓦及以下客户采用低压电力接入，由供电企业投资延伸至低压计量表、表箱及电源侧供电线路，推动实现办电“零投资”。开辟专窗服务企业准入电力交易市场，为市场主体提供电力现货咨询并全部免费升级计量装置，提高交易电量精准性、可靠性。

（五）获得信贷普惠健全

获得信贷，主要衡量城市的企业办理动产抵押相关的法律法规，以及城市推动构建信贷信息体系，提升企业融资便利化水平等情况。东莞市积极推动搭建“银税互动”合作平台，支持信用服务产品开发和创新，充分发挥“银税互动”普惠效能；积极发行小微企业专项金融债，增加低成本资金来源，引导民营企业、中小企业开展直接融资；探索金融监管手段创新，运用大数据等信息化、智慧化手段，优化升级金融监控系统，对地方金融风险实施全方位实时监控。东莞市多措并举提升企业融资水平，具体有以下三个方面值得赣州学习借鉴。

1. 加大信贷资金支持。一是设立莞企转贷专项扶持资金。将专项资金从 4.3 亿元扩大至 5 亿元、单笔申请限额从 1 亿元提高到 2 亿元、资金使用最长期限从 5 天延长至 10 天，资金使用利率按转贷银行新发放的贷款利率下调 50% 确定，进一步提高转贷资金运转效率。二是推动小微企业贷款持续增量扩面。提高中小微企业首贷、信用贷和无还本续贷占比，加大信贷投放力度。开展金融稳企业保就业政策宣讲和帮扶政策宣导，推进“百行进万企”融资对接，利用“广东省中小企业融资平台”和“广东省中小微企业信用信息和融资对接平台”（以下简称“粤信融”平台）等，主动服务对接中小微企业的融资需求，宣传惠企助企服务和产品。三是发放企业投保复工复产防疫保险补贴。设立 1000 万元专项资金，对企业投保相关复工复产保险产品给予不超过 12% 的补贴，镇街园区校不低于 1∶1.5 予以配套，减少因新冠疫情给企业带来的损失。

2. 拓展线上金融渠道。一是推广应用“粤信融”平台，加强“粤信融”平台东莞分平台政务数据收集，采集企业安全生产行政处罚信息、机构环保荣誉信息、科技成果鉴定信息、企业参保信息、企业税务行政处罚信息、企业欠缴税款信息、机构诉讼判审信息等 53 个种类的政务数据。二是建设政府采购合同线上融资系统，依托“中征应收账款融资服务平台”，上线运行政府采购合同线上融资系统，实现政府采购平台与“中征应收账款融资服务平台”互联互通。银行机构相继推出“政采E贷”等政采贷线上融资产品，为政府购买供应商企业提供便捷高效的“一站式”融资服务。三是打造金融“战疫通”平台。东莞市金融工作局牵头研发并上线东莞金融“战疫通”平台，企业可线上提交融资申请，辖区内金融机构进行对接，形成疫情期间银企对接的线上绿色通道。

3. 构建融资担保体系。一是推动“银担”开展合作。引导辖区内融资担保机构进一步细化业务准入和担保代偿条件，明确代偿追偿责任，强化担保贷款风险识别与防控。引导辖区内银行业金融机构加强与融资担保机构合作，在授信额度、担保放大倍数、利率水平、续贷条件等方面提供更多优惠，免收或少收融资担保机构保证金。鼓励融资担保机构优先为贷款信用记录良好但有效抵质押品不足的小微企业提供担保增信。二是推广“投贷担”联动业务。鼓励市政府投资引导基金与银行分别为科创企业提供股权投资和贷款融资，并由融资担保机构对银行贷款提供风险分担，推动破解科技型中小企业债权和股权融资瓶颈。

三、赣州市打造新时代“第一等”营商环境的有益探索

赣州市优化营商环境工作坚持以习近平新时代中国特色社会主义思想为指导，认真贯彻落实省委、省政府关于加快建设对接融入粤港澳大湾区桥头堡的决策部署，全面对标大湾区营商环境标准，全域化系统化集成化推进优化营商环境改革，密集推出了一系列具有突破性、引领性的改革创新举措，全市上下形成学习追赶、比肩并跑、大胆探索、勇于超越的浓厚氛围，呈现了着力打造新时代“第一等”营商环境的良好势头，许多改革创新做法走在了全省前列。

（一）推动实现“一枚印章管审批”市县两级全覆盖，有效破解企业群众多头跑、多部门跑等问题

市县联动推进相对集中行政许可权改革试点，2021年在全省率先实现行政审批局市县两级全覆盖，市本级审批人员减少四分之三以上。在市行政审批

局调研时，为防止“人进事不进”，启动二次事项划转改革，按照“编随事走、人随编转、应进必进”的原则，将具备划转条件的审批事项划入行政审批局；对暂不具备划转条件的审批事项，由部门先向审批科室集中，成建制进驻审批大厅。为推进政务服务事项“一个标准对外”，对互为前置的条件进行删除，对重复提交的材料进行精简，对可内部查询的信息不再要求提供，对不影响实质审查的要素实行“容缺后补”，对各类兜底及模糊条款全部剔除，审批时限压减 50%，审批效率得到大大提升。如，企业开办实现“0.5 天、零成本”，时效处于全省领跑水平。

（二）创新开展工程建设项目“一站式集成”审批改革，有效破解审批环节多、耗时长、手续繁等问题

将工程建设项目涉及的所有审批服务事项集中到市行政服务大厅，实行“一站式集成”办理。同时，系统精简再造流程，将原来四个阶段重构为三个阶段，办理事项从 49 个减为 40 个，市本级政府投资项目、企业投资项目、中低风险项目审批时限分别由 106 个、60 个、48 个工作日压缩至 75 个、45 个、30 个工作日（见表 1）。赣州市政府投资项目、企业投资项目审批分别比深圳还少 10 个、15 个工作日，不少企业切实感受到工程建设项目审批的“赣州速度”。赣州市还通过直接豁免、告知承诺制和备案等方式，推行简易低风险项目“豁免审批”；在全省率先推出施工图审查改革，将施工图审查后置，除特殊建设工程外，低风险工程取消图审，一般工程自主选择图审，预计每年可免图审 700 余件，为企业减负 1500 万元，其做法近期已被江西省住建厅下文推广。

表 1　赣州市各级项目审批时限压缩对比图

项目 审批时限（工作日）	市本级政府投资项目	企业投资项目	中低风险项目
压缩前	106	60	48
压缩后	75	45	30

（三）创新推出“全产业一链办”改革，有效破解涉企服务集约化不够、个性化不足等问题

对标世界银行营商环境十大指标体系，对产业上下游及配套企业开办、工程报建、生产经营、注销等“全生命周期”各类审批事项进行全口径梳理、全链条赋权，形成《首位产业链事项目录清单》；结合全链审批目录清单，将38项省市级权限赋予7个试点县区；在政务大厅设立“一链办”专区，通过审批流程优化、电子证照复用、数据汇聚共享、业务互通协同、审批监管互动等方式，实现同产业链企业审批环节大幅精简、申报材料大幅减少、办理时限大幅压缩。目前已为600多家重点招商引资企业提供了“全产业一链办”审批服务。比如“赣服通”南康分厅开通了“家居全产业链服务”掌上办事专栏，上线了中欧班列查询、一秒找主播、一秒找设计等50项家居全产业链审批服务事项。同时，为格力电器、大自然家具等重点项目和重点企业，定制了“一企一策”《全链审批服务方案》。赣州市“全产业一链办”相关做法在国办《要情信息》刊发推介。

（四）探索推出惠企政策集中兑现“线上一网、线下一窗”改革，有效破解材料多、耗时长、多头跑、难兑现等问题

按照“免申即享”“即申即享”“承诺兑现”三种兑现方式，在“赣服通”赣州分厅建设线上“亲清赣商”惠企政策兑现平台，在市行政服务大厅建设线下“政策兑现专窗”，同时变革“多个水龙头出水”体制，在市行政审批局设立5000万元的“惠企资金池”，将分散于各部门的惠企政策实行集中兑现管理。“亲清赣商”惠企政策兑现平台已正式上线发布，目前第一批惠企政策事项44项已上架，涉及的1.73亿元资金已归集到位，将在正式发布当日直达企业，让企业足不出户即可享受真金白银的政策红利。其中，赣州好朋友科技有限公司等6家被评为“预见独角兽计划”的企业，免申直接获得共610万元奖励。

（五）积极实施“一网通办”数字化改革，有效破解部门间数据壁垒、信息孤岛问题

赣州市以“智能审批”以及企业群众办成“一件事”为牵引，依托一体化在线政务服务平台，实施“一网通办”数字化改革三年攻坚行动，整合公共数据资源，推动系统通、数据通、业务通。学习借鉴广州经验做法，从改革管理体制入手，将市大数据发展管理局的政务信息化、数字政府建设等职能划入市行政审批局，推动政务服务和数据管理深度整合。建设“数字政务业务中台”，目前已打通国家电力、社会保障等4个省级系统和医保、公积金等8个市级系统，破解数据壁垒初见成效。汇集政务服务网、好差评系统、12345热线、“互联网+监管”、审批系统等8大政务系统平台，建成江西省首个“数字政务指挥舱”，实现全市政务服务智慧调度、集成调度、一舱调度。探索无人工干预智能审批，实现开办药店等29个高频事项“一件事一次办”。

（六）创新实施“赣深组合港”模式，有效破解内陆港口多重报关、成本较高等问题

深化赣州国际陆港与深圳盐田港合作，于2021年4月正式开通运营“赣深组合港”，在全国首创“跨省、跨关区、跨陆海港”通关新模式。“赣深组合港”模式将深圳出海口延伸至赣州国际陆港，盐田港的海关闸口、码头堆场从功能上迁移到赣州国际陆港，推动赣州货物经盐田港进出“一次报关、一次查验、一次放行”，做到从赣州国际陆港申报通关，盐田港直装直提，实现同港同价、同等效率。在赣州国际陆港时，管委会负责同志介绍，“赣深组合港”模式为企业节约物流时间成本40%、物流资金成本30%，同时还有效避免了部分改船造成的损失，以目前规模测算，预计每年可为企业节约成本1500余万元。受益于“赣深组合港”模式，众多外贸企业加大了出口力度，如汇明木业1—9月出口值同比增长38%。

（七）积极探索招投标监管和异地招标机制，有效破解招投标市场不规范、配套服务不优等问题

赣州市率先在全省建成串通投标犯罪预警模型，被国家发展和改革委员

会列入“2021 年招投标领域 30 项创新成果”予以推广。该模型依托省公共资源交易平台，对围标串标行为进行分析预警，并将预警数据推送给公安部门以及各有关行业监管部门。运行一年来，公安部门结合内部业务系统，利用预警数据，已立案侦破政府采购项目串标案件 41 起，对 54 位相关人员实施强制措施，涉及金额 15.4 余亿元；住建、交通、水利等部门利用预警数据，查处 38 起，实施行政处罚金额 1841 余万元。赣州市还探索实施了市外投资项目异地招投标方式，打破在项目建设地公开招投标的惯例，允许招标人在项目建设地或投资人企业注册所在地之间，自主选择一地进行招投标。2021 年 10 月，赣州市引进总投资达 30 亿元的深圳市汇进公司医疗健康产品项目后，根据公司的要求，在深圳市公共资源交易中心采取公开招投标的方式，确定了项目设计、施工单位，为企业提供了更优质高效的配套服务，最大限度满足了项目建设的需求。

（八）探索规范涉企行政执法改革，有效破解随意执法、频繁执法等问题

2021 年 9 月，赣州市印发《关于优化法治营商环境规范涉企行政执法工作的意见（试行）》，提出 15 项具体改革举措。如，在全市开发区实行“安静生产期”制度，每月 1 日至 25 日期间，除涉及安全生产、生态环境、案件查处等情形外，各级行政执法部门原则上不入园对企业开展行政执法检查，做到“无事不扰”。又如，推行多领域实施包容免罚清单模式，对违法行为轻微并及时改正，且没有造成危害后果的，依法不予行政处罚，首批 228 项轻微违法（含首次违法）行为不予处罚清单已公布实施。再如，实行企业行政检查监测点制度，通过全市 1071 家企业行政检查监测点，了解掌握本地区各行政执法部门执法检查情况，进一步监督和规范行政检查行为。2021 年 12 月，赣州市还推出了涉企行政执法投诉举报制度，对投诉举报受理、转办、处理、反馈等环节做出具体规定。信丰县加强涉企行政执法监督，凡对企业作出 10 万元以上罚款或责令停产停业、责令关闭、限制从业及重大行政强制措施可能使企业生产经营活动无法正常进行的，在作出决定前，应事先报县委依法治县办备案，有效防止行政执法自由裁量权过大的问题。

四、赣州市对接粤港澳大湾区打造新时代“第一等”营商环境存在的问题

经过努力，优化营商环境取得一些明显成效。赣州市对标大湾区打造新时代“第一等”营商环境案例入选2021年度江西省全面深化改革十佳案例，全市亲商、重商氛围愈发浓厚，经济活力持续迸发。改革就是发现问题、解决问题的过程。与粤港澳大湾区等先进发达地区相比，赣州市在打造新时代“第一等”营商环境中还存在明显差距，集中体现为以下问题：

（一）尚未做到“审管互动、无缝衔接”

赣州市、县基本实现了“一个大厅集成、一个窗口对外、一个机构履职、一枚印章签批”。通过审批流程再造，压减了办理事项，精简了办事材料，压缩了办理时间，企业开办已经实现“0.5天、零成本”的成效。但是一些县（市）审批事项划转人员力量不足，还有部分划转人员专业性不强，部分县审批和监管部门联动不够，尚未做到“审管互动、无缝衔接”。

（二）“一站式集成”审批流程还不够完善

一是部分审批事项因少数单位未派员进驻大厅，仍需企业（单位）前往相关单位审批。二是审批人员对原先从事的业务较为熟悉，对其他审批事项业务不够熟悉，难以全面提供咨询和办理审批服务。三是根据现行规定，如果施工中出现问题，由建设项目主体和施工图设计方（设计人员）负主要责任，第三方图审机构负次要责任，加上第三方图审机构业务水平参差不齐，造成图审效果打了折扣。

（三）首位产业“一链办”仍存缺陷

试点县行政审批大厅设置首位产业“一链办”专区，建立了帮代办队伍，推行分段并联审批、优化办事流程、减少申报资料、压减办理时限，有的县还为重点企业落户量身定制了方案，提供了更加方便、高效的服务。但也存在一些问题：一是“全产业一链办”涉及的审批事项多、部门多，线下和线上专区实际上没有实现真正意义上的“一链办”“一网通办”，相关县（市、区）更多

依靠专区人员或挂点联系单位帮办或协办，无法在专区内一次性办结审批业务。企业上门办理审批事项时，需到不同地点或窗口办理，有的前置审批事项属于省、市权限，无法在本地实现“一链办”。二是各试点县产业基础不同，“一链办”运行效果不一。南康区、赣州高新区、信丰县等地首位产业基础较好，企业办理事项较多、运行相对较好；有的县（市、区）首位产业基础相对较薄弱，企业办理事项较少，发挥效果不佳；部分县未严格落实“五个一”要求，“帮代办”队伍素质参差不齐。三是线上“一链办”专区功能不齐全。因工程报建等系统数据壁垒未打通，赣服通线上专区接入的部分事项还没有实现“一网通办”，需线上线下结合起来。如在“赣服通”县级分厅专区点击办理工程报建等功能时，要求上传提供相关审批表，但因平台没有完全对接“工程建设项目审批系统”，无法提供样表、填写注意事项等，企业难以在手机端专区在线办理。

（四）“一站式”办理平台仍有不足

可“一站式”办理市级惠企政策兑现，符合申报条件的企业只需要在线提交一次材料即可。申请受理后，平台会自动转派至主管部门线上审核，市行政审批局根据审批结果直接向企业拨付惠企政策资金。存在问题有：一是平台的知晓率较低，现场随机采访部分办事群众和企业，除少部分表示“知道”“清楚”外，大部分表示“不怎么清楚”“第一次听说”。二是首批上线的 44 项市级惠企政策中有 34 项还没有企业申报和享受。平台上线运行两个月以来，仅有 3 家企业通过平台享受了免申即享、即申即享惠企政策，有 8 家企业申请了承诺兑现惠企政策，目前主管部门正在审核。三是不少使用过平台的企业反映，手机平台上传附件不方便，模板不好用，附件单次只能上传小于 5 兆的材料，有的上传多次才成功。不具备申请条件的个人和企业无法登录平台查看具体的惠企政策内容和申办流程。

（五）“数字政务业务中台”有待充实

赣州市“数字政务业务中台”打通了企业开办、社保、城乡居民养老和机关事业养老 4 个省级系统，以及房管、保障房、不动产、公积金、工程建设审批、水务、电力和燃气8个市级系统，并依托这个中台上线了个人“一件事一次办”等业务。通过建立业务中台，群众办事能够实现在一个综合窗口办理不同的业务。办事群众对工作人员态度、办事服务效率比较满意，表示“现在办事很方便，政府是真心为群众考虑，工作效率很高”。存在的问题有：一是有些事项因系统不通，仍需通过联席会议机制实现数据推送和反馈。以办理企业注销、变更信息为例，涉及社保、公积金等信息还不能实时共享。二是“指挥舱”的数据汇聚共享不够丰富，与实现“智慧调度、集成调度和一舱调度”的目标还有差距，目前主要作用更多体现在现场展示。数据大部分采取接口方式获取，未建立本地数据库，获取调度数据有一定延时。三是数据不够精细，全市注册市场经营主体的情况，只能显示一定时间内全市各地注册数量、投资规模的总数、投资企业类别等，缺少更深度的结构分析、精细分类，不能很好反映全市市场经营主体活跃程度。四是“一件事一次办”的系统是以注册市场经营主体的流程为基础，29件高频事项均为群众开店涉及的相关事项，办事类型较为单一。药品、食品、烟草专卖零售许可证以及消防安全检查等事项办理方式还需进一步改进，目前仍需进行实地核查。

五、赣州市对标粤港澳大湾区打造全国一流营商环境的几点建议

习近平总书记指出，我们要以更加宽阔的眼界审视马克思主义在当代发展的现实基础和实践需要，坚持问题导向，坚持以我们正在做的事情为中心，聆听时代声音。[①] 问题是创新的起点，也是创新的动力源。进入新发展阶段，赣州市打造“第一等”营商环境应以问题为导向。围绕企业和群众反映集中的突出问题，要深入分析营商环境环节，找出找准企业和群众办事创业突出的痛点、瘀点、堵点、难点，更加精准地优化营商环境，有效提高政府服务质量和效率，增强企业和群众的满意度和获得感。

① 习近平．在庆祝中国共产党成立95周年大会上的讲话，2016-7-1.

（一）高站位深化对优化营商环境改革的认识

思想是行动的先导，认识是行动的动力。建议赣州市委、市政府召开全面深化改革攻坚行动动员大会，对优化营商环境改革攻坚行动进行再动员、再部署、再推进，推动各地各部门从战略和全局的高度来认识和把握优化营商环境改革的极端重要性，尤其是对营商环境理念方法、目标标准、攻坚内容等形成统一认识。

（二）高标准落细优化营商环境改革目标任务

营商环境是一个地方政治生态、经济生态、社会生态的综合反映。建议从企业群众的需求和体验出发，对标长三角、粤港澳大湾区等发达地区先进标准，推动市直部门出台好配套政策，进一步量化目标、细化措施、实化责任，拿出一批有“含金量”的硬举措，在市级层面率先示范破题中带动全市营商环境整体跃升。

（三）高水平精准服务各类市场主体

优化营商环境改革，市场评价是第一评价，企业感受是第一感受，经济发展是第一效果。建议坚决破除制约市场主体活力释放的“枷锁”为首要任务，纵深推进“放管服”改革，切实把该“放”的彻底放开，把该“减”的彻底减掉，该“清”的彻底清除，全力优化提升企业全生命周期服务、项目建设全生命周期服务和创新创业全生命周期服务。

（四）进一步优化“一站式集成”审批改革

一是按照“应进必进”原则，相关部门将工程建设审批事项及审批人员全部进驻，为建设企业（单位）提供更便利的审批服务。二是市行政审批局和相关审批单位进一步优化审批流程，把好审批人员“入口关”，加大业务培训力度，提高专业技术水平。三是学习深圳等发达地区做法，加大施工图审查改革力度，进一步扩大取消施工图审查范围。

（五）打通数据壁垒，数据共联共享

数字政府建设是优化营商环境改革的一项基础性工作，建议一体谋划、一体推进优化营商环境改革和数字政府建设。争取省里下放更多权限，共享财

政、户籍、税务、银行等数据，支持赣州打造“放管服”改革先行区。市本级继续攻坚数据壁垒问题，强化部门协调配合，整合形成统一的政务服务大数据支撑平台，加快实现数据即时共享。指导县一级对照市本级标准，优化办事流程，打通数据壁垒，提升“一次办”“网上办”水平，确保市里能做到的县级也要做到。同时，完善“全产业一链办”审批改革。加强统筹指导，督促试点县及时调整优化审批事项清单，争取省、市层面下放更多县级能承接住的首位产业相关审批权限，改进优化“赣服通”线上专区功能。

（六）加强惠企政策宣传，提升平台服务效率

一是加大对“亲清赣商”惠企政策兑现平台的宣传力度，让办事群众和企业熟知平台的作用和详细的操作指南。二是及时对平台进行维护，优化和升级系统功能，同时积极发挥线下服务专窗作用，为更多群众和企业提供办事服务。三是各县（市、区）及国家级开发区认真梳理本地惠企政策，抓紧接入市“亲清赣商”惠企政策兑现平台，加快构建市县“线上一网、线下一窗”政策兑现服务体系

（七）常态化开展营商环境体验调研活动

推动各地各部门组织广大干部职工积极深入一线，以企业或老百姓的视角体验赣州市营商环境改革的情况，及时发现问题、解决问题。市委督查室、市政府督查室进一步发挥督查利剑作用，加大督查督办力度，督促相关领域改革任务尽快落地落实，缓“痛点”、清“瘀点”、通“堵点”、解“难点”，坚持对照粤港澳大湾区最高标准，坚持顺应企业和群众期盼，不断推进赣州市营商环境持续优化提升。

持续优化江西税收营商环境，全力推进“一号改革工程”

王丽芝　黎　凌　邓顺平*

【摘要】党的二十大报告强调要营造市场化、法治化、国际化一流营商环境，江西省第十五次党代会提出要把优化营商环境作为“一号改革工程”。税收营商环境是营商环境的重要组成部分，不仅有助于增强企业持续发展的新活力，还可以提升区域的综合竞争力。目前，江西省税收营商环境主要问题有：税收沟通协同机制不健全，纳税时间长，纳税咨询服务满意度不高，税收宣传服务精准性不够，税收信息化建设不完善等。优化江西省税收营商环境主要路径有：构建高效规范的税收征管体系，提升纳税服务质效，加强税收信息化建设。

【关键词】税收营商环境；“一号改革工程”；纳税服务

好的营商环境可以提高一个国家或地区的综合竞争力，产生正外部性，促进当地发展。而好的税收营商环境是指税务机关为企业营造的办税环境，涵盖税收政策、税负、服务等因素，可以有效促进经济良性发展。按照最优税

* 王丽芝　九江市委党校办公室科员
黎　凌　九江市委党校科研科科长
邓顺平　省委党校公共管理学教研部副主任、副教授

制理论[①]，税务机关通过改善征管模式、改进税收服务、制定合理的税收政策，充分发挥税收对经济的调节作用，可以为纳税人创造规范、优质、公平、高效的税收环境，不断优化税收营商环境。

当前，在不断持续深化“放管服”改革的背景下，江西省委、省政府也在紧盯营商环境优化升级“一号改革工程”以推动全省发展，在此背景下研究江西省税收营商环境发展现状，分析江西省税收营商环境优化升级过程中存在的问题及成因，并提出江西省税收营商环境的优化路径，具有积极的现实意义。基于此，课题组对江西省纳税人和税务机关开展了关于如何进一步优化江西税收营商环境的调研，形成了此报告。

一、江西省优化税收营商环境现状

近年来，党中央、国务院部署实施了一系列新的组合式税费支持政策。江西省税务局认真落实习近平总书记关于优化营商环境重要论述和视察江西重要讲话精神，深入贯彻省委、省政府《关于深入推进营商环境优化升级“一号改革工程”的意见》精神，落实退税减税降费政策，为打响江西“办事不用求人、办事依法依规、办事便捷高效、办事暖心爽心”的营商环境品牌贡献了积极的税务力量，先后出台了一系列改善优化税收营商环境的有力措施，成效显著。

（一）积极落实减税降费政策

在世界银行税收营商环境考核指标中，“综合税负率”[②]是一项重要指标。减税降费可以直接减轻纳税人负担，降低综合税负率，推动税收营商环境进一步优化。

为确保退税、减税、降费政策落实落细，江西省税务部门多措并举，建

① 最优税制理论充分研究了税收公平与效率。若政府不能完全掌握纳税人信息，就无法实现帕累托最优状态。在实践中，最优税制理论更接近帕累托最优状态。运用最优税制理论为税收征管提供理论依据，可以有效降低税收征管成本。

② 综合税负率一般用企业年度缴纳的各类税种应纳税额总和除以年度收入总额计算。

立健全直达快享机制，来确保税费优惠政策能及时、精准直达市场主体。一是做到“一盘棋”推进。建立由政府领导牵头的退税减税降费工作落实机制和财政、税务等部门参与的落实会商机制，省、市、县三级政府均实现“政府主导、税务主责、部门协同”。二是做到“一网式”宣传辅导。专门印发税费服务工作具体实施方案，编制办税指南，线上与线下相结合开展宣传培训。三是做到“一门式”兑现。加强与行政服务部门的业务沟通与协作，并向省、市、县三级政务服务大厅的税费惠企政策兑现窗口派驻业务骨干，由税收业务骨干统一受理税费惠企政策的兑现事项。四是做到“一键办”退税。江西省税务部门组建成立留抵退税集中审核专业团队，分别从“预审、审核、退库”三环节提速，让纳税人、缴费人可以快速退税，并与中国人民银行国库部门合作推出“退库一键办”，进一步提升退税效率。

据统计，2019—2021 年，江西省税务部门累计办理新增减税降费金额达 847.3 亿元，以有力的举措让各类市场主体享受到减税降费带来的改革红利。2022 年是江西省税务部门惠企帮扶力度最大，也是企业感受最强的一年。2022 年 1—9 月，全省共为市场主体减负约 1800 亿元，全年税费减负成效为历年最大。

（二）优化纳税服务

江西税务部门已连续 9 年开展“便民办税春风行动”，共推出 85 类 327 项 1764 条创新性税务服务示范举措，减少了 50% 的资料报送和 25% 的纸质表证单书，极大帮助各类市场主体减负增效，努力打造实现“第一等”税收营商环境。

自 2021 年以来，江西税务部门持续深入开展“我为纳税人缴费人办实事暨便民办税春风行动”，将国家税务总局提出的 100 项措施全部落实到每一个市场主体，不断拓宽拓深“非接触式”办税以及“一次不跑”的范围，在推行财行税合并申报和增值税主附税申报整合后，进一步减少表单数量、精简填报数据和压缩办税时间。同时全面推广全流程电子退税，升级改造各地办税服务大厅，实现 12366 热线归并，进一步优化纳税人的办税体验。

（三）提升税收征管信息化水平

在建设智慧税务的过程中，江西省税务部门印发《关于推进以数治税工作的意见》，并为落实“四个有人管”办法完善了四个配套制度，完善电子税务局，升级大数据智慧服务平台系统和功能、完善“赣税行”等信息平台，打造江西省区块链税务专区，为江西智慧税务建设夯实了“四梁八柱”。

江西省纳税人99%的业务以及85%的涉税事项均实现网上办、一网通办。近十年来，江西税务部门智慧税务迅猛发展，“赣服通”平台专门设立税务服务专区，当前可办理事项达56项；推广应用不动产交易登记税务区块链，与政务服务办、自然资源等部门共同打造税务区块链应用生态“江西样板”；实现办税系统实名，更好保障维护纳税人信息安全；推广“赣税行”平台、实现全流程无纸化出口退（免）税，优质VR资源、企业云集南昌虚拟现实VR产业基地。

二、江西优化税收营商环境存在的问题及成因分析

（一）存在的问题

现阶段，江西省在优化税收营商环境上取得了显著成效，但优化税收营商环境是项系统工程，在实践中仍存在一些问题，具体体现在以下几方面。

1. 税收征管上。一是税收沟通协同机制不健全。内部系统上，税务各层级之间会存在沟通不畅的问题，纵向信息联通困难；外部系统上，由于税务是垂直管理系统，因此其与地方各政府部门形成相对独立的关系，横向沟通较少。二是纳税时间长。在实践过程中，仍存在办税不够高效便捷的问题。虽然办税的时候，纳税人无须提供纸质证明材料，但是税务机关人员在整理归档的时候，需要对照不同的业务对电子材料进行提前分类并打印成纸质材料，再进行归档。对内管理上工作量不降反增，从而导致整个办税流程不够高效便捷，纳税时间较长。另外，在实际过程中还可能存在设备卡顿、延迟，办税窗口少，排队时间长等情况，给纳税人带来不便。纳税指标衡量的是纳税人准备、缴纳和税务人员归档三种主要税种所需的时间。虽然江西省税务局推出了一系列措

施缩短纳税时间并且成效显著，包括便利发票办理、优化政策宣传和咨询方式、升级电子税务局系统功能等，但仍可进一步压缩纳税时间，为纳税人提供更多便利。

2. 纳税服务上。一是纳税咨询服务满意度不高。从对纳税人的问卷调查来看，在线下到办税大厅进行税务咨询时，会存在部分基层税务人员回复积极性不高、专业水平不高的现象，导致纳税人很难获得准确满意的答复。在线上咨询时，一方面系统很难精准识别纳税人提出的问题，另一方面人工客服对于留言式的提问往往存在滞后性，不能及时为纳税人准确解答疑惑。在 12366 电话咨询时，一方面拨通电话等待时间长，另一方面接线电话员流动性强，通常不是正式员工，对纳税人提问只会做出生硬解答，难以结合纳税人实际有效回答业务难题。二是税收宣传服务精准性不够。对于国家出台的各类各项税收政策，江西省税务部门采用线上线下相结合的方式及时开展政策宣传。但在实际宣传过程中，对纳税人的宣传精准性不够，没有提前按照企业类型及生产经营情况进行分类整理和宣传规划，而是将所有税收政策全部直接发给纳税人。因此，纳税人会收到大量税收政策的宣传推送，不能筛选有效信息，就不能及时了解、享受到有关政策红利。

3. 税收信息化建设上。一是涉税信息共享程度低。在实际税务工作实践过程中，会存在信息互联互通和共享应用融合不足的问题，各系统信息共享机制不够完善，流程不够清晰，信息完整度不高，导致纳税人在其他部门登记信息后，金三系统的相关信息未及时对接共享，纳税人还需再次到税务机关补录信息。二是电子税务局建设有待完善。江西省税务局一直在致力于发展电子税务局，不断优化升级电子税务局，但是在实际操作中仍然存在一些问题，主要有以下几个方面：一是电子税务局系统升级更新频繁，系统不稳定性上升，在纳税申报末期容易出现系统拥堵和卡顿的情况，增加了纳税时间。二是电子税务局系统界面设置有待完善，整体界面功能不够简洁便利，没有将热点问题回答、常用功能放在系统醒目的地方，不利于纳税人及时便捷查询，用户体验感较差。三是当前江西省税务局办税系统和软件数量过多，导致办税不便，一定程度上影响了办税服务，若系统瘫痪时应急处理不当，就会导致纳税人负面评价。三是税收信用体系有待完善。完善税收信用体系，既便于税务机关精准分类纳税人、提供精准纳税服务，又可以从侧面提升纳税人的税收遵从度。但在税收实践中，由于税收新政、新策频出，税收业务办理流程和办理方式也在不断变化，如果纳税人没有及时掌握和更新最新的税收知识，就可能产生一些不必要的信用扣分。另外，税收信用评价工作目前相对独立，未形成与社会信用评价与银行个人征信这些征信平台系统的数据共享对接，导致纳税信用评定实际应用不广泛、激励导向性不明显。

（二）成因分析

1. 税收征管上。一是税收分级分类管理机制不健全。二是税务系统内部信息沟通不畅。国地税合并后，仍存在"各自为政"的情况，一些老税务干部不了解不熟悉新机构的管理流程和方式，税务业务干部对理论政策与实操理解存在误差，尤其是一些年龄较大的税务干部对新税收政策、新税收法律法规以及职能范围之外的业务知识学习积极性下降、学习动力不足，再加上不同层级的税务部门以及同一层级不同业务的税务部门内部信息沟通和协作不畅，导致纳税人需多部门跑才能办好业务。三是税务系统外部缺乏资源共享平台。在实际税务工作实践过程中，会存在信息互联互通和共享应用融合不足的问题，各系统信息共享机制不够完善，流程不够清晰，信息完整度不高，导致纳税人在其他部门登记信息后，金三系统的相关信息未及时对接共享，纳税人还需再次到税务机关补录信息。四是办税不够高效便捷。当前纳税时间较长的原因主要有：一是纳税人在准备、申报、归档及缴纳税款整个流程从开始到结束平均需花费 1—3 天，其中包含填写纳税申报表、收集整理数据并计算应纳税额；二是办税系统又可能卡顿和功能升级，导致纳税人在一定情况下需要线下办税，又造成了纳税时间的增加；三是在税制改革背景下，近年来我国税收政策更新快，导致办税流程频繁变化，如果纳税人没有及时跟进了解税收新政，会进一步增加涉税问题的咨询时间，在无形中增加了纳税时间中的准备时间。

2. 纳税服务上。一是纳税服务意识有待提升。要提供优质高效纳税服务，首先要秉承好为人民服务、为纳税人服务的宗旨，提升税收服务意识。但从税务实践来看，部分税务机关公职人员仍没有从“管理者”的角色转变为“服务员”，还没有树立牢固的服务意识。目前办税服务大厅的税务干部服务意识较强，但执法和行政人员纳税服务理念较弱。二是税务干部队伍素质有待提高。在学历水平上，当前江西省税务机关干部高学历的人才集中于近几年新招录的大学毕业生，整个税务干部队伍中仍存在不少学历水平不高的人。在学习上，办税服务大厅存在大量劳务派遣员工，劳务派遣员工与正式考试招录的公务员相比在知识储备、学习能力上还是存在差距。同时，近年来税收新规、新政频出，对税务干部素质知识储备和更新的要求越来越高，如果税务干部整体素质和学习进度跟不上，就不能为纳税人提供高质高效的服务。从现实来看，宣传服务精准性不够的原因主要有两点：一是在实际工作中税务工作人员与纳税人沟通交流不足，没有了解纳税人的实际需求，就不能对纳税人的需求精准分类。二是税务工作人员自身没有充分梳理掌握各类各项税收政策文件，从而也无法给纳税人提供精准服务。三是税收执法监督不到位。对税务工作人员的办税服务态度、服务质量、服务结果没有实现有效的监督，如果监督不到位，就可能产生职权滥用现象，影响办税满意度。

3. 税收信息化建设上。一是创新意识有待提升。现代社会是信息化的时代，而税收信息化建设是深化征管改革的关键，如果税务干部的创新意识不强，就会影响税务工作的开展，影响地方税收信息化建设的水平高低。二是信息化制度建设有待完善。税收信息化是项系统工程，牵扯到税收征纳的方方面面，如果没有一个系统的税收信息化制度体系，就无法为税收信息化的发展提供扎实的制度支撑，会影响全省税收信息化水平的长远发展。三是税收信息化整合度有待提高。江西省税务部门当前使用的税收信息化系统有专门的运维保障组来保障系统运行，但是运维组的总体能力有限，解决问题也经常是头痛医头、脚痛医脚，并没有从根本上解决问题，导致纳税人不信任办税系统。税务部门工作中利用率最高的一些信息系统都相对独立，只实现了部分平台间有的数据传递共享，税收信息化平台系统整体整合度不高。如果没有建立统一的平台，业务的操作完成就会变得繁琐复杂，切换使用时非常不方便，同时增加了税务工作人员和纳税人的办税难度，征管和纳税服务质效自然也就无法提升。

三、江西省进一步优化税收营商环境的对策建议

针对江西在优化税收营商环境建设过程中存在的问题及成因，应从以下几方面进行优化和提升。

（一）构建高效规范的税收征管体系

1. 完善分类分级管理机制。强化税收分类分级管理，科学分类不同纳税人和涉税事项，合理划分税务机关不同层级和不同部门的管理职责，强化税务机关横向和纵向联动互通，既建立“数据风险部门归口管理、其他部门协同配合”的横向互动机制，又健全“数据管理总局、省局两级集中，省市县局分级采集、全方位应用”和“风险分析总局、省局为主，市局为辅；风险应对省局、市局、县局为主，分局为辅”的纵向联动机制。

2. 优化办税流程。要优化简化办税流程。一是要不断下放审批权力，推进行政审批规范化建设，严格依法依规审批、及时公开审批；二是要完善税务行政执法监督管理，对违反规定进行约束、管制和惩罚，自觉接受纳税人的监督，确保流程更加规范、合理、合法；三是要提升办税工作效率，需现场办理的要尽量做到当场办结，需多部门审批的要尽量压缩办理时长，也要注重不断加强后续管理，以电子归档替代纸质归档，减少归档时间，节约人力、物力、财力。

（二）提升纳税服务质效

1. 提升纳税服务意识。税务机关工作人员需要从根本上提升纳税服务意识，才能更好提供纳税服务。要本着为人民服务的宗旨，耐心细致听取纳税人的具体需求，不断提升为纳税人服务的能力，并且听取纳税人对服务工作的意见和建议，做到纳税人有所求、我有所应，保证服务的优质性。

2. 提高税收执法人员专业素质。一是保证税务干部的日常培训工作的持续性，针对每年新出台的税收新政组织全员培训，可以采用脱产学习、集中组织

学习等方式开展；针对常规政策，可采取科务会、支部会等方式组织学习，常态化开展，保证培训范围和培训内容的全覆盖。二是保证培训方式和内容的创新，针对不同的学习群体要制定不同的学习方案，比如可成立青年理论学习小组组织年轻干部学习政策理论，并每周定期按部门组织干部参加科室业务知识和税收执法规范、廉政教育学习，拓宽学习的范围，创新学习的形式。三是试行“师徒制”模式，让业务能力强的干部导师与新入职的年轻干部形成一对一的师徒关系。

3. 做好“线上 + 线下”办税服务。线上，在“互联网 + 税务”的发展浪潮下，应充分运用 VR、5G 等高新技术，为纳税人提供智慧化办税服务，设置智能解答、人工转接回复等功能，更新完善电子税务局，加强平台保障。并设置系统更新升级过渡期，避开税收征期，邀请部分纳税人对更新后的系统进行预先操作和提前体验。线下，要充分利用自助办税终端，依据税源分布和涉税业务情况确定自助办税终端数量，并要做好设备定期检查和维护工作，同时要做好纳税咨询服务，在线下选派业务能力强、办税实务经验丰富的工作人员为纳税人提供现场解答。对于 12366 电话咨询，要加强人员培训，优化人员配置①。

4. 精准做好税收宣传。落实税收政策的重点在于宣传，当前纳税人生活习惯和信息接收渠道在不断改变，税务部门在宣传税收政策时也应积极创新宣传模式，如深入企业实地走访、调研、服务，详细了解企业生产经营状况，根据纳税人不同情况分类精准推送税收政策和一对一辅导宣传，确保政策宣传落实到位②。

5. 加强税收执法监督。要加强税收执法监督，保证税收执法规范、公平、公正、公开。在税收征管工作中，税务工作人员要做到依法征税、规范执法，税务机关应建立终身追责制度，保证对执法结果终身负责，从而保证执法过程

① 刘敏．纳税服务视角下税收营商环境优化研究［J］．中国中小企业，2022（10）：175–177.

② 项君．安宁市税收营商环境优化研究［D］．云南财经大学，2022.

规范、结果准确，既维护纳税人合法权益，又降低执法人员的风险。在税收执法监督上，纪检监察部门和纳税人可对税收执法过程及执法结果开展监督，通过监督、惩戒杜绝职权滥用现象，进一步提高税收执法的公信度和透明度，提高纳税人对税务机关的认同感、满意感，营造风清气正的税收法治环境。

（三）大力推进税收信息化建设

1. 提高创新意识。全省税务部门工作人员特别是领导干部，要充分提高创新意识，认识到税收现代化改革离不开税收信息化建设，提升税收信息化水平有利于进一步提升征管效率，改进征管模式，加强征管监督。

2. 推进涉税信息共享。要充分运用高科技手段，既要加强与地方政府部门间的信息共享平台的互融互通，也要加强税务系统内部不同层级之间的涉税信息共享，统一信息口径，利用“区块链”、大数据技术打破与工商、自然资源等部门之间存在的信息壁垒，实现各部门间数据交换与共享。另外，也要注意加强涉税信息共享的数据安全建设，建立健全数据共享安全管理制度，做到开发共享与安全管理齐头并进，保证信息共享的安全系数和数据质量[①]。

3. 优化整合大数据平台。要按照分步实施策略，逐步优化整合金税三期系统、保留系统和新系统，完善升级税收大数据云平台。同时要依据统一社会信用代码和自然人纳税人识别号，打造建设标准统一、数据集中的涉税（费）法人数据库、自然人数据库等专题数据库，优化整合业务处理和大数据支撑平台，有效服务纳税人办税和税务电子工作。

4. 推进电子税务局建设。营商环境纳税的主要评价指标之一就是纳税时间，要缩短纳税时间就要提高办税工作效率，要提高办税工作效率就要发展电子税务局。要大力推进电子税务局建设，加强与支付宝、微信等软件的连接互通，纳税人可以通过常用软件进入电子税务局办理税款申报缴纳、发票领取等业务。在系统页面设置上，应依据纳税人不同类别对所需办理业务进行分类，缩短纳税人在系统上查找对应业务菜单功能栏的时间，最大限度地缩短纳税时

① 蒋晨．江西省税收营商环境优化路径研究［D］．南昌大学，2019.

间，给纳税人提供更多便利，提高办税工作效率。

5. 建立新型信用评价制度。一是强化个人与企业之间的纳税信用联动互通，建立总分公司、母子公司间的信用联动机制，在评价成员企业信用的基础上，对企业集团实施综合信用评价。二是实现纳税信用信息共享，与全国信用信息平台对接，加强纳税信用信息归集。三是建立纳税信用动态管理办法，综合搜集纳税人基础信息、税收风险和第三方信用等信息，实现对纳税信用的动态调整，并按照不同级别的纳税信用提供差异化纳税服务。

6. 完善税收信息化管理体系。一是推进税收信息化发展就必须加强税收信息化统一运营管理，建立健全归口管理制度，实行统一规划、设计、立项、运营、管理，实现资源配置最优化。二是要完善税收信息化岗责管理体系，建立规划岗责、需求统筹岗责、开发管理岗责、运营管理岗责、数据管理岗责和安全管理岗责。

四、结论

近年来，江西省税务部门通过多措并举的努力，为江西发展营造了良好的税收营商环境，提高纳税人和缴费人的纳税遵从度，不断推动江西税收治理水平和质量提升。从当前江西税务部门的“一揽子政策”来看，优化营商环境特别是税收营商环境作为“一号改革工程”已被提到当前乃至未来长远发展的一个很重要的位置。

本文通过分析江西省税收营商环境治理的现状，并对存在的问题及成因进行剖析，为江西优化税收营商环境的具体路径提供一些意见参考。优化江西省税收营商环境，要始终牢记习近平总书记视察江西的重要讲话精神和江西省第十五次党代会要求，聚焦“作示范、勇争先”，具体优化路径建议应从以下几个方面着手：一是构建高效规范的税收征管体系；二是提升纳税服务质效，对于纳税人和缴费人提供不同的服务，促使涉税信息能够实现共享；三是加强税收信息化建设。当前，我国关于税收营商环境的研究有限，未来仍有许多新课题值得我们关注、研究。

经济高质量发展

推进赣浙边际区域高质量合作与发展路径研究

刘伟明 唐志华 *

【摘要】 我国幅员辽阔，各地区自然资源禀赋差异显著，区域经济发展不平衡问题长期存在。区域协调发展一直是国家发展战略的重要内容。就沿海经济发达地区的浙江省和中部欠发达地区的江西省而言，两者在发展基础和资源禀赋上既存在较大的差异性，又存在一定的互补性。通过梳理赣浙边际区域发展的基本特征，运用SWOT分析法，找出省际边际区域开展合作的比较优势与劣势、机遇与挑战，厘清促进区域合作的基本思路，通过重点领域融合、重大改革对接、创新合作模式，推动赣浙边际区域高质量合作与发展。

【关键词】 赣浙边际；区域合作与发展；路径

党的二十大报告强调，要促进区域协调发展，深入实施区域协调发展战略、区域重大战略、主体功能区战略、新型城镇化战略，优化重大生产力布局，构建优势互补、高质量发展的区域经济布局和国土空间体系。江西省第十五次党代会将“加快建设赣浙边际合作（衢饶）示范区”作为推动上饶建设区域性中心城市的一大抓手，并提出“创新支撑现代经济体系”的要求，为赣浙边际合作带来了良好的机遇、指明了发展方向。

* 刘伟明 上饶市委党校常务副校长
唐志华 上饶市委党校经济学教研室讲师

赣浙两省边际区域包括江西省上饶市和浙江省衢州市，总面积 3.16 万平方公里，占赣浙两省总和的 11.62%。该区域与全国大部分省际交界区域发展情况类似，即区位的边缘性导致了经济欠发达，地缘的相近、资源的相似导致经济活动容易出现冲突。同时赣浙边际区域内包含丰富的山水资源、深厚的文化资源，发展潜力巨大。因此，加强区域合作，拓展政府间合作领域、丰富区域合作形式、创新区域合作体制机制，既符合两市发展需要，也有利于赣浙两省形成新的经济增长极。

一、赣浙边际区域发展的基本特征

赣浙两省边际区域距离各自省会城市较远，受省会城市经济辐射带动作用比较弱，经济发展水平低于全省平均水平，中心城市发育不足，城镇化水平偏低。2021 年两省交界上饶、衢州两市常住总人口 877.7 万人，地区生产总值 4919.1 亿元，分别占浙赣两省的 7.99% 和 4.77%。城镇化率上饶市为 55.31%，衢州市为 58.10%。两市人均 GDP 远低于本省平均水平，从两省相邻的七个县市区人均 GDP 上看，除上饶市广丰区外，其他县市区均未达到全省平均水平，但 GDP 增速均高于或等于本省平均增速。

表 1 赣浙边际区域发展情况[①]

	地区生产总值（亿元）	常住人口（万人）	面积（平方公里）	人均 GDP（万元）	城镇化率（%）
浙江省	73515.80	6468	105500	113660.79	72.70
衢州市	1875.61	228.70	8845	82011.80	58.10
常山县	187.58	26.12	1099	71815	58.86
江山市	365.75	49.61	2019	73836	49.10
开化县	169.44	25.99	2236	65194	50.63
江西省	29619.70	4519	166900	65544.81	61.46
上饶市	3043.49	649	22800	46895.06	55.31

① 文中数据及图表数据根据省市县（区）政府工作报告和统计年鉴整理得出。

续表

	地区生产总值（亿元）	常住人口（万人）	面积（平方公里）	人均 GDP（万元）	城镇化率（%）
玉山县	265.55	51.70	1732	51367	58.87
广丰区	551.74	77.23	1378	71444	60.57
德兴市	191.32	29.24	2101	65420	62.54
婺源县	154.80	31.36	2968	49355	52.03

（一）经济发展速度较快，占两省的比重有所增加

党的十八大以来，随着交通设施越来越完善，中心城市对周边区域尤其是省际交界区域的虹吸效应越来越强，导致边际区域与各自省域中心城市呈现绝对差距不断扩大，人均 GDP 上饶与南昌差距从 2016 年的 4.6 万元扩大到 2021 年的 5.93 万元；衢州与杭州差距从 2016 年的 5.52 万元扩大到 2021 年的 6.93 万元。但省会中心城市与省际边界区域城市的人均 GDP 比重均有所下降。随着国家区域协调发展战略稳步推进，边际地区经济发展速度较快，上饶市近十年人均地区生产总值年均增长 8.7%，增幅比全省平均水平高 0.4 个百分点。其中上饶市 GDP 从 1294.7 亿元增加至 3043.49 亿元，在全省占比从 9.99% 增加到 10.28%；衢州市 GDP 从 964 亿元增加至 1875.61 亿元，但在全省占比从过去的 2.78% 下降到 2.55%。浙赣边际地区生产总值由 2258.7 亿元增加到 4919.1 亿元，占两省总和比例 2012 年为 4.74%，2021 年为 4.77%，略微有所上升①。

（二）以第三产业为主的产业结构，产业具有一定的同构性

2016—2021 年，赣浙两省交界两市三次产业结构调整总体趋势和全国一致，一产二产增加值比重出现较大幅度下降，第三产业的增加值比重有了明显的提升，同时第三产业增速超过 GDP 增速。2016 年上饶市三产比重为 13.0 : 47.7 : 39.3；衢州市为 7.1 : 45.2 : 47.7。2021 年分别调整为

① 文中数据及图表数据根据省市县（区）政府工作报告和统计年鉴整理得出。

10.4 : 39.5 : 50.1 和 5.6 : 40.0 : 54.4[①]，同时三产增速均超过 GDP 增速。在传统产业发展上，上饶衢州两市主要在资源型产业上有一定的同构性，如：上饶的非金属材料产业（水泥制品、黑滑石、石灰石、建筑陶瓷、花岗岩石材等）和衢州的新型建材等。但上饶市的有色金属产业（铜、铝等）、纺织服装产业、绿色食品产业与衢州市金属制品、特种纸和纸制品、绿色门业家居在产业布局和产业链环节上具有互补性。在未来产业发展上，根据"十四五"规划，上饶市提出立足优势发展新兴产业，衢州市提出大力锻造新材料首位产业，两市都提出要重点发展新能源尤其是光伏新能源产业、中医药及生物医药产业，具有一定的同构性，故而可以通过产业合作实现区域产业集聚发展，壮大拉长产业链。高端装备制造也是两市未来产业发展的共同之处，但产业细分领域有所区别，具有互补性。同时，两市都立足打造全国性的旅游名城，这也和省际交界地区旅游资源丰富相契合。

（三）城镇化水平偏低，发展不平衡不充分问题比较突出

人口城镇化率超过 50% 是一个关键的转折点，标志着人口社会结构发生根本性变化，即以农村人口为主的人口结构转变为城镇人口为主的人口结构。2021 年赣浙边际两市城镇化率均低于全国 64.72% 的平均水平。衢饶两市内部各县市区之间的城镇化水平也存在较大差距。党的十八大以来，上饶市、衢州市各个县区城镇化率均有提升。上饶市中广丰区、广信区、玉山县、铅山县、横峰县增幅高于全市平均水平，增幅最高的是广信区，达到 18.41%，信州区从 71.22% 提高到 79.73%，接近 80%；广丰区、广信区、德兴市超过 60%。仍有余干县、鄱阳县、万年县人口城镇化率暂时低于 50%。衢州市柯城区城镇化率最高，达到 77.3%；衢江区、常山县均低于 50%。同时，上饶市和衢州市本地市场小，2021 年，上饶市全市社会消费品零售总额 1448.9 亿元，占全省比重为 11.87%；衢州市全市社会消费品零售总额 839.16 亿元，占全省比重为 2.87%。发展不平衡不充分问题比较突出[②]。

① 文中数据及图表数据根据省市县（区）政府工作报告和统计年鉴整理得出。

② 文中数据及图表数据根据省市县（区）政府工作报告和统计年鉴整理得出。

二、赣浙边际区域合作现状

赣浙边际区域山水相连、文化相近、人缘相通，历史上交往非常密切。在两省省委、省政府推动及主要市县的努力下，已经搭建了一个良好的合作平台——浙赣边际合作（衢饶）示范区；同时联合福建、安徽以旅游合作为切入点，打造四省边际区域共同旅游品牌“联盟花园”，联合共建国家生态旅游协作区生态旅游廊道；开展了边际城市政务服务跨省通办，积极融入国家重大区域发展战略。

（一）共同融入国家重大区域发展战略

以习近平同志为核心的党中央高度重视长三角一体化发展和中部地区高质量发展，先后制定出台了《长江三角洲区域一体化发展规划纲要》《关于新时代推动中部地区高质量发展的意见》，2020 年 11 月，习近平总书记在江苏省南京市主持召开全面推动长江经济带发展座谈会并发表重要讲话，为推动两大板块发展指明了方向、提供了遵循。赣浙两省边际县域也积极融入到这一系列的国家重大区域发展战略中。在此之前，2019 年 11 月，江西省委、省政府印发的《关于支持赣东北开放合作推动高质量跨越式发展的若干意见》中明确提出，要把赣东北打造成为江西对接长三角一体化发展先行区。2022 年 7 月，上饶市委、市政府出台《关于乘势而为全方位对接融入长三角一体化发展 勇毅前行开创上饶高质量跨越式发展新局面的实施意见》，在融入长三角、中部走前列中上饶大有作为。同时，衢州市积极践行浙江省 2020 年 11 月出台的《义甬舟开放大通道西延行动方案》，加快融入长三角一体化，推动省际交界区域积极融入国家重大区域发展战略。

（二）合作共建赣浙边际合作（衢饶）示范区

建设浙赣边际合作（衢饶）示范区，是贯彻落实中共中央、国务院《关于建立更加有效的区域协调发展新机制的意见》文件精神、上饶建设江西内陆开放型经济试验区东门户、江西向东开放“桥头堡”和对接融入长三角一体化先行区的重要举措，是践行“两山理念”、促进两省优势互补、培育经济新增长极的创新探索。示范区位于浙江省常山县、江山市和江西省玉山县的交界区域，主要包括玉山岩瑞镇东侧、常山白石镇西侧和江山大桥镇北侧区块，总面积约 20.0 平方公里，其中玉山片区面积约 14.01 平方公里，常山片区面积约 3.09 平方公里，江山片区面积约 2.90 平方公里。示范区以合作模式创新为引领，以规划共绘、平台共建、产业共融、要素共享、生态共保为基石，实施统一规划、统一布局、统一招商、统一管理。合力构建“一核、两辐射”的浙赣合作发展经济圈，即在浙赣边际合作（衢饶）示范区启动区块基础上，规划建设约 20 平方公里的示范区核心区。大力集聚科技、人才等高端要素，大力提升环境质量和生活品质，大力发展高端装备、智能硬件等高端制造业，以及商贸物流、高端教育、大健康等现代服务业，将核心区打造成为功能完善、产出高效、环境优美的现代化新区。通过核心区的共建，辐射带动两条经济走廊发展。一条是 320 国道经济发展走廊，以 320 国道为纽带，北面向常山、衢州方向延伸，南面向玉山、上饶方向延伸，整合沿线多个高等级产业发展平台。一条是串联两大世界自然遗产三清山、江郎山的生态经济走廊，西面向开化、德兴、婺源方向发展，东面向江山、广丰方向发展，联动两省边际高品质景区和高附加值生态产业平台①。历时3年，从“打基础”到“见成效”，衢饶示范区在上饶市玉山县境内 6.2 平方公里的先行启动区建设框架全面拉开，已落地“5020”项目 3 个，总投资达百亿元；新签约“5020”项目 2 个，总投资约 60 亿元；正在洽谈入园“5020”项目 2 个。

（三）联合改善交通设施、提升政务服务，构建区域联系纽带

省际边际区域合作交通先行。赣浙边际区域在原有浙赣、皖赣、峰福铁路等基础上新增沪昆高铁、京福高铁、九景衢铁路，杭衢高速铁路即将通车，沪昆、济广、杭瑞、宁上、杭长等国家高速公路与上万、德上、上浦等地方加密高速公路及 320、206 等国道共同构成了浙赣边际区域内横贯东西、畅达南北的公路骨架。同时，G60 拓宽提质、320 国道改建大大夯实了区域内交通基

① 浙赣边际合作（衢饶）示范区规划（2020—2035）。

础。此外，三清山机场业已开通运营，上饶“无水港”东联浙江至宁波港、南下福建至宁德港业已建成运行。可以说，省际边界区域实现了“东进西联、南融北接、通江达海”的“海陆空”立体大交通网络。同时，为更好解决省际交界区域群众异地工作生活、企业跨区经营活动办事“多地跑”“来回跑”的问题，根据《国务院办公厅关于加快推进政务服务“跨省通办”的指导意见》相关要求，衢饶两市联合福建南平市、安徽黄山市，从与企业、群众密切相关的高频事项入手，依托全国一体化政务服务平台建设“浙闽赣皖四省边际城市跨省通办”专栏，开设“跨省通办”线下专窗，建立联席会议、及时响应、免费邮寄等工作机制，推动高频事项实现“异地办、跑一次”，实现省际区域政务服务互通。

（四）各类商贸活动不断、旅游合作形成常态化

上饶市历来有“八方通衢”和“豫章第一门户”之称，而衢州市有“四省通衢，五路总头”之称，两地历史上就各类商贸活动不断，互通有无。同时文化深厚，旅游资源富集，区位优势明显，美食餐饮、康养旅游、历史文化独具特色，历来是长三角地区旅游休闲的重要目的地。衢饶两市联合福建南平市、安徽黄山市以共建“联盟花园”为契机，区域旅游合作为导向，推动跨界生态文化旅游发展，加强浙皖闽赣生态旅游协作，共同打造长三角绿色美丽大花园。共建“95 联盟大道”，全长约 1995 公里，利用衢黄南饶四市原先分段、分散、分类的国省道及县乡道，选择原生态、人少景美处，利用人货流量不大的公路作适当连通改造，统一规划、统一标线、统一标识，用一条“大道”串联起 9 个 5A 级景区、80 多个 4A 级景区及沿线古城、古镇、古村等各类人文生态景观，同时规划配建旅游驿站服务区、网红打卡点、自驾露营地、民宿集聚区等，跨省旅游合作实现常态化。

三、赣浙边际区域合作的 SWOT 分析

SWOT 分析法是一种基于内外部竞争环境和竞争条件下的态势分析，S（strengths）是优势、W（weaknesses）是劣势、O（opportunities）是机会、T（threats）

是威胁。将与研究对象密切相关的各种主要内部优势、劣势和外部的机会和威胁等，通过调查列举出来，并依照矩阵形式排列，然后用系统分析的思想，把各种因素相互匹配起来加以分析。运用这种方法，可以对研究对象所处的情景进行全面、系统、准确的研究，方便管理者、决策者根据研究结果制定相应的发展战略、计划以及对策等。

（一）赣浙边际区域合作的优势

1. 地理位置优越。赣浙交界地区是长三角、海西经济区、长江中游城市群贯通东西南北的重要节点，也是全国城镇体系确定的国家级重要城镇走廊（上海—杭州—南昌—长沙—贵阳—昆明）上的重要节点，还是畅通国内大循环的重要战略支点。紧邻大都市圈，以 2021 年 GDP 为例，全国总共有 24 个城市 GDP 过万亿，其中有 12 个城市在赣浙交界周边。交界地区东接长三角，长三角城市群城均 GDP18929.42 亿元，城均常住人口 1160.41 万人；南接海峡西岸经济区，以福州、泉州为主，两城平均 GDP11314.33 亿元，城均常住人口 853.68 万人；西接长江中游城市群，以武汉、长沙为主，两城平均 GDP15493.73 亿元，城均常住人口 1118.72 万人[①]。

2. 自然资源丰富。赣浙交界区域位于“钦杭成矿带”上，矿产资源丰富，主要有水泥用灰岩、煤、铅、锌、萤石、伴生硫、磷、蛇纹岩、膨润土等，同时具有潜在经济优势的矿产有钽、铌、冶金用白云岩、饰面用花岗岩、大理岩等。交界地区内土地储量相对较大，土地成本相对较低，能满足未来产业发展需求。尤其是上饶市在有色金属（铜、金等）和黑滑石上具有资源优势。

3. 旅游资源富集。交界地区山水相连、文化相近、人缘相通、交往密切，有相近的风俗和文化，人文积淀深厚、民风淳朴敦厚，传统文化薪火相传，历史文化名城、名镇、名村散落其中。传承了南孔儒学、徽州文化、宋明理学、茶文化等传统文化；孕育了徽剧、赣剧、西安高腔等特色非遗剧种。民间经常自发地开展跨区域的文化交流、民俗表演、非遗展示、农产品展销。区域文化

① 文中数据及图表数据根据省市县（区）政府工作报告和统计年鉴整理得出。

的认同有利于提高区域内合作的积极性，降低合作的风险和沟通成本，促进区域间要素的自由流动。另一方面相邻区内生态山水资源丰富，是华东地区重要的绿色生态屏障，也是全国高等级景区最密集区域，拥有武夷山、怀玉山、仙霞岭、千里岗、新安江、信江、饶河、衢江等大的山川河流。

4. 区域合作有一定基础。基于地缘优势和人文相近的基础，浙赣在商贸、旅游、交通、政务等方面都开展了一定程度的合作。浙江企业是上饶省外投资的重要来源，近十年，上饶累计吸引浙商投资额超 4000 亿元，占全市省外总投资额近 70%。“十三五”期末，十余万浙商在上饶投资创业，企业总数超 7000 家。上饶、玉山县多次获得“浙商最具投资价值城市”“浙商省外最佳投资城市”荣誉称号。

（二）赣浙边际区域合作的劣势

1. 府际间的行政壁垒。党的十八大以后，行政体制改革不断推进，地方政府角色逐渐由管理型向公共服务型演变。围绕市场主体，各个地方政府都推出了打造良好营商环境“一号工程”，但是各个地方政府会更多地从自身的发展重点、战略定位、要素资源上制定相应的政策，营造特色的发展环境。赣浙边际区域隶属两个独立的省级行政区，两省各自的经济结构体系独立性较强，对省际经济协作的依赖度不高，省际边界区域的阻隔性要高于桥梁性，导致资金、人力、物流等生产要素无法实现跨行政区的自由流动。

2. 规划落地不到位。在一系列跨区域重大战略的推动下，中国部分条件较好的省际交界区域合作已取得实质性进展。从国家层面出台了以《赣闽粤原中央苏区振兴发展规划（2014—2020 年）》《湘赣边区域合作示范区建设总体方案》等为代表的涉中西部地区省际交界区域合作与发展的规划，为省际交界区域的合作与发展提供了良好契机，但同时也因缺乏制度化、组织化、激励机制等原因，区域合作存在“牵手容易落地难”的问题。赣浙两省边际合作获得了两省省委、省政府的支持，《浙赣合作（衢饶）示范区发展规划》也获得了两省发改委的批示，但还没有上升到国家级层面。同时，由于对区域合作投入风险的不确定性，因此在人力、财力、土地等方面的投入不充分。目前浙赣边际合作“衢饶示范区”建设还只是江西玉山片区在积极行动，规划中的浙江常山、江山片区都没有实质性的进展，原有的联席会议制度也处于停摆状态。

3. 交通设施互联互通有待提升。一方面，赣浙边际外向交通互联有待提升。目前，公路主要以320国道、沪昆高速为主，铁路客运主要以沪昆线为主，上饶—衢州没有开通货运班列。另一方面，赣浙边际内部交通没有打通。各县区市内部交通分布不均，尤其是各个高品质旅游景点的景区高速没有贯通，对外联系能力不足。

4. 区域内缺乏龙头企业引领。区域协调发展的目的是形成新的增长极，但是目前赣浙边际区域缺乏特色产业，没有形成具有强创新性、强竞争性的大型企业或独角兽企业。本地企业影响力不强，大多数围绕本地市场或产业链的低端开展活动，品牌效应不足。

（三）赣浙边际区域合作的机会

1. 全国统一大市场的构建。2022年4月，中共中央、国务院印发《关于加快建设全国统一大市场的意见》，提出了强化市场基础制度规则统一、推进市场设施高标准联通、打造统一的要素和资源市场、推进商品和服务市场高水平统一、推进市场监管公平统一五个方面的要求。统一大市场的构建站在全局的角度系统谋划，坚决破除地区之间的利益藩篱和政策壁垒，能有效地改善和提高市场效率，营造稳定公平透明可预期的营商环境，为省际区域协作打下良好的现实基础。

2. 数字产业蓬勃发展。2022年8月，中国数字经济产业大会在上饶成功举办。这既是对上饶数字经济成绩的肯定和认可，也为未来上饶数字经济发展明确了方向。上饶市数字经济基础设施建设全国领先，成功入选全国首批“千兆城市”、国家新型工业化大数据产业示范基地，建成江西首条国际互联网数据专用通道并投入运营，获批工信部车联网身份认证和安全信任试点，填补了一系列江西省内空白。同时长三角地区的基础信息化建设起步早、发展快，互联网普及率、“两化”融合指数均高于全国平均水平，这为赣浙边际开展数字联通筑牢了先发优势。

3. 长三角产业梯度转移。党中央、国务院高度重视产业转移工作。2020年11月，习近平总书记在全面推动长江经济带发展座谈会上强调，要引导下游地区资金、技术、劳动密集型产业向中上游地区有序转移。2021年12月25日，国家十部门联合印发《关于促进制造业有序转移的指导意见》，明确了制造业"转什么""谁承接""如何承接"，提出了转移的重点方向、重点产业和保障措施。赣浙边际区域是中部向东开放融入长三角的桥头堡，在承接长三角产业梯度转移上大有可为。其中长三角产业转移主要以加工制造业为主，对资源能源依赖较强的上游产业转移趋势明显。

（四）赣浙边际区域合作的威胁

1. 内外市场的激烈竞争。改革开放是我国经济社会发展取得巨大成就的重要法宝，更是沿海城市率先发展起来的关键一招。新形势下，世界百年未有之大变局加速演进，逆全球化趋势明显，保护主义、单边主义抬头。新一轮科技革命和产业变革正在重塑世界，国内生产要素条件、需求结构、供给结构都发生了重大的变化，特别是新冠疫情全球大流行，世界经济低迷，全球产业链供应链面临的风险进一步加深，进一步走出去越来越困难，国内国外两个市场的竞争都在加剧。

2. 省际边际中心城市的发展定位竞争。省际边际中心城市本质上也属于中心城市的发展范畴。打造区域经济新的增长极，可通过增长极形成对周边资源的集聚、扩散。上饶和衢州两市都将自身城市发展定位在成为赣浙皖闽四省边际中心城市，江西省第十五次党代会报告中提出支持上饶建设区域中心城市；浙江省将支持衢州建设四省边际中心城市写入浙江省"十四五"规划。

3. 县域发展资源的竞争。县域作为城市与乡村互动的前沿与纽带，对城乡协调发展起着重要的支撑作用。县域经济发展的良好与否直接关系到农业转移人口市民化的质量，城镇化水平与县域经济发展相互推动。赣浙边际各个县区市有积极发展本地经济的共同需求，而他们所面临的经济发展要素是相对稀缺的，例如好的招商引资项目、优质的人才等。

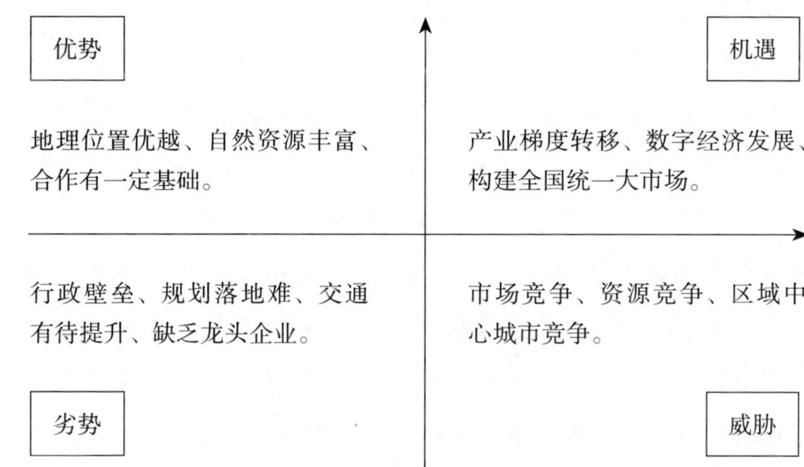

图 1　赣浙边际区域合作 SWOT 分析图

四、赣浙边际区域合作与发展的路径建议

1. 做好重点领域融合。第一，产业融合发展。充分发挥现有合作平台，合力承接长三角产业转移。随着技术的进步、生产成本和市场的变化以及生态保护要求的提高，制造业从高技术区域逐步向中低技术区域依次梯度转移，在地域空间上发生位移。要抓住机遇，借助浙赣合作（衢饶）示范区平台积极承接产业链关键环节转入本地，保障国内产业链完整和供应链通畅。立足自身优势，协同发展先进制造业及新兴产业。饶衢两市“十四五”规划都提出，要立足优势，发展新能源、电子信息、高端装备、生命健康等新兴产业和先进制造业。但是，具体细分的产业有所区别，以拉长产业链、完善产业链为合作切入口，共同规划战略性新兴产业发展，打造区域产业品牌影响力。第二，基础设施共建。构建长三角、海西经济区、珠三角三大经济区内陆流通的大通道是国家发展战略。赣浙边际区域需要进一步完善高速公路、货运铁路、水路、航空路线等交通的互联互通，实现通江达海，内外串联，提升运载能力，以规模化运营、多式联运等方式降低区域内物流成本。积极对接长三角城市群、杭州都市圈，接轨义甬舟开放大通道，大力发展现代物流产业，打造四省边际物流枢

纽中心，吸引物流要素集聚，以构建大通道推动人流、物流、信息流汇集。第三，文旅一体化推进。以文旅一体化开展省际合作，以产业集聚壮大优势产业及其关联产业。立足赣浙边际丰富的旅游资源，以打造“联盟花园”为契机，以建设“城市后花园”为定位，整合区域旅游资源，统一服务标准，形成几条完整、特色、成熟的旅游闭环路线，做大做强边际区域旅游经济。

2. 推动重大改革对接。第一，营商环境对接融入。中科营商环境大数据研究院公布的《中国营商环境指数蓝皮书（2021）》显示，上海、北京、浙江、江苏、广东位列营商环境排行榜省级前五。其中，排在第一位的上海市在公共服务、市场环境、政务环境、融资环境、普惠创新等一级指标评分中得分比较均衡，在开放环境、外贸依存度、融资事件数、融资总额等二级指标评分中得分也均居全国榜首。如此，在开展省际边界合作过程中，我们要对标对表长三角地区，查不足找差距，结合我省 2022 年“双一号工程”的推进，努力在营商环境改革上对接融入。第二，构建利益共享机制。跨区域合作的根本动力在于利益驱动，在共享发展的理念上建立一套要素流动、机制联动、利益共享的合作模式。建议两市打破行政壁垒，签订要素合作协议，实现边际区域要素自由流通；建立固定合作机制，连续边际联席会议制度；确立一套公平公正、互利共赢的利益共享机制，明确权利和义务的分配模式。第三，共同打造人才联盟。人力作为经济发展的重要要素资源，包括人的体力、智力、知识力、创造力和技能等方面。相对于长三角而言，我们在劳动力价格及数量上有优势，而长三角在人才素质上有优势，江西与长三角在人力资源结构上存在互补性。要打破原有的中部往东部地区单向输出廉价劳动力格局，构建江西与长三角地区结构性人力资源双向流动体制机制，打造人才联盟。

3. 创新合作模式。第一，共建创新平台。长三角一体化中一个很重要的平台就是 G60 科创走廊建设。上饶、衢州都是 G60 通道上的节点，边际合作过程中要积极作为，充分发挥上饶数字经济先发优势，打造上饶 G60 科创中心，延长 G60 科创走廊连接线。推动数字经济与实体经济深度融合，积极融入长三角数字产业链，进而实现产业数字化、数字产业化。第二，推进区域市场一体化。以构建全国统一大市场为契机，先行推进赣浙边际区域市场一体化。破除赣浙两省之间妨碍统一市场形成和公平竞争的各种地方性法规和隐性壁垒。立足现有全国一体化政务服务平台建设“浙闽赣皖四省边际城市跨省通办”专栏，不断升级、拓展赣浙两省跨省一网通办内容事项，推动更多政务服务事项实现“一网通办”“跨省通办”，解决跨省就业、办企后顾之忧。第三，共建开发公司。安徽宣城新塘羽绒产业园是安徽省宣城市和浙江省杭州市萧山区两地政府合作，由宣城现代服务业产业园区与新塘街道共建的承接羽绒产业转移平台，是长三角区域传统产业转型的典范。政府搭台、企业共建、产业合作、互利共赢是保障省际合作成功的原因。赣浙边际合作可以改变传统园区开发模式，引入企业共建园区，转变以往招商模式，以商招商，以“小管委会 + 大公司”模式不断壮大浙赣边际（衢饶）示范区建设。

赣浙边际区域合作是江西省和浙江省在新发展阶段积极贯彻新发展理念、构建新发展格局的生动实践。在不断推进省际合作中，要树立新常态意识，充分发挥自身比较优势；坚持求变意识，持续推进改革创新；树立大局意识，处理好竞争与合作的关系。通过省际边际合作不断找平省际发展洼地，实现共同富裕。

参考文献：

[1] 黄征学，肖金成，李博雅．长三角区域市场一体化发展的路径选择[J]．改革，2018（12）．

[2] 安树伟．省区边界地带：区域协调发展的重点[N]．中国社会科学报，2011-5-12（18）．

[3] 郭荣星．省际边界对中国经济发展的影响：N维空间经济模型的应用[J]．系统工程理论与实践，1995（4）．

[4] 刘玉亭，张结魁．省际毗邻地区开发模式探讨[J]．地理学与国土研究，1999（4）．

[5] 梁双陆．中国省区交界地带经济发展思考[J]．改革与战略，1998（2）．

[6] 安树伟，黄燕，王慧英．中国省际交界区域合作与发展的新态势和新特点 [J]．区域经济评论，2022（1）．

[7] 肖金成，马燕坤，洪晗．我国区域合作的实践与模式研究 [J]．经济研究参考，2020（4）．

[8] 马燕坤，王喆．中国省际交界区域高质量合作发展研究 [J]．区域经济评论，2021（02）．

[9] 黄征学．中西部省际交界地区的发展策略 [J]．宏观经济管理，2015（7）．

[10] 冷志明．湘鄂渝黔边区域经济协同发展研究 [J]．中央民族大学学报，2005（5）．

[11] 中国区域科学协会课题组．晋冀鲁豫四省交界区域合作的思路 [J]．经济研究参考，2020（4）．

鹰潭打造有色产业集群核心区的探索

王家茂　邹丽华　罗时平　涂文婷*

【摘要】 产业集群是经济社会发展形成的一种产业发展模式，是现代化产业体系的重要组成部分。文章系统分析了现代产业的深刻内核和特征，从国际、国内、省内对有色产业的政策和形势作出了深刻分析，对鹰潭打造有色产业集群的铜工业优势进行了详细深入的阐述和提炼，并结合鹰潭经济发展的实际，有针对性地提出了鹰潭打造有色产业集群核心区的对策与思路。

【关键词】 产业集群；现代产业；铜工业优势

习近平总书记在党的十九大报告中强调，促进我国产业迈向全球价值链中高端，培育若干世界级先进制造业集群。为此，必须深化对产业集群的认识，把握我国产业集群发展的阶段性特征，不断提升我国产业集群竞争力。党的二十大报告指出，建设现代化产业体系，坚持把发展经济的着力点放在实体经济上，推进新型工业化。鹰潭作为一座工业城市、世界铜都，加快构建现代化产业体系、打造有色产业集群核心区尤为迫切。党的二十大报告为打造有色产业集群核心区指明了努力方向。

* 王家茂　鹰潭市委党校常务副校长、副教授
邹丽华　鹰潭市委党校副校长、副教授
罗时平　鹰潭市委党校理论研究室主任、讲师
涂文婷　省委党校领导力拓展教研部副主任、副教授

一、现代产业集群的内涵和特征

现代产业集群，是指在特定区域中，具有竞争与合作关系，且在地理上集中，有交互关联性的企业、专业化供应商、服务供应商、金融机构、相关产业的厂商及其他相关机构等组成的群体。虽然国内学术界对现代产业集群的定义和含义的看法不尽统一，但总体上看，现代产业集群包括以下五个主要方面的要素：一是产业规模，在一个区域或地区某个支柱产业处于绝对的主导地位。由于产业规模大，可以衍生出更多的新生企业，涉及销售渠道、顾客、辅助产品制造商、专业化基础设施供应商等。二是人才规模，人才是现代企业不可缺的重要因素。现代产业集群所需的人才是巨大的，从管理、研发、经营、销售等方面，需要各式各样的人才。人才规模和人才优势是现代产业集群生存的基础。三是技术优势，技术优势构成这一区域特色的竞争优势。尤其在龙头企业中，知识产权、先进的生产制造技术、发明创新等要层出不穷，才能支撑其产业支柱地位，同时带动其延伸产业及延伸领域不断技术创新，以支撑现代产业集群良性发展。四是核心资源，从国际国内的实践来看，现代产业集群形成的原始基因就是核心资源。核心资源是多种多样的，不一而论，有矿产资源、自然资源、商业传统、文化传统等。现代产业集群是在核心资源螺旋式发展进程中不断壮大的，并且衍生出各类依附产业。五是政府支持，政府支持是现代产业集群发展的环境基础。从本质上说，现代产业集群带有政府保护的色彩。政府支持主要体现在政策优惠、政策倾向、资金扶持等方面，以及政府提供的专业化培训、信息、研究开发、标准制定等。政府为什么支持现代产业集群的形成和不断发展？主要原因就在于现代产业集群的形成和发展成为某个区域和地区发展水平的重要指标。

现代产业集群具有六个方面的特征。

第一，产业地域相对集中。一般情况下，现代产业集群以一个地域为中心，或者几个地理位置相近的地方相互联合。围绕某个龙头产业，统一部署，相互协作。有的专注于发展产业核心部分，有的发展与核心产业紧密相关产业，有的从事产品研发，有的从事专业销售活动。

第二，集群内部联系紧密。现代产业集群内部各企业有着紧密分工与合作关系，随着产业集群的日益发展，集群内部企业之间的分工日益精细，专业化水平日益提高。产品的研发、生产、销售要求集群内部企业密切合作，促使集群企业之间供需关系更加牢固。这与一些松散的企业联盟有着极大的区别。

第三，龙头企业带动作用大。龙头企业作为产业集群形成和发展的内核基因，其对集群内部企业具有强大的示范带动作用。正是龙头企业的发展，延伸带动了与之相关的各类企业，这些衍生企业多属于中小企业，规模不大，但是依附于龙头企业不断得到发展，生产、销售的覆盖面不断扩大，为集群产业带来越来越高的市场占有率。

第四，地域性色彩比较浓厚。从集群产业的形成和发展实践来看，龙头企业依靠当地一批精英带动，从小做大、从弱到强，在当地政府部门的大力扶持下，不断培育和发展其成为具有地域属性的企业集群。通过竞争来促进集群产业的效率和创新，从而推动市场的不断拓展，繁荣区域和地方经济。所以，现代集群产业不断向外延伸扩张的同时，也要担负繁荣本地域经济社会发展的使命。

第五，集群企业扩散能力强。产业集群表现出明显的专业化特征，内部联系呈现出网络化的特点。这使得集群产品销售具有极强的市场渗透力，在发展过程中形成了产业集群和地区专业市场互动发展的局面。

第六，集群产业的稳定性不牢固。从实践来看，越来越多的现代产业集群形成发展，但是我们也应该看到，也有不少的已形成的产业集群走向衰弱甚至解体，尤其是一些以矿产品和资源型企业为龙头的集群产业。集群内龙头企业兴，则集群内中小企业兴，集群内龙头企业衰，则势必影响集群内中小企业的生存和发展。

二、发展有色产业的国内政策和发展形势分析

当前，我国进入高质量发展阶段，传统产业转型升级需求和新一代信息技术、节能环保、新能源等新兴产业快速扩张为铜产业提供了广阔市场空间，

同时也对产品性能质量提出了更高的要求。中国是世界有色金属生产和消费大国，铜材产量和消费量均多年居全球第一。近年来，我国铜加工行业呈现了新势头、新亮点。

从国家层面来讲，国家在有色金属及合金行业长期遵循“稳中求进”的总基调，要求优化铜等有色金属工业产业结构，重点品种供需实现基本平衡，铜资源保障能力不断增强，再生铜使用比重稳步提高，重点工艺技术装备取得突破，航空、汽车、建筑、电子等领域的铜消费量进一步增加，重大国际产能合作项目取得实质性进展，铜工业发展质量和效益明显提升。为此积极推进有色金属工业发展方式转变和结构调整，坚持淘汰落后产能、节能减排、调整产业结构、扶持新兴领域发展。

从江西省层面来讲，2019 年发布《江西省“2+6+N”产业高质量跨越式发展行动计划（2019—2023 年左右）》，着力将江西有色金属产业打造成万亿产业，引导支持对铜产业实施招大引强、推进重大项目建设、培育壮大优质企业、推动产业链延伸扩张等；配套发布的《江西省有色金属产业高质量跨越式发展行动方案》，进一步提出了铜产业的发展目标、发展重点、主要任务和组织实施。要把鹰潭市建设成为全国最大的铜冶炼基地、铜废旧原料再生利用基地、铜产品加工基地、铜产业信息化示范中心和铜商品交易中心，为“世界铜都”品牌建设打下坚实基础。

2020 年，为确保产业链安全稳定，江西省建立产业链链长制，由省领导亲自协调产业链上下游各种矛盾和困难的化解。随后出台《关于实施产业链链长制的工作方案》，促进进一步延伸产业链、提升价值链、融通供应链，加快推动产业链转型升级、做优做大做强，时任省长易炼红同志亲自担任有色金属产业链链长，明确提出致力于实现产业基础高级化、产业链现代化，将铜产业的发展目标推向新高度。《江西省国民经济和社会发展第十四个五年规划和二〇三五年远景目标纲要》提出加快建设有色金属产业基地，发挥有色资源优势，以高端应用、终端产品为主攻方向，加强研发创新，增强资源控制、绿色开发和循环利用能力，延伸拓展产业链条，提升精深加工水平，打造全国传统产业转型升级高地和新兴产业培育发展高地，打造鹰潭、南昌、抚州铜基新材料产业基地，全省大力推进智能制造和绿色制造。

目前，江西省铜产业以鹰潭为中心，并已形成以鹰潭、南昌、赣州、上饶等多个产业园区共同发展的铜产业聚集区。鹰潭市以江铜集团为核心，主要布局在鹰潭高新区、贵溪经开区、贵溪铜产业循环基地、余江工业园区，着力建设世界铜都，是工信部首批“国家新型工业化产业示范基地”。上饶拥有丰富的铜矿资源，以德兴铜矿为代表，是重要的二次铜资源综合回收利用基地，上饶致远、金汇、和丰等企业在全国铜资源综合利用领域享有盛誉。金叶大铜快速成长为铜杆年产能达 30 万吨的企业，上饶同样将铜等有色金属作为重要发展产业。抚州拥有江西自立环保科技、江西金品铜业等行业龙头和知名企业，近年来也已形成数百亿的产业规模，初步形成了从铜冶炼到精深加工的产业链。赣州的铜加工以铜杆线为主，主要分布在赣州经济技术开发区和瑞金市，结合电子信息产业的发展，成为一股不可忽视的力量。吉安的铜产业较小，以配套电子信息产业的铜线材为主。九江的代表企业有城门山铜矿和德福科技，其中德福科技是电解铜箔的传统制造企业。宜春的丰城市建有循环经济基地，近年来发展了以再生铜为主的回收、拆解和废铜直接制杆产业，逐渐成为当地的主要产业之一。南昌的铜企业主要集中了江铜集团的铜加工板块，主要生产铜箔、铜板带、铜管、漆包线等。因此，鹰潭的铜产业已逐步辐射到周边，提升了江西省的铜产业地位，但同时也给鹰潭市铜产业的核心地位带来了冲击。

三、鹰潭打造有色产业集群核心区的铜工业优势

近年来，江西铜产业高速发展。以鹰潭为核心区域的江西省铜产业，是全省各行业中最有发展基础、比较优势和发展潜力的产业之一，在全国和全世界有色金属工业中都具有重要影响力。同时，铜产业在鹰潭市工业发展中具有举足轻重的地位，“铜”兴则市兴，“铜”强则市强。当前，铜产业发展关系到鹰潭市发展的根本，立足铜产业链发展全局，高标准强链补链延链，促进铜产

业高质量发展，进一步提高鹰潭市铜产业发展地位，担起我国铜产业向世界强国赶超的重任，对于鹰潭市以及江西省和全国有色金属产业的发展具有重大意义。

1. 产业基础雄厚。2021 年规上铜工业企业实现营业收入达 3207 亿元，占全省铜产业营业收入的 70%，鹰潭是江西省万亿有色产业集群的主阵地。亚洲最大、世界第二的铜企业江铜集团扎根鹰潭，其核心企业贵溪冶炼厂是世界上单体规模最大的铜冶炼厂，年产阴极铜 100 万吨，7 项核心指标世界第一。全市铜企业高度集聚，加工年产能 400 多万吨。产品不断向精深加工发展，铜材加工覆盖杆、线、棒、排、带、箔。铜线杆已由单一的紫铜扩展到青铜、白铜、黄铜等铜合金，超细铜线、镀层铜线、高热级电磁线、精密电极丝等特种铜线产品实现产业化；相继实现了 LED 铜带、镜面铜带、电缆铜带箔、大单重铜合金铸锭、连续挤压带坯等铜板带品种的规模化生产；铜母线规格实现了全覆盖，高效铜母线覆锡技术行业领先；超薄电解铜箔、电子级氧化铜粉、微晶铜球、铜铝复合板带相继开发；VC 热板、换向器、铜钢复合轴承、汽车线束等精深加工产品不断涌现。鹰潭生产的铜材产品已广泛应用于电子电路、电力电气、能源化工、航空航天、交通运输、家用电器、医疗卫生、建筑装饰、人工智能等全部涉铜领域。

2. 产业配套齐全。铜原料充分自给。江西铜储量占全国三分之一，鹰潭位于江西 6 座在产铜矿山的核心腹地。鹰潭铜拆解加工区是内陆首家进口再生铜拆解加工区，是国家“城市矿产”示范基地，年拆解能力达 70 万吨以上。正在建设的鹰潭国际综合港经济区，拟建设成为“公铁水”多式联运国家物流枢纽，集进出口贸易、加工、保税、铜期货交割、铜供应链金融为一体的内陆开放经济平台，未来实现铜原料年进口量 100 万吨以上，成为全国铜进口原料集散中心。

铜研发支撑有力。鹰潭建设的国家铜及铜产品质量监督检验中心是目前国内唯一一家专门以铜及铜产品为主题的国检中心，检测目录覆盖全部铜产品。全市现有省级以上科技创新平台 600 个（其中国家级平台 11 个），高新技术铜企业63家。先后与江西理工大学、南昌大学、哈尔滨理工大学等院校开展产学研合作，共建了江西先进铜产业研究院、南昌大学产教融合研究院、江西（贵溪）高端线缆线束产业研究院，铜企业累计授权专利达8500余项，居同行业全国第一。江西铜产业大数据中心平台基础建设基本完成，供应链金融系统成功上线试运营。

铜产业不断壮大。如超细铜合金导线线坯、大断面大宽厚比异型银铜排分别实现了进口替代，“5G+工业互联网智慧工厂”处于国内铜箔行业领先水平，铜基轴承产品实现了向德国奥迪、宝马等汽车企业的输送。2022年新增国家级专精特新“小巨人”企业9家，累计达20家，全省共217家；国家重点支持“小巨人”企业3家，累计达4家，全省共41家。

铜贸易日益活跃。鹰潭铜期货交割仓库为内陆首个铜期货交割仓库。2020年上线运营的“鹰潭铜价”得到铜行业市场主体认可。2020年启动建设的鹰潭国际综合港经济区已经初见成效，国际贸易通道进一步畅通。鹰潭贸易市场覆盖区域铜材需求总量达300多万吨，参与交易的外地公司达110家，2021年铜贸易额突破700亿元。

铜文化底蕴深厚。鹰潭历届市委、市政府始终将铜产业作为首位产业，谋发展必谈铜，引项目必推铜。我们对铜感情最真、理解最深、氛围最浓。我们有一支对铜关心、关切的干部队伍，有一批以铜为业、以铜为乐、以铜为梦的企业家，有一批知铜、懂铜、爱铜的专业人士，有一群来自全国且活跃在鹰潭铜企业的高校科技人员，有一套完整的发展政策，形成了适合铜企业发展的土壤和社会氛围。

3. 服务体系完善。人才帮扶政策优。实施“鹰才计划”，刚性引进的高层次人才免费入住人才公寓，首次购房享受最高100万元购房补贴；随迁配偶按工作性质对口原则进行安置，待业期间发放生活补助；随迁子女可就近择校。建设铜现代产业学院，鹰潭本地每年可培养铜领域应用型专业技术人才500人以上。与省内外30多所高校及高职院校建立培养招聘人才常态化对接机制，满足产业发展对不同层次人才的需求。

创新支持力度大。大力实施工业创新券政策，每年安排1亿元创新券专项资金支持企业开展技术创新、产品创新、管理创新、装备升级。开发了10亿元规模的“财政资金增信引导+货币政策工具支持+银行信贷资金跟进”的工创贷专属产品。实施领航企业倍增培育计划，对领航倍增企业生产设备实际投资额给予10%—15%的阶梯式补助。

金融服务品种全。银财互动、无缝衔接，推出供应链金融、绿色金融、融资担保、融资租赁、商业保理、铜票通等“三通一创”等特色金融产品。设立了10亿元市级重点产业投资扶持资金，对重大项目进行投资。深入实施企业上市“映山红行动”，大力支持企业上市，在境内沪、深证券交易所首发上市的企业，市级财政、受益财政分别奖励1000万元、1500万元，从企业启动股份制改造到成功上市分阶段奖励。

四、鹰潭打造有色产业集群核心区的对策与思路

1. 优化产业结构。落实江西省有色金属产业链长制工作安排，紧盯市场需求，突出强链补链延链，有序弥补鹰潭市铜产业短板和弱项。在巩固现有产业基础优势的前提下，以发展铜精深加工作为高质量发展的主要发力点，瞄准新一代信息技术、数字经济、高端装备制造、5G等新兴产业的重大需求，调整产品结构，重点发展高端铜材及精深加工，大力丰富铜材品种，推动铜产业向后端、终端和高端发展。大力发展和优化铜资源的供给渠道，保持铜冶炼规模的小量增长并加强节能环保技术的提升；提升再生铜利用水平和直接生产高品质铜材；规模化发展电工铜杆线等基础铜材；着力发展专精特新铜产品，在高端铜材和精深加工领域大力丰富铜产品种类。确立“冶炼回收强能环，基础铜材抓规模、特色铜材争优势，精深加工拓新路，新兴产品出奇兵”的发展思路，开创鹰潭铜产业发展的新局面。

2. 健全铜产业链。紧盯鹰潭市铜产业链、供应链存在的薄弱环节，坚持新发展理念，健全产业链，建设一批贯通产业链的项目。挖掘产业梯次转移的空间潜力，提高区域内铜产品供销比例，发挥阴极铜及再生铜、电工用铜线坯、

铜板带集中供坯等产业链优势。树立全产业链招商理念，重点围绕“铜材加工及其高端应用”链条，积极引进引线框架铜带、电子铜箔、电连接件、电线电缆、集成电路、电阻电容、水暖卫浴、电机制造、电气开关、配电柜、配电箱、变压器、家用电器等领域项目，大力引进一批高端铜材精深加工龙头企业。

3. 实施精准招商。夯实招商引资基础，重点围绕铜精深加工、下游产业、再生铜高效循环利用和生产性服务业，以延伸产业链为主攻方向，开展点对点精准招商，多渠道搜集项目信息，认真分析、论证、策划、包装、储备一批符合产业发展导向、技术含量高、带动性强的大项目、好项目，优化完善招商项目库。突出招商引资重点，围绕招大引强，坚持外资、民资、国资三资并举，引资、引智、引技三引结合，主动对接粤港澳大湾区、长三角，瞄准中国制造500强、上市公司和行业龙头企业，提高招商引资的规模和水平。提升招商引资服务，以优质服务促进投资环境的改善，从粗放型招商转向精细化招商，注重服务的精细化、目标的精准化，使客商真正引得来、留得住、能发展，达到“以商招商”的示范效应。

4. 打造优势集群。通过精准谋划优势产品的规模化发展，打造一批在国内产量最大的铜材产品，形成若干个处理或加工能力最大的分支产业，在细分领域树立鹰潭品牌。电子元器件用镀锡铜线、超细铜线、银铜合金、阳极铜球、氧化铜粉、铜母线（含覆锡铜母线）等产品的规模建成全国最大；电工用铜线坯、电工圆铜线、镀锡圆铜线等产品的规模建成全国前二；电磁线、电缆铜带、黄铜带等产品建成全国前三；再生铜利用量做到全国最大，再生铜利用水平全国最先进；着力培育线束线缆产业园，打造国内知名的专业化园区。化规模优势为集群优势，化集群优势为成本优势和竞争优势，提高鹰潭铜产业的影响力。

5. 突破产业链关键技术。围绕铜产业发展重点，通过自主创新、联合开发、引进吸收，从产品、技术、工艺、装备等全方位构建创新链，突破一批“卡脖子”技术。重点开发先进铜材及铜基新产品、铜加工新技术新工艺与新装备、铜生产过程环保节能和余热回收技术装备、再生铜资源高效回收利用技术、智能铜加工装备及信息化升级技术。通过突破一批制约鹰潭铜产业链发展的关键技术，使鹰潭铜产业整体技术达到国内先进水平；特种铜线导体、电子铜带箔、铜基复合材料、氧化铜粉、高纯无氧铜、耐磨铜合金及其制品等的生产技术达到国内领先乃至世界一流的水平；铜导线智能化装备引领行业；铜资源循环利用技术水平显著提高。将拟突破的关键技术和产品列为科技开发重点任务，每年制定科技攻关和技改的年度指南，公布详细技术指标，通过“揭榜挂帅”，根据年度指南统筹安排关键技术攻关计划任务。

6. 推进铜产业智能制造。紧跟国际铜加工生产的主流和未来发展方向，努力增强复合加工、缩短工艺流程，减少生产环节、生产工序和生产辅助过程，引导应用集成控制一体化的自动化生产线成套设备、工业机器人自动化生产单元，引导龙头企业执行标准化生产。结合铜（含再生铜）加工过程中的熔炼、铸造、轧制、挤压、拉拔等生产工艺条件、工况特点，应用自动控制、智能感知等技术对现有轧机、挤压机、热处理炉等生产设备及其他装置进行数字化改造或配置智能设备，完善工业网络及信息安全建设，通过生产装备的改造提升和互联互通推动产线的整体升级。推动工业互联网标识解析二级节点（有色金属冶炼及压延加工业）建设，构建智能化感知与控制系统，实现生产过程完全透明化，引入智能化分析工具及先进算法对各个生产环节数据进行综合性分析，自主优化生产流程，实现高效稳定的产品生产。鼓励企业应用具备自我检测、自我诊断、自我调节等功能的智能装备，实现精准控制，降低人员劳动强度，提高生产效率和质量稳定性。鼓励有条件的企业通过智能装备的互联互通，建设全流程自动化生产线。

7. 完善铜产业金融服务业。按照“贸易支撑、国有带动、产融协同、全链服务”工作思路，实施铜产业和金融服务双轮驱动、融合发展的战略，充分发挥铜的商品属性，立足铜产业发展实际，结合铜企业的发展规律，以提升铜企业信用水平为着力点，以国有企业信用增信为推动力，综合金融服务手段，为铜产业引入金融活水。结合国内外发展形势和鹰潭铜产业实际，加强铜原料及主要加工材品种的市场行情分析与金融研究，分析竞争态势，判断风险机遇。组建研究分析团队，定期发布研究成果，供广大企业作决策参考。充分发挥铜的金融属性和快速变现能力，依托铜产业完整的供应链和庞大的需求市场，大力发展以铜为轴、风险可控的特色金融服务，推动特色金融服务铜产业，实现产融协同联动发展，打造产融协同发展的鹰潭样板。大力发展铜金融服务业，吸引银行、保险、基金、期货、证券公司等金融机构及分支机构落地鹰潭，引导融资租赁公司、商业保理公司、融资担保公司、地方资产管理公司等类金融机构健康发展，发展现代金融服务业。大力发展供应链金融业务，提高供应链金融业务覆盖面，力争实现70%以上铜企业全覆盖。筹建专门服务铜产业AA级以上铜供应链融资担保机构，为铜企业发行债券等融资业务提供担保。全力推进鹰潭国际综合港经济区建设，激活做旺铜贸易市场，以国际国内贸易为支撑，依托综合保税功能，发展以信用证、仓单（提单）质押等方式的贸易融资。引导企业对接多层次资本市场，实施股权融资，扩大直接融资规模。加大基金招引力度，壮大基金规模。到“十四五”末，力争新增上市企业6家以上，区域股权交易市场挂牌企业50家以上。

结　语

形成、发展和壮大各类产业集群是现代化产业体系发展的一个重要方向，是培育发展实体经济的重要抓手。江西丰富的有色资源优势，全省有色产业的蓬勃发展和壮大，为省委、省政府提出打造万亿有色产业集群核心区奠定了坚实基础。鹰潭因其独有的铜工业发展规模、铜产业优势、浓厚的铜文化，必将为江西打造万亿有色产业集群核心区目标的实现提供强力支撑和贡献。

全产业链视角下宜春锂电产业高质量发展研究

高小平　应　勤　卢苇扬　郭　莹　李佳慧*

【摘要】 近年来，宜春市抢抓机遇“风口”，推动新能源（锂电）产业从无到有、由弱变强，形成“锂资源—锂材料—锂电池—锂应用—锂回收”闭环全产业链。然而，宜春市锂电产业发展的过程中产业链发展不均衡、缺乏核心专利技术、资源环境承载压力大等问题突出，与高质量发展和建设现代化产业链的要求相比还有一定差距。本文从产业链视角对宜春市锂电产业发展现状进行分析，找出影响宜春市锂电产业高质量发展的主要因素，给出关于宜春市锂电产业高质量发展的对策建议。

【关键词】 产业链；锂电产业；高质量发展

一、产业链的内涵与特征

产业链是工业经济的筋骨。提升产业链现代化水平是推动实体经济高质量发展的关键途径。党的二十大报告明确指出，“我们要坚持以推动高质量发展为主题，把实施扩大内需战略同深化供给侧结构性改革有机结合起来，增强

* 高小平　宜春市委党校常务副校长
应　勤　宜春市委党校教育长
卢苇扬　宜春市委党校图书馆馆长
郭　莹　宜春市委党校经济学教研室副主任、副教授
李佳慧　宜春市委党校经济学教研室教师

国内大循环内生动力和可靠性，提升国际循环质量和水平，加快建设现代化经济体系，着力提升全要素生产率，着力提升产业链供应链韧性和安全水平”①。在建设现代化经济体系的关键时期，保持产业链供应链平稳运行，是推动经济实现高质量发展的根本动力。

产业链是产业经济学中的一个重要概念。自赫希曼在《经济发展战略》一书中从产业的前向联系和后向联系的角度论述产业链的概念以来，经济学界关于产业链的定义主要有三种观点：一是“过程论”，认为产业链是一个产业产品生产或服务提供从原材料到消费者手中的完整产业过程；二是“价值论”，认为产业链是产业价值转移和创造的过程，上下游企业之间的产品交换和信息传递，能够进一步开拓新用户、生产新产品；三是“组织论”，认为产业链是一种基于分工经济的产业组织形态，包括从供应商到制造商再到分销商和零售商所有节点企业的分工合作关系。

本文认为产业链是指各个产业部门之间基于一定的技术经济联系而客观形成的链条式关联形态，包含价值链、企业链、供需链和空间链四个维度②，是“过程论”“价值论”“组织论”的统一，是一种介于市场与企业之间的新型产业组织结构与形态，涵盖产品生产或服务提供全过程，包括原材料生产、技术研发、中间品制造、终端产品制造乃至流通和消费等环节，是产业组织、生产过程和价值实现的统一。产业链水平是指产业链作为一个整体的综合控制能力、绩效优化和竞争力的水平。任何一个国家在不同的产业链以及在产业链不同环节的能力上总是有高有低，产业链综合水平与产业基础能力有直接关系，如果在部分环节的基础能力弱，产业链总体水平就不高，就有可能出现受制于人的情况。产业链现代化的实质是产业链水平的现代化，包括产业基础能力提升、运行模式优化、产业链控制力增强和治理能力提升

① 习近平.高举中国特色社会主义伟大旗帜 为全面建设社会主义现代化国家而团结奋斗——在中国共产党第二十次全国代表大会上的报告［M］.北京：人民出版社，2022：28.
② 吴金明.产业链形成机制研究——“4+4+4”模型［J］.中国工业经济，2006（4）：36–43.

等方面的内容。

一般而言，现代化的产业链一般具有以下特征：强大的创新能力、高端的引领能力、坚实的基础能力、良好的协同能力、较强的全球产业链控制力和治理能力、较高的盈利能力、完善的要素支撑能力和可持续的绿色发展能力[①]。从产业技术来看，产业链关键环节的核心技术能自主可控；从供应体系来看，产业供应链灵活高效，具有较强的韧性和抗冲击能力；从控制力来看，本国头部厂商具有较强垂直整合能力，能够在全球范围内配置资源和市场网络；从盈利能力看，具有较强的价值创造能力，整体处于产业价值链的中高端；从发展的可持续性看，能够实现资源节约集约、环境友好；从要素支撑来看，产业链、技术链、资金链、人才链深度链接，能够为产业链现代化提供关键支撑[②]。

二、锂电产业发展现状

（一）国外现状

美国凭借新材料基础研究领域的突出优势和智能制造、生态软件领域的超前思维，造就了新能源车企特斯拉；欧盟由于完善的充电基础设施配套建设，成为新能源汽车推广普及最广泛地区；中日韩在动力锂电池领域三足鼎立，处于全球领先地位，几乎占据全球动力电池市场全部份额，宁德时代（中国）、松下（日本）、LG化学（韩国）稳居前三强。

（二）国内现状

1.锂资源储量。锂矿是金属矿产资源之一。全球锂资源主要有三种形式：封闭盆地内的盐湖卤水锂矿、伟晶岩型的硬岩锂矿（包括锂辉石、锂云母等）、沉积岩型的黏土锂矿，分别占全球锂资源总量的58%、26%、7%，其余类型主要包括油井卤水、地热卤水锂等。根据USGS（美国地调局）的数据，

---

① 盛朝迅．推进我国产业链现代化的思路与方略［J］．改革，2019（10）：45-56.

② 李燕．夯实产业基础能力 打好产业链现代化攻坚战［N］．中国工业报，2019-09-12（002）.

2022 年全球锂矿储量为 13859 万吨 LCE 当量（碳酸锂当量），主要分布在智利(35.7%)、澳大利亚(23.8%)、阿根廷(10.4%)等国。其中，中国锂矿储量 1064 万吨 LCE 当量，占全球 7.7%，位居全球第四位。目前，实际得到商业开采的主要是盐湖卤水与硬岩锂矿。我国盐湖卤水锂矿主要集中在青海、西藏、湖北等省（区）。青海省拥有我国最大的盐湖——察尔汗湖，富含钠、钾、钙、镁、锂等多种元素，尤其是锂资源占全国卤水锂资源的 50%。矿物锂矿主要分布在四川、新疆、湖南、江西等省（区）。江西省锂资源丰富，主要分布在宜春，是全国重要的锂资源供应地。2022 年全国碳酸锂产量为 39.5 万吨，其中，宜春市为 14.65 万吨，占全国 37%。

2. 锂电新能源行业。中国锂电池生产设备发展始于 1998 年，当时国内专业锂电设备制造商极少，锂电设备严重依赖进口。2012 年以来，随着市场对高品质电芯需求的增长，迫使锂电池生产厂商采用大规模高程度的自动化生产模式，国产锂电生产设备的技术精度、自动化程度大幅提高，带动整个锂电制造设备市场规模的快速扩大。

3. 锂电池产业发展趋势。锂电化、节能化和高速化将是未来锂电池产业的发展趋势。作为新能源领域的重要组成部分，锂电池产业发展迅速，已成为制造领域新的投资焦点。

政策利好新能源汽车行业，带动锂电池行业发展。我国出台了多项新能源汽车鼓励政策，将新能源汽车产业提升至“十四五”政府产业支持发展的重点，承载着我国汽车工业实现“弯道超车”的重要使命。在国家政策支持的基础上，各地方也针对锂电池产业给予不同的优惠政策和补贴措施。

能源危机推动锂电池行业进步。我国自然资源禀赋多煤、贫油、少气，原油对外依存度高。近年来，各国燃油汽车禁售时间表相继发布。在国内实行双积分政策、主要城市限行的大环境之下，新能源汽车已然成为未来全球汽车市场发展的主要趋势。未来，动力锂电池作为新能源汽车的核心部件，市场需求将会随之迅速增长。

环保要求提高加速锂电池行业发展。随着我国经济的快速发展以及汽车保有量的不断攀升，环境污染问题日益凸显，人们对新型清洁能源的需求也越来越迫切。通过技术创新、产业转型、新能源开发等多种手段，发展以低污染、低排放为基础的新能源汽车行业，是实现经济可持续发展的重要途径。就锂电池的市场需求而言，新能源汽车用动力电池领域无疑是潜力巨大的增长点。

三、宜春市锂电产业发展现状

在“双碳”发展驱动下，以清洁高效可持续为目标的能源技术加速发展，正引发全球能源变革，锂电新能源产业以巨大市场需求迎来加速起势的“风口期”。在这个大背景下，宜春市委、市政府把打造千亿级锂电产业链作为发展的重中之重，作为高质量跨越式发展的坚固基石。紧紧围绕打造全产业链，着力建设全球最大的碳酸锂生产基地、国内重要的正极材料基地、国内最大的锂电池基地、国内最大的负极材料基地、国内重要的锂电池应用基地、全国知名的锂产品交易中心“五基地一中心”，加快构建“全链条、全绿色、全球样板”发展格局，奋力把宜春市打造成为世界级锂电新能源产业基地。当然，需要清醒认识到，现阶段离战略目标差距还较大，因此，下一步，须将锂电产业发展的着力点放在产业基础的现代化和产业链的现代化，构筑现代化的产业体系。

（一）基本情况

近年来，宜春市抢抓机遇“风口”，举全市之力做大做强锂电新能源首位产业，截至 2022 年底，宜春市锂电新能源企业 202 家，产业营业收入突破千亿元，达到 1116.98 亿元，同比增长 149.83%；利润总额 243.72 亿元，同比增长 385.79%。产业呈现出“井喷”发展态势，总体上已经形成贯通“锂资源—锂盐—锂材料—锂电池—锂应用—锂回收”的全产业链发展模式。

1. 强化顶层设计，把牢产业发展方向。成立产业链链长制工作领导小组，制定印发《宜春市新能源（锂电）产业链链长制 2022 年工作要点》，明确产业链年度发展目标、工作任务清单；编制《锂电产业中长期发展规划》《宜丰奉新锂产业集聚区发展规划》，起草《宜春市锂电产业高质量跨越式发展若干政策》《进一步加快新能源汽车推广应用推动电动宜春建设三年行动计划》等政策文件，擘画产业发展蓝图；全面梳理产业链发展情况，出台产业链“四图五清单”，每月调度新能源（锂电）产业问题台账、工作动态、项目招商、企业发展等情况。

2. 强化市域统筹，夯实稳链强链的资源基础。一是迅速探矿增储量。与省地质局合作，投入两亿多元，组织上千人的专业队伍上山找矿，仅用半年时间就完成全市空白区含锂瓷土矿的整装勘查，以实实在在的资源储量坚定头部企业投资信心。二是超前储矿保供应。2012 年即成立市属矿业公司，出台加强含锂瓷土矿收储管理政策，并通过全资、控股、参股等多种形式收购含锂瓷土矿山 22 个，实现主要矿权政府掌控。三是攻坚选矿破瓶颈。锂资源被誉为新能源时代的“白色石油”，我国锂资源对外依存度约为 65%。宜春锂矿主要是低品位含锂瓷土矿，通过集中力量加强技术攻关，第三代提锂工艺——硫酸盐焙烧法已经得到全面普及，整体工艺达到国际一流水平，成功将含锂瓷土矿中的锂云母转化为能够跟海外锂辉石竞争的优质资源，有效保障了锂电产业链供应链稳定性，为破解我国新能源汽车产业的资源“卡脖子”问题提供了重要支撑。四是精准用矿促发展。坚持“好资源配给好东家”“好资源换好产业”发展思路，对投资规模大、产业链条长的头部企业投资项目配置资源，充分挖掘锂矿潜能，撬动产业发展。对于其他企业，则鼓励其与现有碳酸锂及矿山的企业合作，充分挖掘现有锂矿锂电企业潜能，延长产业发展链条，做大锂电产业蛋糕。

3. 坚持项目为王，夯实产业发展基础。深入实施“开放提升、引强攻坚”大会战，2022 年签约锂电项目 126 个，总投资 1401.12 亿元，累计完成投资 249.01 亿元。一是抢攻“链主”企业。抢抓锂电龙头企业扩张机遇，紧盯宁德时代、国轩高科、比亚迪等行业头部企业，江西省委、省政府主要领导亲自部署、亲自推动项目洽谈、落地，宜春市委、市政府主要领导坚持一线推动，集中精干力量解决项目推进中的问题。宁德时代开工 8 个月，70 万平方米建筑拔地而起；比亚迪从对接洽谈到签约仅用 64 天；国轩高科实现了“当月开工、半年入统、一年投产”，二期项目即将破土动工。二是紧盯“子链”企业。充分发挥“链主”企业的头雁效应，迅速梳理产业链“四图五清单”，对照产业链上下游“顺藤摸瓜”，加快延链补链强链，形成产业集群效应。目前已落户国内造车新势力第一梯队的哪吒汽车、全球金属锂行业领军企业赣锋锂业、2021 年电池级碳酸锂产品出货量全球第一的金辉锂业以及正极材料富临升华、铝塑膜明冠新材等一批产业链细分领域头部企业。三是支持“链上”企业。出台《宜春市中小企业选优扶强若干意见》，市、县两级投入 12 亿元设立工业奖励发展资金，设立不低于 8000 万元的技术改造专项资金，对单个企业补助资金上限增加到 1800 万元，大力支持企业转型升级上规模。在系列政策有力引导下，负极材料排名第二的紫宸科技、隔膜行业排名第一的恩捷股份、国内首家实现固态电池产业化的清陶能源以及永兴新材料、南氏锂电等已落户企业纷纷增资扩产。宜春市已初步形成贯通“锂矿—锂盐—锂材料—锂电池—锂应用—锂回收”的全产业链发展模式，成为全国拥有如此完整锂电新能源产业链的唯一地级市。得益于完整的产业链，锂电企业在宜春市可以很方便地找到上下游配套产品，产业链、供应链丰富便捷，生产经营成本有明显的比较优势。同时，在政府的积极引导下，不少锂电企业已经相互参股、协同合作、抱团发展，良好的产业链协同发展的集聚效应正在日益凸显。

4. 紧盯要素保障，提升稳链强链服务水平。一是强化政策支持。宜春市成立由党政主要负责同志“双挂帅”的产业发展领导小组，专门出台了《加快宜春市新能源（锂电）产业高质量跨越式发展的指导意见（2021—2025）》等若干政策，设立了 100 亿元锂电产业发展基金，成立了重点项目“一对一”工作专班、集成政策“一事一议”全力支持。仅为宜春时代、江西国轩两个重大项目，就召开林地、电力、燃气、蒸汽、用水等生产要素保障专题会议 40 余次，解决土地指标 3450 余亩、林地指标 4780 余亩。二是强化科研支撑。与江西理工大学共建宜春江理锂电新能源产业研究院，聚焦锂电新能源产业需求，加速突破一批战略性前沿性关键技术，为产业链持续创新发展提供有力支持。与江西省建材集团共建锂渣固废资源利用研发中心、锂渣固废资源利用产业化生产基地，为产业链稳定发展免除后顾之忧。三是强化人才保障。安排人才发展专项资金2亿元和专项事业编300个，优先支持锂电领域的企事业单位申请使用。市内部分大中专院校专门开设了新能源产业学院，培养锂电新能源产业相关专业的本科、高职全日制学生，其中宜春学院、宜春职业技术学院分别与江西国轩共建新能源产业学院，加快培育高层次人才和高级蓝领人才。

（二）具备的发展优势

1. 资源优势加快释放。受全球新能源汽车产业高景气度启发，各国均把锂资源列为重要的战略资源来管控，加上地缘政治影响，高品质锂矿石进口供应链不稳，以往锂资源高度依赖进口的局面已越来越难以为继。而国内锂辉石开采因资源地环保约束高、开采难度大等因素影响，供应量较少。盐湖卤水提锂则因技术难度大、开发成本高而尚未成势。在这种背景下，品位不高但提取技术成熟、开采难度较小的锂云母矿的战略价值愈发凸显。江西是全国锂云母资源的主要富集地。根据自然资源部门最新探明数据，江西仅宜春市一地氧化锂储量就超过900万吨，分布于袁州、宜丰、奉新、万载等地，拥有超20个锂云母矿，更拥有亚洲最大的锂云母矿山宜春钽铌矿，整体锂云母储能占到全国的40%左右。当前，新能源产业主战场已经从单纯技术竞争转向资源争夺。造车企业与电池企业都在寻求规避风险的方式，抢先布局上游产业链，对冲上游资源和材料供应风险、降低成本。谁拥有资源谁就能把握发展主动权，宜春市围绕锂云母进行采选冶的企业近50家，与锂辉石提锂、盐湖提锂成三足鼎立之势。这为锂资源丰富的宜春市吸引锂电大项目落户提供了难得的机遇。依托丰富的锂矿资源优势，宁德时代、国轩高科、赣锋锂业、比亚迪等国内行业龙头纷纷在宜春布局新能源（锂电）产业链项目。

2. 发展链条逐步健全。自“十二五”期间提出建设“亚洲锂都”目标，至今产业链条已初步完善，宜春市锂电新能源产业形成了从源头锂矿开采、锂盐生产、锂电池关键材料制备到锂电池制造、新能源汽车及锂电池回收等完整的闭环产业链条，为企业间相互配套、协同发展、优化组合、降低成本提供了良好条件，产业增速达50%，发展速度优异。

3. 产业转移成本优势明显。宜春作为赣西地区主要城市，在土地、水电、原材料方面相比国内一线城市具有成本优势。

4. 服务体系逐步完善。宜春市先后出台《宜春市锂电新能源产业发展优惠政策》《关于加快推进宜春市锂电新能源产业发展的实施意见》《关于进一步加快宜春锂电产业发展的若干政策》等政策文件，在招商引资、扶优扶强、科技创新、金融支持等方面给予支持。还出台《锂电新能源产业发展人才支撑计划实施意见》，最大限度破解人才引进瓶颈。为策应锂电产业发展，出台了《关于加快宜春市锂电产业高质量跨越式发展的指导意见（2021—2025）》，在提升资源利用效益、打造完整产业体系、优化产业布局、保障生产要素、强化科技创新、营造氛围等方面给予大力支持，形成推进有力、保障到位的全方位政策体系。

（三）存在的不足

在“双碳”目标的背景下，宜春锂电新能源产业发展虽然取得了一定的成效，但也存在几方面突出问题：

1. 思想方面问题。近几年，一些县市区看好锂电新能源产业发展前景，纷纷上马锂电项目，导致全市锂电产业布局比较散乱，重点表现在选矿和碳酸锂两个环节。锂云母选矿项目布局上，有的地区没有锂矿资源，却纷纷上马选矿项目，不符合锂电产业总体布局，不利于产业聚集发展。有的地方思想和行动跟不上形势发展，没有把新能源发展放在战略位置推进，开发意愿不高。有的职能部门落实上级有关政策不到位，办事效率低。开发失序，市场上出现圈占资源、倒卖新能源项目指标等乱象，在一定程度上扰乱了新能源开发秩序。

2. 产业方面问题。一是链条结构上，上下游发展不均衡。中后端附加值高、科技含量高、产业链拉动作用大的三电系统、新基建、新能源汽车等锂电池应用企业偏少。二是研发能力上，高端化研究不深入。大部分企业只满足于生产而对研发缺乏重视，研发中心规模较小、人才缺失，有的甚至以检测中心代替研发中心，研发投入不足，创新能力不够更是普遍。全市仅有极少数企业建有院士工作站、国家级工程技术研究中心等研发平台，有较强科研团队做后盾的企业也是屈指可数。三是供应配套上，企业间协作不紧密。宜春市虽然形成了从锂矿到应用的锂电全产业链，但上下游配套能力不强，特别是正极材料、电解液等关键材料环节实力较弱，导致碳酸锂必须运往外地加工转化，锂电池相关材料必须从外地采购，无法形成碳酸锂到锂电池材料再到锂电池的上下游配套体系。

3. 资源利用方面问题。随着碳酸锂产能释放，大量的尾砂、锂渣将堆积，形成环保隐患。一是资源利用上，锂渣处理遇到瓶颈。随着锂矿选冶产能的提升，尾矿消纳将呈现出供大于求的现象，急需在矿区附近选址建设大型尾矿堆场，同时开展尾矿减量化、资源化、高值化利用途径和技术研究，强化尾矿的推广应用和产销对接，实现锂矿资源整体综合利用。由于原矿集中在宜丰花桥、同安，奉新上富等地，随着锂电新能源产业产能的提升，原矿运输已经成为当前制约锂电新能源产业高质量发展的一个重要因素。二是生态环境面临巨大压力。锂电新能源企业在生产过程中，虽不存在铅、汞、镉等有害重金属元素和物质排放，但制造企业生产作业场所会产生大量铅尘、铅烟、酸雾等污染物；废弃的锂电池进入环境中，还会造成重金属镍、钴（砷）污染，锂电池的电解质及其转化产物，如 $LiPF_6$、$LiAsF_6$、$LiCF_3SO_3$、HF、P_2O_1 等，溶剂及其分解和水解产物如 DME、甲醇、甲酸等都是有毒有害物质。打造千亿级锂电新能源产业集群，就必须增加锂电新能源行业项目，随着项目的增多，污染物总量随之增多，对生态环境造成一定影响。而宜春市并未开展有针对性锂电产业废弃污染物处置项目研究，也没有服务锂电产业排污治理和环境保护工作的经验做法和有益探索，对于维护宜春市生态环境持续发展带来极大挑战。

4. 基础设施方面问题。基础设施上，充电桩建设不匹配，有待完善。绿色电力紧缺，电力基础设施薄弱。目前全市新能源剩余消纳能力约157万千瓦。宜春电网丰高断面负荷逐年增加，接入过多新能源可能导致线路过载甚至限电。全市储能电站尚处于布局阶段。“十四五”期间，宜春只有400万千瓦新能源建设指标，而宁德时代、国轩高科在宜春的生产基地生产每年需要1000万—2000万千瓦时的绿电，面临巨大缺口。

四、促进宜春锂电产业高质量发展的对策建议

如何立足宜春优势，在新能源赛道上继续领跑，是宜春面对的严峻挑战。未来，谁掌握了新能源，谁就掌握了经济命脉，宜春要在先机中开新局，抓紧建设新能源体系，牢牢掌握产业主动权，推动宜春锂电新能源产业走向世界。

（一）坚持规划引领，深化产业链布局

坚持“用好资源换好产业”的发展思路，重点打造碳酸锂、正极材料、负极材料、锂电池、锂电应用五大基地，着力打造全国知名的锂产品交易中心，加快构建“全链条、全绿色、全球样板”发展格局，全力推动新能源（锂电）产业做大做强做优。

1. 要以思想破冰引领发展突围。时刻以全球眼光和国际视野，紧盯行业和市场动态，以比拼全球行业第一的勇气和格局，高效服务无止境、争创一流不停歇；打破固化思维，坚持大开放、大改革，不违法违规的事情都应大胆探索创新，用新思想新理念推动产业发展。

2. 要提高领导干部经济工作能力。常态化邀请国内知名专家、企业家等为全市领导干部、企业人士在经济、科技、管理特别是锂电产业发展方面进行多维度授课，不断促使广大干部群众思想观念统一、知识结构更新、担当作为提升。研究和学习国内多地因省内个别地级市行业发展而出台全省性支持政策，全力争取江西省出台新能源（锂电）产业扶持政策，像贵州支持大数据、江西支持江铜发展一样支持锂电行业、有实力的锂电企业蓬勃发展。

3. 要科学规划，深化产业协同。探索建立园区统一协调机制，避免出现低水平重复建设和同质化竞争，引导各地协同发展。如，产业链上游企业重点布

局在宜丰、奉新，下游企业重点布局在经开区、袁州区，电解液、锂回收等需要有化工园区的项目重点布局在万载、上高等地。持续完善激励企业、推动产业链上下游良性互动的奖补政策，对现有产业链上的企业加强协同串线、合作共赢，不断增强产业链的厚度和各环节之间的关联度。纵向多点连线强产业、横向网状发展强支点，打造本地产业发展网格，并以网格上的节点企业为重点，加大支持力度，鼓励和支持产业链上下游企业加强交流互通、产研合作、产销配套，推动产品供应一体化、技术革新一体化、资本串联一体化，形成良好的内部循环，让更多的企业抱团取暖、集聚发展，不断增强产业链的竞争力和生命力。

（二）抓稳把牢核心资源，着力提升核心竞争力

宜春市锂矿资源以锂云母形式存在，总体勘探程度低，矿石选冶技术难度大，急需加快锂资源绿色勘查与开发力度，助推锂电产业高质量发展。

1. 要做大储量，加大锂矿资源的勘查力度。积极对接国家新一轮找矿突破战略行动，争取国家财政支持；积极营造优良的投资环境，引导和拉动社会资金投入锂矿勘查；积极融入“一带一路”建设，引导企业抱团投资，收购国内外锂矿资源，夯实战略资源保障；提高含锂矿山开采能力，全力满足下游企业原料需求，严厉打击非法开采、乱采乱挖等违法违规开采行为。

2. 要提高锂矿资源开发利用水平。加强锂矿资源节约与综合利用，不断提高锂矿资源开采回收率、选矿回收率和综合利用率；完善锂矿资源产业链，加快矿产品结构调整和产业优化升级，提升产业链竞争力，促进锂矿资源优势转化为产业优势，在这个过程中尤其要加大环保投入，推动传统锂盐生产企业绿色化、智能化转型升级。

3. 要加强锂资源掌控整合力度。实行锂资源战略收储计划，以“好资源换大产业”来打开发展空间，吸引更多大项目落地，要瞄准产业薄弱和缺失环节延链、补链、壮链。比如可以正负极材料项目为重点，加快打造动力电池头部企业供应链的关键节点。储能、新能源汽车产业的发展，必将带动锂电正负极材料的迅猛发展。在正极领域，锂离子电池的供应链主要由中国主导，我国

的锂消费量已经占全球总消费量的一半。在负极领域，全球产能主要集中在中国和日本，我国已占据全球市场份额六成以上。要紧盯正负极材料产业的头部企业、链主项目，不断做大正负极材料产业规模，全力争取在宁德时代、比亚迪、国轩高科等动力电池头部企业的供应链中占据一席之地。

（三）坚定实施创新驱动，不断完善创新链

创新是发展的永恒课题，提升锂电产业价值链，必须加强科技创新投入。

1. 要技术创新。要突出企业创新主体地位，着力打造锂电新能源产业链科技创新联合体，围绕锂电池前沿技术领域，把市场竞争压力转化为自主创新的动力，以科技自立自强提升产业核心竞争力，建立产学研深度融合的创新成果转化体系，将优质的科技创新资源转化为产业应用优势。联合国内高水平科研院所，同时发挥企业研究院的各自长处，在提高锂的提取效率、加强尾矿综合利用水平、开发产业链上 5G 技术应用等方面深入研究。例如，在产业链上游，注重绿色开采技术的应用，做好矿山安全、环保监管，提高工作质效；在锂电材料链上，注重下一代锂电新材料的开发与产业孵化；在电池制造上，紧跟国内外最新技术，不断提升电池能量密度、功率密度、安全系数和循环寿命；在废旧电池循环上，加强技术延伸，做到无污染循环回收和产业闭环运转。

2. 要制度创新。创新“政校企”合作模式，实施“人才优先发展”战略，通过与高校共建产业学院，搭建面向新能源产业链的人才培养、科学研究、技术创新为一体的校企合作平台，深化产教融合，促进教育链、产业链和人才链的有机衔接。加快设立宜春学院、宜春职业技术学院“锂电新能源产业学院”步伐，下拨专项资金，增设对口专业，聘请国内外锂电新能源行业专家作为特约教师授课，为推动宜春市锂电产业链、人才链、资金链、平台链深度融合、创新本科以上高学历人才培养模式夯实基础；依托锂电新能源产业研究院，成立研究团队，引进国内知名高校和科研院所研发专家学者一起开展技术创新攻关，解决锂电领域关键共性技术难题；依托江西省锂电产品质量监督检验中心，为相关研发团队技术创新验证、产品分析检测等提供高

效技术支撑平台。

（四）聚焦企业培育，强化龙头带动引领

1. 精准招引项目，做好补链延链文章。紧盯头部企业开展招商，完善“锂矿—锂盐—锂材料—锂电池—锂应用—锂回收”的产业链闭环，对骨干企业的供应链、生态圈进行牵线搭桥，引进一批科技含量高、实力雄厚、发展前景好的头部配套企业，提升锂电新能源产业首位度，形成规模效应。瞄准国内锂电产业链各环节前10强企业和链条上缺少的环节，特别要重点关注高性能电池材料、高性能锂离子动力电池、高性能电池包、电池管理系统、热管理、电池标准体系、下一代锂离子动力电池、锂金属电池、电池梯级利用以及回收技术、电池生产制造技术及装备等。

2. 优化产业生态，做好固链强链文章。要善于“借鸡生蛋”，紧盯附加值高、产业链带动强的下游整车制造企业，打破产业集中在上游的格局。要完善产业内协作配套，由政府牵头研究搭建全市锂电产业合作平台，通过龙头企业和新能源汽车制造带动，提高产业内企业关联度，形成就近采购、产销一体、互为市场的“十指弹钢琴”的良好市场环境。要注重精准引进产业链配套优质小微企业，形成本地配套供应闭环。

3. 紧盯前沿动态，增强产业链韧性。加强上下游企业交流，以现有高层次人才联谊会为平台，分别由产业链的重点企业组织上下游企业进行相关的沙龙等活动，加强需求交流，助推行业整体发展。支持鼓励龙头企业牵头建立江西省锂电行业协会，形成抢夺锂资源市场定价权载体，为江西省锂电企业搭建交流合作平台，支持上下游企业优势互补、加强合作配套，推动产业链融合发展，真正发挥“集群效应”“链式效应”。

（五）加强品牌培育，擦亮“亚洲锂都”名片

1. 打造城市名片。加大“亚洲锂都”“双碳先行区”宣传力度，向全社会征集宣传文案；在机场、高铁站、城市地标等场所醒目位置制作“亚洲锂都，中国宜春欢迎您”“亚洲锂都，开放的宜春欢迎您”等类似宣传口号；在央视、融媒体等多维度制作投放宣传片，邀请中央、省主流媒体宣传报道、高铁或

文体冠名，多渠道深入宣传宜春锂电新能源产业优势，真正唱响“亚洲锂都”品牌。

2. 定期举办高峰论坛。与中国有色金属工业协会、中国电池工业协会等协会（商会）战略合作，将更多高端资源导入宜春市，合作举办锂电产业合作推进会暨高峰论坛，通过线上线下结合的方式，搭建“政、产、学、金”交流平台，探讨产业发展趋势，推动优质企业落户，力争打造成“亚洲锂都”标志性产业平台。

3. 做大做优“朋友圈”。以宁德时代、国轩高科、比亚迪等头部企业为依托，探索构建以宜春市为中心的锂电产业发展联盟，积极融入全球锂电产业发展格局，持续扩大国内国际影响力和产业“朋友圈”，打造锂电产业投资洼地、发展高地。聘请行业知名专家、企业家，组建产业发展智库，为锂电产业发展把脉问诊，提供决策咨询。

江西推动生态产品价值实现的路径与对策研究

程家健 刘 勇 张文君 张 铭*

【摘要】 推动生态产品价值实现是大力践行"绿水青山就是金山银山"理念的重要内容。近年来，江西各地立足良好的生态环境禀赋，积极破解"两山"双向转化难题，努力探索生态产品价值实现路径，形成了以发展生态产业的"婺源实践"、创新生态机制的"资溪经验"、融合生态三产的"靖安模式"等为代表的一系列典型案例，形成了生态产品价值实现的"江西智慧"，也为全国其他地方更好推动生态产品价值实现提供了借鉴参考和有益启示。当然，在江西生态产品价值实现过程中，也面临着一系列现实难题，立足新发展阶段，聚焦"全面建设美丽江西"奋斗目标，各地应秉持"因地制宜、分类施策"原则，坚持问题导向，从完善价值核算体系、健全生态补偿制度、创建市场交易路径、拓展产业转换路径、探索差异化实现模式等多个维度协同发力，以系统性思维加快实现生态产品价值，更好推动人与自然和谐共生。

【关键词】 生态产品；价值实现；美丽中国

推动生态产品价值实现是大力践行"绿水青山就是金山银山"理念（以

* 程家健 省委党校工商管理学教研部主任、教授
刘 勇 省委党校工商管理学教研部副主任、教授
张文君 省委党校工商管理学教研部副主任、教授
张 铭 省委党校工商管理学教研部讲师

下简称“两山”理念）的重要内容。习近平总书记在党的二十大报告中提出：“建立生态产品价值实现机制，完善生态保护补偿制度。”此外，他在多个场合也曾多次强调：“要积极探索推广绿水青山转化为金山银山的路径，选择具备条件的地区开展生态产品价值实现机制试点，探索政府主导、企业和社会各界参与、市场化运作、可持续的生态产品价值实现路径。”在此背景下，近年来，江西各地依托良好的生态资源禀赋，积极推动“绿水青山”与“金山银山”双向转化，努力探索有效的生态产品价值实现路径，持之以恒将生态特色优势转化为区域竞争优势和经济发展胜势，助推“全面建设美丽江西”不断取得新进展、新成效。

一、生态产品价值实现的相关概念

“生态产品”一词最早出自于2010年国务院发布的《全国主体功能区规划》。《规划》提出：“人类需求既包括对农产品、工业品和服务产品的需求，也包括对清新空气、清洁水源、宜人气候等生态产品的需求。”由此可见，生态产品与农产品、工业品和服务产品一样，都是人类经济社会发展的必需品，并直接决定着人类最基本的生产、生活乃至生存方式。

此后，伴随着对生态产品及其价值实现等相关问题的深入研究，理论界倾向于将生态产品的含义划分为狭义和广义两个层面：狭义的生态产品主要是指具备供给资源、调节生态、维护生态安全、营造人居环境等多重功能的自然生态要素，涵盖清新的空气、洁净的水源、宜人的气候、茂盛的森林等多种类型，通过其为人类提供的多样化生态服务，具备重要的生态价值；广义的生态产品则是在自然要素的基础上，通过追加人类劳动，如采取清洁生产、循环利用、节能减排等方式，生产出来的生态农产品、工业品和服务等，这些产品和服务要么通过市场交易体现出经济价值，要么通过满足人类精神文化等多重需要体现出社会以及生态价值。从上述定义不难看出，无论是狭义还是广义的生态产品，都具备了经济、社会、生态等多元价值属性。

实现生态产品价值是践行“两山”理念的重要内容，其实质是立足生态优势，采取有效手段，推动“绿水青山”与“金山银山”双向转化，进而将生态产品中蕴含的经济、社会和生态价值全面释放出来，协同推进经济发展与生态保护。从国内外发展实践来看，实现生态产品价值主要通过三大途径：一是行政化的生态补偿手段。由政府相关职能部门对生态功能区、生态公益林、自然保护区、退耕还林等重点区域进行财政资金补偿，实质上是对当地民众为了保护修复生态环境而放弃牺牲经济发展权的货币化补偿。二是市场化的交易变现手段。通过选择特定市场交易标的，如排污权、碳排放权、用水权交易等，建立统一交易市场，制定市场交易规则，实现以市场手段达到节能减排、保护生态的目的。市场化手段在国外运用得相对普遍，目前国内多地也已经开始试点实施。三是产业化的产品转换手段。通过充分发挥生态产品比较优势，积极发展生态利用型产业，如生态农业、生态旅游、健康养老、林下经济等，将生态产品转化为物质和服务产品，以更好满足消费者的需求来实现其多元化价值。

总之，生态产品与人类经济社会发展密不可分，推动生态产品价值实现，就是要立足于良好的自然生态环境，推动“绿水青山”与“金山银山”有效进行双向转化，更好地将生态产品蕴含的生态、经济、社会等多重价值全面释放出来，进而实现经济发展与生态保护的良性协同，推动人与自然和谐共生。

二、当前江西生态产品价值实现的主要做法与成效

近年来，江西以深入推进国家生态文明试验区和生态产品价值实现机制试点为抓手，围绕“可量化、可交易”原则，不断完善生态产品价值核算评估体系，以生态补偿、市场交易、产业利用为重点领域，积极探索生态产品价值实现路径，推动形成“资源—资产—资本—资金”转化逻辑，贡献了生态产品价值实现的“江西方案”。

（一）高位推动工作机制初步形成

2021 年 6 月，江西省委、省政府出台《关于建立健全生态产品价值实现机制的实施方案》提出：“到 2025 年，力争全省生态产品价值实现的制度框架全面形成……成为全国优质生态产品供给区、生态产品价值实现机制改革先行

区、绿水青山与金山银山双向转化样板区。到 2035 年，全面建立系统完善的生态产品价值实现机制。”2021 年 11 月，江西省第十五次党代会明确“全面建设美丽江西”奋斗目标，并且提出要“加快完善政府主导、企业和社会各界参与、市场化运作、可持续的生态产品价值实现路径”，力争“生态产品价值实现机制建设走在全国前列”。

（二）价值核算评估机制逐步建立

一是深化自然资源资产管理体制改革。完成多个自然保护地和河流调查确权工作，加快建设全省国土空间基础信息平台，为生态产品价值核算评估提供了基础数据。二是构建生态产品价值核算评估体系。发布江西省《生态系统生产总值（GEP）核算技术规范》，以 3 个设区市、11 个县（市）为重点，开展核算试算工作，其中，抚州 2019 年的 GEP 核算值为 3907 亿元，资溪、上栗、婺源等多个县市也已初步形成核算成果。三是探索建立生态产品价值评估机制。抚州出台《农村承包土地经营权抵押贷款价值评估指导办法》，明确生态产品价值评估标准、管理办法、操作流程和评估机构等，为评估生态价值提供了借鉴样本。

（三）价值实现重点领域基本明确

紧扣政府补偿和市场交易两条主线，围绕“生态补偿、市场交易、产业利用”三大重点领域，积极探索生态产品价值实现路径：一是对各级各类自然保护区、生态功能区、水源保护地等重点区域进行生态补偿，累计下达流域补偿资金 200 多亿元，分别与广东、湖南签订跨省流域横向生态补偿协议；二是制定全省用能权、排污权、碳汇等生态产品交易制度，中国南方生态产品交易平台正式运营，建设抚州生态产品、万年湿地资源等运营中心，努力打造全国性生态产品与资源环境权益综合交易中心；三是大力发展生态农业、生态旅游、低碳工业等绿色产业，推动三产融合发展，加快打造绿色产业综合体，让“绿水青山”“颜值”更高、“价值”更大。

（四）价值实现配套政策正在完善

一是改革创新绿色金融制度。以资溪“两山”转化服务中心、武宁生态产品储蓄银行等为试点，引导各类金融机构积极拓展信贷、债券、保险等多元化绿色金融业务。二是强化组织激励约束机制。充分发挥江西省生态产品价值实现推进工作组及其办公室作用，加强专题工作调度，推进重点任务落实。将生态产品价值的相关指标纳入高质量发展考核指标体系，全面推行自然资源资产离任审计和生态环境损害责任追究制度。在全国首创“绿宝”碳普惠制，推动形成绿色低碳社会新风尚。

（五）价值实现典型示范日益增多

截至 2022 年 11 月，江西已成功创建全国“绿水青山就是金山银山”实践创新基地 8 个、国家生态文明建设示范县（市）24 个，入选数量和所占比例在全国名列前茅。多个县（市）探索开展区域性生态产品价值实现实践，取得了较为显著的成效：资溪聚焦“生态资源指标及产权交易”，开展重点生态区域“森林赎买”，将商品林调整为公益林，实现“社会得绿、林农得利”；景德镇聚焦“生态修复及价值提升”，积极开展生态修复、城市修补及综合开发；靖安、婺源聚焦“生态产业化经营”，分别以“三产联动”模式促进生态产品价值实现，以“篁岭模式”助力农村三产融合发展；金溪聚焦“绿色金融及相关税费”，探索开展“两权”（农村承包土地经营权和林权）抵押贷款，助力生态产品价值实现。

目前，江西森林覆盖率稳定在 63% 以上，全省空气优良天数比例超过 95%、国考断面水质优良比例超过 97%，生态环境状况综合指数（EI 值）位居全国前列，优良的生态资源禀赋为江西更好推动生态产品价值实现奠定了坚实基础。

三、江西推动生态产品价值实现的典型案例与启示

习近平总书记曾经给予“江西生态秀美，名胜甚多，绿色生态是最大财富、最大优势、最大品牌”的高度评价，并且指示江西要“向特色优势要竞争力”。近年来，江西认真贯彻落实习近平总书记视察江西重要讲话精神，坚定不移以“两山”理念为引领，积极推动“两山”双向转化，努力将生态特色优

势转化为区域发展竞争优势，在推动生态产品价值实现方面积累了诸多经验，涌现出了一系列典型案例。

（一）江西推动生态产品价值实现的典型案例

1. 发展生态产业的“婺源实践”。婺源县地处赣东北，与浙、皖两省相邻，生态环境质量优良，历史人文底蕴深厚。从 20 世纪 90 年代开始，婺源持续把旅游打造成为全县核心主导产业，推动婺源从一个“养在深闺人未识”的边远山区小县蝶变为“天下谁人不识君”的知名旅游胜地，走出了一条以发展生态旅游产业推动生态产品价值实现、独具婺源特色的绿色发展之路。

（1）把好“生态关”，呵护绿水青山夯基础。以“1234”为重点持续打造一流生态环境：“1”是指自觉树立并且始终践行“生态立县、绿色发展”理念。“2”是指着力构建县、乡、村三级联动的城乡污水和生活垃圾处理两大体系。“3”是指建立健全三大机制，组建“环保警察”，推行环境违法有奖举报，推动环保全方位监管；不断完善河、湖、林长制，细化落实管理责任；严格执行领导干部自然资源资产离任审计制度以及生态环境损害责任终身追究制度。“4”是指出台“禁伐、禁养、禁排、禁烧”四项禁令。

（2）打好“旅游牌”，持续推动转型强品牌。加快发展生态旅游与民宿、体育、康养、文化等多元业态相融合的全域旅游模式：制定统一民宿标准，唱响中国乡村民宿“婺源品牌”。打造“高山可攀岩、峡谷可漂流、密林可露营、河湖可垂钓”的户外运动格局，积极承办一系列国内外重大体育赛事。利用中医药产业基础，深入推进国家中医药健康旅游示范基地建设。依托名人、村落、非遗、红色等特色文化，形成一大批“影视村、写生村、作家村”，促进生态与文化的融合叠加。

（3）坚定“两山路”，实现富民兴县结硕果。婺源以发展生态旅游着力推动生态产品价值实现，逐步形成“县域发展质量更高、百姓生活更好、脱贫动力更足”的喜人景象：连续七年获评江西省高质量发展、科学发展先进县，在上饶市委、市政府年度巡查考核中，多项指标增速进入全市“第一方阵”。据不完全统计，全县有近 70% 的群众可以从发展旅游中受益，真正让老百姓在家门口吃上“旅游饭”、发起“旅游财”。依托旅游产业发展，不少贫困农户通过开办民宿、门票分成、资源分红等多种途径，实现了脱贫增收致富。

2. 创新生态机制的“资溪经验”。资溪森林覆盖率高达 88%，生态环境综合评价指数位列中部第一、全国前列。在落实生态产品价值实现机制试点任务背景下，资溪于 2020 年率先成立全省首家“两山银行”，通过大胆创新生态产品价值实现机制，让以往长期“沉睡”的“绿水青山”逐渐转化成为发展富民的“金山银山”。

（1）“两山银行”运作模式。按照“资源整合—资本赋能—资产运营”逻辑闭环运作，探索形成集“资源保护、开发提升、产业培育、发展富民”于一体的生态产品价值实现路径：首先，在开展生态产品价值评估的基础上，依托大数据技术建立信息化管理平台，摸清全县生态资源资产家底，进而采取赎买、租赁、入股等多种形式，把零散的生态资源资产收储整合起来，实现规模化。其次，引入多元化金融资本，创新开展生态资源资产经营权、收益权抵（质）押贷款，助力生态产业做优做强。最后，以市场为导向建立生态资源资产流转平台，吸引更多生态资源资产入市，培育更多相关市场经营主体。

（2）“两山银行”运行机制。通过搭建便于“绿水青山”与“金山银山”双向转化的服务平台，创新诸多生态产品价值实现机制：生态产品价值评估机制。采用生态系统生产总值（GEP）核算标准，依托信息管理平台实现“可量化、可视化、动态化”。生态资源赎买收储机制。立足林业优势成立林权收储平台，为开展林权抵（质）押贷款提供了风险保障。生态资产交易机制。在确权登记基础上，依托县域生态资源资产交易中心，以出让、租赁等多种形式开展产权和产品交易。生态资源价值提升机制。统筹兼顾生态保护与产业发展、山水治理与土地利用，持续提升 GEP 向 GDP 转化效率。

（3）“两山银行”运行成效。通过“两山银行”有效运营，使“绿水青山”逐步转化为富民兴县的“金山银山”。全县初步构建起“以生态旅游为核心，以面包、竹木为支撑，以休闲农业、生态康养等服务业为补充”的生态产业发展格局。“森林赎买”“林权补偿收益权”“多种经营权”“竹木产业链融资”等多项“两山”投融资模式落地见效，引领全省乃至全国绿色金融创新。全县生态资源经营效益稳步提升，竹木培育、加工销售、品牌营销等产业链条日益完善，白茶、油茶、中药材等林下经济实现量质双升。

3. 融合生态三产的“靖安模式”。靖安是江西首个国家级生态县和首批全国“绿水青山就是金山银山”实践创新基地，“一产利用生态、二产服从生态、三产保护生态”的靖安绿色发展模式得到了习近平总书记的充分肯定。

（1）“一产利用生态”，打造特色农业基地。立足良好的生态条件，重点发展富硒特色农业，加快构建“产地环境优良、产业附加值高、产品品牌溢价”的发展格局：着力做优白茶、柑橘、稻米、林下经济等特色主导产业，推进农产品标准化生产和质量溯源系统建设，确保绿色农产品供应安全。不断延伸拓展产业链，持续提高产品附加值。全力打造“靖品—靖安生活馆”区域农产品公用品牌，提高产品市场影响力、知名度和美誉度，“靖安白茶”品牌价值已经超过 14 亿元。

（2）“二产服从生态”，打造绿色制造高地。严守生态保护红线，全力抓好绿色工业建设，积极引导企业转型升级。出台引导性政策，鼓励企业优先选用绿色工艺、技术、材料、装备，推动传统产业开展绿色改造转型升级。以景区标准提升工业园区整体环境，补齐商业、医疗、教育等配套设施，打造“宜业宜居宜游”绿色园区。

（3）“三产保护生态”，打造康养旅游胜地。持续深化旅游与康养、农业、教育、文创等不同业态的融合发展，创建国家级森林康养基地和省内外知名户外运动首选地。同时，用景区概念和旅游理念打造休闲农业项目，大力开发竹雕、根雕等文创工业产品，形成非遗、红色、禅修等特色研学游品牌。统筹推进“城市环境美化、消费提档升级、优质生活配套、休闲品质提升”四大工程建设，打造休闲旅游名城和品质生活之城。

（二）生态产品价值实现案例带来的有益启示

1. 必须坚持政治自觉，形成推动生态产品价值实现的思想理念优势。思想是行动的先导，“两山”理念作为习近平生态文明思想的重要组成部分，各地必须真正做到“学懂、弄通、做实”，始终在思想和行动上保持高度的政治自觉、理念认同、责任担当和战略定力，有效推动国家生态文明建设的大政方针政策落地、生根、开花、结果，持之以恒巩固提升生态优势，使绿色成为经济社会发展最亮丽的底色，主动交出知行合一的生态文明建设答卷。

2. 必须坚持系统思维，形成推动生态产品价值实现的协同并进优势。要坚持用“发展与保护并举”的辩证思维和全局意识，统筹推进生态保护与经济发展两方面的工作：一方面，即使是在财力紧张的情况下，也依然坚决关停污染企业，摒弃“只要金山银山，不要绿水青山”的传统思维和落后做法，花大力气抓好生态环境保护修复，全力守护好“绿水青山”，为人民群众提供更多优质生态产品；另一方面，立足良好的生态优势，坚持不懈把发展富民作为实现生态产品价值的生命之源，做好“绿水青山”与“金山银山”的转化文章，尤其是要注重以特色资源禀赋打造支柱产业的核心竞争力，加快把“美丽环境”转化成为“美丽经济”。

3. 必须坚持务实举措，形成推动生态产品价值实现的工作方法优势。实现生态产品价值，绝非一日之功或一时之事，不能毕其功于一役，必须在工作实践中具备求真务实、稳扎稳打、抓铁有痕的作风，紧扣生态文明建设主题，在创新实践中不断锚定目标任务，提出新的更高要求，并细化为具体的工作举措，最终确保各项任务能够落实到位，努力实现从治理保护到建设美化再到发展美丽经济的嬗变，加快推动从“一地美、一时美、环境美”向“全域美、常态美、发展美”的蝶变，持之以恒，久久为功。

4. 必须坚持改革创新，形成推动生态产品价值实现的制度政策优势。制度是推进生态文明建设的可靠保障。要坚持以改革创新来推动生态产品价值实现的制度完善，因地制宜闯新路，完善制度做保障，比如，婺源以立法形式永久禁止砍伐天然阔叶林、聘请高端智库编制全县旅游发展中长期规划、有针对性地设立旅游专项扶持政策，资溪敢于做“第一个吃螃蟹的人”，从制度设计层面为实现生态产品价值“破冰”等等，这些都是勇于大胆探索、敢于先行先试的实践经验，为当地推动“两山”双向转化、实现生态产品价值提供了良好的外部政策环境和制度保障。

四、江西推动生态产品价值实现面临的主要问题

当前，江西生态产品价值实现总体仍然处于探索起步阶段，还存在着对生态产品及其价值实现认识不深、核算不准、机制不全、市场不活、配套不力等诸多现实问题，必须以“咬定青山不放松”的战略定力，尽快找准制约生态产品价值实现的现实难题。

（一）对生态产品价值实现认识不够深入

一是当前对生态产品的内涵和外延界定较为模糊，导致生态产品价值的识别、核算、实现等环节存在范围不一致、方法不统一等问题，缺乏精准性、可行性和规范性。二是由于生态产品的公共物品属性和外部性特征，容易造成“公地悲剧”现象，导致生态产品的经济、生态、社会等多重溢价效应被低估。三是有些地方领导干部不知道应该如何去实现生态产品价值，甚至将生态保护和经济发展对立起来，存在“增加生态产品供给就要牺牲经济发展”的错误思维。

（二）生态产品价值核算体系还不够精准

现行生态产品价值核算体系大多是对生态系统的供给服务、调节服务和文化服务价值分别核算，进而汇总得到生态系统生产总值（GEP），存在着核算对象模糊、生态产品价值与其他产品价值存在交叉等问题。此外，还面临技术、数据和管理制度等方面的障碍：一是生态产品类型众多，同一类别生态产品的核算技术方法都存在诸多争议，整体核算就更难以达成共识；二是资源环境类基础数据薄弱缺失、部门数据不统一，难以支撑核算需求；三是已经开展的GEP核算由于计算出的价值量过高难以得到认可，且未能与人们生产生活中的物质使用和价格水平直接对接，影响了核算结果的决策应用能力和实践指导意义。

（三）科学合理的生态补偿机制尚不健全

一是补偿主体单一。纵向财政转移支付的补偿力度小且难以大幅提高。

横向生态补偿不多，还需考虑受益者的支付意愿和能力。企业和公众等多元主体参与的补偿较少。二是补偿方式单调。项目、技术、产业补偿和环境保护修复者通过市场交易获益的补偿方式不多。三是资金统筹不够。补偿资金分散在生态环境、林业、自然资源等多部门，难以满足地方事权支出要求，资金统筹使用难度大。四是绩效评估不足。资金划拨未能体现出区域生态产品供给能力和生态保护成效差异，导致“生态保护好与不好、努力与不努力都一样”。

（四）产权清晰的交易市场还不够灵活

一是自然资源产权不明晰。存在着国家、集体等不同权属性质，缺乏人格化代表，所有者职责不到位。二是环境产权制度未建立。环境容量和排污的法律权属没有明确规定，排污权、碳排放权、用能权等环境权益初始分配、价格形成、交易机制等尚在探索。三是市场建设刚起步。只有电力行业参与了碳排放权交易市场。排污权仅开展了二氧化硫、氮氧化物等主要污染物交易试点。四是交易机制不健全。制度设计缺乏有效激励，参与主体相对单一，交易不活跃。

（五）绿色产品推广配套政策不够有力

绿色产品是生态产品经过前期保护修复、中期市场交易等环节后的下游产品，涵盖绿色农产品、工业品、服务产品等，是生态产品价值实现的重要载体。目前，制约绿色产品推广的因素主要包括：一是绿色产品认证体系待规范。绿色产品认证形式多样，在管理层面造成了监督职能交叉、信息不对称、权责不一致等问题，在企业层面增加了重复检测和认证负担，在公众层面导致消费者辨识困难，影响产品市场认可度和信任度。二是绿色产品供求、价格、品种、质量以及与之相关联的储运、保险、包装、检疫、检测等完备的信息追溯体系尚未建立。三是政府采购绿色化程度不高。政府采购目录向绿色产品倾斜不够，难以发挥政府购买行为的“风向标”作用，不能有效引导社会公众更多购买绿色产品。

五、着力拓宽江西生态产品价值实现路径的对策建议

在加强生态产品价值核算基础上，不断完善政府补偿、市场交易等直接实现方式以及价值转换间接实现方式，大胆开展制度创新，持续拓宽多元化生态产品价值实现路径。同时，秉持因地制宜原则，结合当地经济社会发展实际和自然生态禀赋特点，探索区域差异化实现模式。

（一）完善价值核算体系，夯实价值实现基础

1. 科学确定核算方法。细化生态产品构成种类、合理确定价值评估办法，可以借鉴生态系统服务功能价值评估方法，以规范生态产品指标体系为前提条件，通过研究生态产品与人类福祉、经济社会发展的关系，明确生态产品提供的最终产品和功能服务，并针对不同的服务类型，优选适宜的核算方法。

2. 完善核算数据基础。以县域为单元，建议打通自然资源和生态环境等相关部门现有的数据平台，扩展数据覆盖面，细化涵盖指标，既保证数量指标完整性，又细化完善质量指标。尽快编制全省自然资源资产负债表，实现经济核算与生态价值核算的数据体系对接。

3. 突出核算结果应用。生态产品价值核算结果可以帮助政府部门在生态文明建设领域综合制定价（如水资源价格）、税（如环境、资源税）、费（如污水处理、废弃物倾倒费）、补偿（如生态补偿）、补贴（如新能源汽车、光伏发电补贴）等各种调控政策提供依据。另外，GEP 可以作为高质量发展的考核内容，其中的调节服务价值即生态产品价值可以作为确定生态补偿标准、资源环境权益初始配额和定价的依据，并与绩效考核体系有机结合。

4. 深化核算理论研究。依托省内外高水平大学和科研院所，支持有条件的大学设立“两山”学院或者专门的研究机构，紧扣生态产品价值实现的理论和现实问题，全面深化对 GEP 核算评估、“两山”理念逻辑体系、“两山双向转化”实践路径等热点问题的研究，更好做到理论与实践相结合。

（二）健全生态补偿制度，优化政府购买路径

1. 合理确定生态补偿标准。生态补偿标准的确定，既要以科学核算过的生

态产品价值为依据，又要兼顾利益相关者的支付意愿和支付能力：第一步，可以在生态保护成本的基础上，合理确定生态补偿标准，并把补偿者的资金拨付与获偿者保护生态的实际情况结合起来；第二步，随着GEP核算体系和国家相关标准的逐步完善，可以根据生态产品的实际产出能力，出台差异化的补偿政策。

2. 统筹各类生态补偿资金。一方面，在省级层面统筹整合分散在不同部门的生态保护和补偿专项资金，根据改革导向和工作实际，确定统筹办法和整合比例。另一方面，以综合性生态补偿方式分配下达统筹资金，赋予地方政府项目和资金安排自主权，最大化提高补偿资金使用效能，提升地方政府工作能动性。同时，支持地方将补偿资金与本级资金捆绑使用，努力形成政策合力。

3. 建立绩效激励约束机制。一方面，加快建立涵盖森林、空气、水质、能耗等领域的生态补偿绩效考核指标体系，重在保持和提升生态环境质量，通过考核，激励各地加大生态产品供给力度；另一方面，将生态补偿资金与考核结果挂钩，财政部门采用先预拨后结算的方式，根据上一年度的生态补偿绩效考核结果，提前下拨本年度的生态补偿资金，使各地政府更加关注绩效考核。

4. 优化现有生态补偿方式。将生态公益林补偿由按面积补偿改为按“面积+生态功能”给予补偿。试点县域间流域生态补偿按照交接断面“水量+水质”双考核模式展开。精细化确定生态红线区内可以开发的区域，结合旅游开发、休闲康养等项目，对低质低效的生态资源进行有效利用。

（三）建立健全产权制度，创建市场交易路径

1. 赋予权能，构筑生态产品交易之基。一是要明晰各类自然资源的所有权、使用权、经营权等权利，落实好国家和集体所有权实现主体，推动山水林田湖草等各类自然资源统一确权登记颁证，加快形成产权明晰、界线分明、严谨有效的确权登记制度。二是要丰富自然资源资产使用权权利类型，推进耕地三权分离模式向林权、水权、草权等领域延伸，探索拓展自然资源资产使用权（经营权）的转让、租赁、入股等权能。三是通过法律或制度建立排污权、排放权、固体废弃物弃置权等环境产权体系，使相关主体能够依法依规处置环境

产权，并建立起相应的环境权益交易体系。

2. 明确品种，建立生态产品交易市场。首先，要合理选定适合市场交易的权益类型，包括用水权、林权等资源权益，碳排放权、排污权等环境权益，碳汇、绿色金融等金融类产品和服务。其次，要秉承公开、公正、公平理念，分门别类建立生态环境建设项目招投标、资源类、环境类生态产品交易平台，吸引多元化力量广泛参与，实现生态建设资金的高效利用。最后，要加快打造全国知名生态产品交易平台，集聚优质特色资源，不断完善生态产品交易体系。

3. 创新方式，探索多元市场交易机制。尝试采用拍卖形式开展取水、排污许可证交易，健全用水总量控制制度，控制取用水和排污总量。开展生态养殖证拍卖。科学规划水产养殖布局，合理划定可养区、限养区和禁养区，有效管控水域养殖污染。在森林、湿地、空气等领域，探索生态产品供给与建设用地指标增减“挂钩”，拓宽“转换”要素的领域、渠道和平台。

4. 强化责任，完善交易相关配套机制。一是强化政府生态经济责任机制。通过确定政府生态产品保值增值责任与目标任务，增强政府间生态产品交易的内生需求。二是加强生态产品交易的法治保障建设。针对法治保障制度较为薄弱、权责利关系不对等、相关违法行为得不到有效处罚等现实问题，加入法治保障内容，形成系统性法律法规制度体系。三是创新发展新型金融服务。在全省逐步推广资溪“两山”银行、万年湿地银行等适应生态产品价值实现要求的新型机构。在开发性金融机构和政策性金融体系中增设生态金融专门机构。

（四）发挥生态环境优势，拓展产业转换路径

更好发挥政府引导作用，通过建立生态产品转化的正向激励制度，大力发展生态农业、工业和旅游业，将良好的生态禀赋更多地转化为人民群众需要的优质生态产品。

1. 提升生态农业的溢价效应。立足江西生态优势和农业发展基础，通过不断挖掘“绿色要素”，以茶叶、油茶、竹木、中药材等为重点，大力发展高质量的生态农业、林业、渔业、畜牧业等，积极推广“林下经济”“高山经济”“虾稻经济”等高效循环农业模式，生产更多能够满足人们绿色消费理念的绿色农

产品，延伸补齐良种选育、精深加工、品牌营销、物流配送等产业链，推动三产融合发展，以生态农产品的市场溢价提高产业附加值。

2. 深挖生态旅游的人文底蕴。立足我省丰富的“绿、红、古”资源，把红色旅游、节庆游、农家乐等串点成线、连线成面，以生态旅游带动吃、住、行、游、购、娱等多产业发展，因地制宜打造一批有品相、品质、品牌、品位的特色生态休闲小镇，依托互联网手段，加快发展与生态产品相关的电子商务，推动线上、线下一体化互动。

3. 布局发展环境敏感型产业。充分利用空气清新、水源清洁、气候适宜等高质量生态要素，大力吸引物联网、大数据、医药、电子、光学元器件等环境敏感型产业，引进培育一批先进制造企业，培育数字经济产业链，以产业的经济收益反哺生态环境保护修复，进而实现“金山银山”与“绿水青山”良性协同。

4. 完善生态产品认证机制。借鉴浙江“丽水山耕”品牌打造的成功经验，建立健全以“政府信用 + 区域品牌”“企业信用 + 企业品牌”为架构的两级生态产品“信用 + 品牌”认证体系，通过完善品牌认证管理，建立标准化的生态产品认证标识体系，实施统一的评价标准清单和产品认证目录，推进与数字技术的结合和应用，加强农村电商和信息平台建设，为生态产品价值转化提供支撑。

（五）因地制宜突出特色，探索差异化实现模式

总结现有经验，以县市为单元，选择不同生态要素类型、经济社会发展阶段、主体功能定位的地区，制定试点方案，明确试点任务，积极开展制度和政策创新试验，探索区域差异化的生态产品价值实现路径。

1. 经济较发达且对生态产品需求量大的地区，可以借鉴“浙江经验”：一是充分发挥经济优势，加大生态补偿力度，不断提高补偿标准，统筹整合使用补偿资金，提高财政资金使用效率；二是充分利用市场经济优势，积极开展排污权、碳排放权、用能权等交易，同时，创新生态产品投融资模式，不断增加生态产品供给；三是大力发展生态农业和生态旅游，配套促进农村电商、休闲

农业、文化创意等新业态，以品牌建设推动实现生态产品溢价。

2. 经济发展一般但生态较好的地区，可以借鉴“贵州经验”，大力发展生态产业，更多依靠自身生态环境优势来发展生态产业，充分发挥政府引导作用，塑造生态产业名片，不断提高产品和服务知名度，打造全国性生态产品消费市场，协同实现生产发展、生态保护和生活富裕。

3. 经济欠发达同时生态较脆弱的地区，可以借鉴“青海经验”，在主要依靠上级财政生态补偿和转移支付基础上，依托独具特色的资源禀赋，通过特许经营合理开发高端化、集约化、小规模生态产业，突出生态产品的稀有性，变“以量取胜”为“以质取胜”，以此作为落后地区生态产品价值实现的有益补充。

参考文献：

[1] 习近平 . 高举中国特色社会主义伟大旗帜，为全面建设社会主义现代化国家而团结奋斗 [M] . 北京：人民出版社，2022.

[2] 习近平 . 在深入推动长江经济带发展座谈会上的讲话 [J] . 社会主义论坛，2019（10）.

[3] 国务院 . 全国主体功能区规划 [M] . 北京：人民出版社，2015.

[4] 刘奇 . 积极探索生态产品价值实现路径 [N] . 人民日报，2021-6-3（14）.

[5] 郑博福，朱锦奇 .“两山”理论在江西的转化通道与生态产品价值实现途径研究 [J] . 老区建设，2020（20）.

[6] 李忠 . 践行“两山”理论，建设美丽健康中国 [M] . 北京：中国市场出版社，2021.

[7] 刘勇 . 生态产品价值实现的地方探索与扩散路径研究——以江西省为例 [J] . 价格月刊，2022（11）.

[8] 孙志 . 生态价值的实现路径与机制构建 [J] . 中国科学院院刊，2017（1）.

[9] 刘兵．建立健全江西全域生态产品价值实现机制［J］．当代江西，2022（5）．

[10] 谢花林，陈倩茹．生态产品价值实现的内涵、目标与模式［J］．经济地理，2022（9）．

[11] 宋蕾．生态产品价值实现的共生系统与协同治理［J］．理论视野，2022（7）．

[12] 高艳妮，张林波，李凯等．生态系统价值核算指标体系研究［J］．环境科学研究，2019（1）．

[13] 孙博文．建立健全生态产品价值实现的瓶颈制约与策略选择［J］．改革，2022（5）．

[14] 李忠．长江经济带生态产品价值实现路径研究［J］．宏观经济研究，2020（1）．

[15] 靳诚，陆玉麟．我国生态产品价值实现的回顾与展望［J］．经济地理，2021（10）．

金融支持创新江西建设研究

吴志远　刘超勇*

【摘要】全面建设创新江西，是省委、省政府着眼全面建设社会主义现代化江西全局作出的重大部署，是江西把握发展机遇、赢得发展先机、掌握发展主动的长远之策，构建现代化金融体系则是全面建设创新江西的重要手段和关键抓手。创新江西建设离不开现代金融体系的支持，但江西金融体系还存在着不少短板，具体体现为：规模偏小与结构欠佳并存，地方法人金融组织亟待实现跨越提升，各地发展不协调、不平衡，金融生态环境有待改善，金融脆弱性不容忽视，货币政策传导效率亟待提升，等等。为此，要从以下九个方面发力，多措并举，推动构建江西现代金融系统：一是要遵循可比性、参照高标准、因地制宜培育江西金融竞争优势；二是要以区域金融中心建设为引领带动江西金融发展进入快车道；三是要以强化金融功能为导向推动江西金融规模扩张与结构优化；四是要以金融基础设施建设为依托保障江西省金融运行；五是要以优化金融生态环境来“护航”江西金融体系；六是要以金融科技为支撑提升区域金融运行效率；七是要以制度和资源为支撑强化江西金融体系韧性；八是要以普及金融教育提升区域金融软实力；九是要坚持和加强党对构建现代金融体系的领导。

【关键词】现代金融体系；科技金融；普惠金融；绿色金融；创新

*　吴志远　省委党校经济学教研部主任、教授
刘超勇　省委党校经济学教研部讲师

为全面落实习近平总书记视察江西重要讲话精神，书写好全面建设社会主义现代化江西的精彩篇章，江西省第十五次党代会提出建设“六个江西”的未来五年奋斗目标，其中，“全面建设创新江西，发展动力得到新提升”居于首位。全面建设创新江西，是省委、省政府着眼全面建设社会主义现代化江西全局作出的重大部署，是江西把握发展机遇、赢得发展先机、掌握发展主动的长远之策。全省上下要进一步解放思想、开拓进取，大力推进以科技创新为核心的全面创新，在建设创新型省份上求突破。

毋庸置疑，构建现代化金融体系是全面建设创新江西的重要手段和关键抓手。省委、省政府已对江西省现代金融体系建设提出了方向、原则与要求。江西省第十五次党代会提出了“大力发展绿色金融、普惠金融、数字金融、科技金融、供应链金融和开放金融，实施企业上市‘映山红行动’升级工程、‘金融赣军’工程，提升金融服务实体经济能力”的明确要求。《江西省国民经济和社会发展第十四个五年规划和二〇三五年远景目标纲要》提出要“提升现代服务业发展水平”、“推动生产性服务业专业化发展”以及“大力发展绿色金融、普惠金融、科技金融、产业链金融、开放（型）金融等五大特色金融，深入实施金融赣军跨越工程、地方金融组织提升工程、‘映山红’企业上市工程、‘险资入赣’工程，完善和发展多层次的金融市场，打造区域性现代金融中心”。《江西省“十四五”金融业发展规划》对2021—2025年江西金融业高质量发展作出了更加系统详尽的科学安排。

课题组在深入调研的基础上，对现代金融支持创新江西建设进行了系统思考，形成如下研究报告：

一、创新江西建设离不开现代金融体系的支持

科技创新要面向经济主战场，要紧紧围绕产业链部署创新链。企业既是产业链的经济主体，更是创新链的科技主体，正如习近平总书记所指出的“企业应该成为技术创新决策、研发投入、科研组织、成果转化的主体”。企业是

创新链的关键环节和重要支点。企业强，则创新链强。企业承担着技术成果产业化这个“惊险一跃”的重大使命，只有越过这道“屏障”，创新链价值才能得以实现，创新链各主体才能获得激励与回报，创新链的稳定性及创新效能才会不断增强。不仅如此，唯有提升企业创新能力，企业与创新链其他主体之间才能形成更为稳固的创新联盟和利益联盟，产学研协同创新局面才能逐渐形成，创新链的活力也由此不断增强。因此，企业应注重培育自主创新能力和完备的创新体系。与此同时，还必须加强与创新链各主体尤其是金融系统的协作，以充分发挥创新链的整体系统优势。企业科技创新是一个持续高投入的过程，且面临极大的不确定性，这便对金融供给侧结构性改革提出了迫切要求。随着世界科技革命和产业变革的演进，促进科技开发、成果转化和高新技术产业发展的一系列金融产品与服务、金融制度以及金融政策，即现代金融体系应运而生，金融的资源配置、风险管理、激励约束以及价值发现等功能不断增强。现代金融以培育高附加值产业、提升经济竞争力为核心目标，体现在科技创新企业整个生命周期的融资过程之中，已成为世界现代金融发展的主要形态和主流趋势。

“十三五”时期，我国就已制定和实施了“健全支持科技创新创业的金融体系”的战略举措，科技金融产品和服务创新、金融与科技间的协同发展均迈出了历史性步伐，有力地拓展了我国创新驱动发展新境界。这一时期，江西省也十分注重发展现代金融体系，先后探索运用“科贷通”、引入风险投资机制以及设立省级科技创新基金等方式培育和发展高科技企业，为我省高质量跨越式发展作出了重大贡献。然而，与国内发达地区相比、与全面建设创新江西的目标要求相比，江西省现代金融发展还处于起步阶段，发展不平衡、不充分问题仍较突出，主要表现为：现代金融治理体系还不够健全；现代金融服务体系还不够完备。比如：融资方式单一，间接融资占绝对主导地位，天使投资、风险投资发展滞后，投贷联动机制尚未健全，科技保险发展滞后，科技担保体系不够健全，金融科技现代化水平仍较低，高端金融人才依然较为短缺，等等。

明晰江西现代金融体系的内涵与特征是发现江西金融体系存在的问题、

确立江西现代金融体系发展目标进而构建江西现代金融体系的前提。

江西现代金融体系应是一个拥有完备功能、与江西高质量跨越式发展（创新发展）相适应，且具备统筹区域内外发展、统筹区域发展和安全、统筹疫情防控和区域经济社会发展能力的金融运行体系。

值得强调的是，江西现代金融体系并不等同于江西现代金融业、现代金融机构体系或现代金融供给体系，而应是江西现代金融运行体系。“运行”的外延远大于“机构”“供给”等范畴，它关注的是金融市场总体框架及其运行机制、活力、效率。

基于上述理解，江西现代金融体系应具有金融规模结构合理、地方金融组织健全、金融空间布局协调、金融生态健康有序（金融基础设施完备）、金融韧性强劲有力、货币政策传导顺畅、金融功能完备有效、金融教育普及完善八大特征。其中，“金融生态健康有序”涵盖了“金融基础设施完备”。前五个是基础性特征，而第六、七个则是由前五个功能派生出来的特征。前七项功能侧重于金融供给端，而第八项功能则侧重于需求端，因为金融教育是激发社会有效金融需求的重要因素。

二、江西金融体系发展状况分析

目前，不少研究机构纷纷关注我国区域金融发展状况，其中也有涉及对江西金融发展水平的评价，尽管所使用的评价指标不尽相同，所得出的部分结论却颇为相似，比如，我国区域金融发展水平不平衡的问题依然突出、各省金融实力分化程度仍在加剧、江西金融发展水平处于全国中偏后位置等。本报告拟从以下六个方面详细分析江西金融体系运行现状。

（一）规模偏小与结构欠佳并存

规模与结构是衡量江西金融发展水平的两大重要因素，也是本报告分析的重点内容。

近年来，江西省金融发展呈现量质双升的良好态势：（1）2014—2019 年，江西金融机构本外币涉农贷款余额在 31 个省（自治区、直辖市）中排名从第

15 位上升为第 10 位。2019 年，江西金融机构本外币各项贷款余额排名在 31 个省（自治区、直辖市）中第 17 位，而涉农贷款占比排名第 5 位[①]。（2）2020 年，江西新上市公司家数、市值在全国排名均为第 11 位。这说明，江西省“映山红行动”还是颇有成效的。2020 年江西区域性股权市场筹资金额与成交金额在全国排名均为第 6 位。2017—2020 年，江西交易所市场债券发行额排名明显上升，从 2017 年的第 25 位上升至 2020 年的第 12 位。私募基金发展也较为迅速。2018—2020 年，江西省私募基金管理人数量、管理基金数量以及管理基金规模在全国各省排名均列 13 位前[②]。（3）江西省小额贷款业发展总体稳定，处于全国中等水平。2010—2019 年，江西小额贷款公司实收资本在 31 个省（自治区、直辖市）中排名总体稳定，处于 14—15 位左右；贷款余额也处于 14—15 位左右[③]。

但是，发展不充分不平衡也即“规模偏小、结构欠佳”的问题依然存在，分析如下：

1. 规模偏小。课题组运用国家统计局、中国人民银行、“EPS 全球统计数据 / 分析平台”以及《中国证券期货统计年鉴》相关数据进行分析，具体如下：

2010—2020 年，江西金融业增加值在 31 个省（自治区、直辖市）中排名有显著进步，从 2010 年第 26 位上升为 2020 年第 18 位，且较为稳定（2018 年、2019 年、2020 年连续三年均排名第 18 位）；金融业增加值占国内生产总值之比排名从 2010 年第 31 位上升为 2021 年第 21 位。但总的看，排名仍均靠后。

传统银行业是江西金融的主力军，但从国内横向比较看，其规模体量也并不够大。2010—2019 年，江西银行业金融机构存款余额在 31 个省（自治区、直辖市）中排名从第 21 位上升至第 17 位，贷款余额排名从第 22 位上升至第 17 位，上升趋势虽较稳定，但排名均为中偏下。

---

① 根据《中国金融年鉴》数据整理而来。
② 根据《中国证券期货统计年鉴》数据整理而来。
③ 根据国家统计局相关数据整理而来。

2. 结构欠佳。从业态上看，近年来，江西金融结构正在不断优化，尤其是江西绿色金融发展已取得明显成效。根据中央财经大学绿色金融国际研究院的分析，2019 年 7 月 1 日至 2020 年 6 月 30 日，全国 31 个省份绿色金融发展指数评价得分的排名中，江西位于全国前列，处在第 4 位。然而，江西省金融结构问题尚未得到根本改善：

（1）从融资结构看，2013—2021 年，江西社会融资规模增量中贷款占比始终居于主导地位。2011—2020 年，江西上市公司数在全国排名居于 19—21 位之间，2018—2020 年，股票市场（A 股）筹资方面，江西排名分别列第 22 位、第 26 位、第 18 位。2018—2020 年，江西新三板市场挂牌公司数在全国排名均为第 17 位，股票发行筹资额排名分别为第 21 位、第 15 位、第 26 位。江西股票市价总值在 31 个省（自治区、直辖市）中排名总体呈下降态势，从 2010 年的第 17 位下降至 2014 年的第 26 位，然后逐年上升至 2019 年的第 23 位。总的来看，排名均靠后。

（2）江西省金融业态发展不协调的问题依然突出，保险、期货、基金等行业发展仍较缓慢。2010—2019 年，江西全部保险机构保险费收入在 31 个省（自治区、直辖市）中排名总体稳定在第 17—19 位；保险密度在第 24—25 位之间徘徊；保险深度在波动中呈下降态势，从 2010 年的第 21 位降至 2019 年的第 24 位。总的来看，排名也均靠后。2012—2020 年，江西期货经营机构数在全国排名列第 23 位，江西商品期货交易的成交金额与成交量排名均在第 19—21 位。总体也较靠后。

（二）地方法人金融组织亟待实现跨越提升

1. 地方金融组织（“金融赣军”）规模实力仍较弱。江西省现有地方金融组织 600 余家，名称或经营范围中含有“投资”等字样的企业 3 万余家，主要类型有：以江西银行为代表的城商行系统、江西省农村信用社、小额贷款公司、融资担保公司、典当行、融资租赁公司、商业保理公司、地方资产管理公司、区域性股权市场和地方各类交易场所、开展信用互助的农民专业合作社，以及法律、行政法规规定和国务院授权省人民政府监督管理的从事相关金融业务的其他组织。

除资金实力较为雄厚的传统持牌金融机构（如以江西银行为代表的城商行系统、江西省农村信用社）而言，江西省其他地方法人金融机构大多仍处于起步阶段。比如，根据《中国证券期货统计年鉴》，按注册地所在辖区统计情况看，我国证券期货经营机构的空间分布差异极为明显，这些机构主要分布在上海、广东（深圳）、北京三地，江西省仅有两家证券公司（江西监管辖区内证券公司分公司共49家，在全国占比仅为2.51%），江西省尚无基金管理公司，仅有1家期货公司。另外，省属保险公司数量少（仅1家财险公司），省市骨干融资担保机构布局尚未形成，融资租赁行业前景广阔但公司数量少且资本实力不强，省属资产管理公司资本实力不强与“走出去”乏力并存，区域性股权市场（江西联合股权交易中心）的综合服务功能还有待增强，省市两级国有资本投资运营机构自身实力与带动社会资本能力亟待提升，省市县三级联动的产业引导与投资基金体系亟待建立，等等。

2. 地方法人金融机构（“金融赣军”）公司治理问题依然突出。无论是城市商业银行还是农村信用社，在公司治理方面都存在一些突出问题。

（1）城市商业银行公司治理存在的共性突出问题。尽管在2021年银保监会所开展的银行业保险业公司治理评估以及股权和关联交易整治过程中，并未涉及我省城商行，但“大股东控制”与“内部人控制”等隐患依然存在，具体来说，党委前置研究重大经营管理事项的落实、大股东违规干预经营管理、董事会战略管理水平难以适应新形势新要求、监事会监督作用发挥不足、内部问责机制不够健全、合规内控仍不够完善等情况仍值得关注。

（2）农村信用社治理存在的共性突出问题。目前，江西农村信用社（农商银行）资产总额突破1.1万亿元，业务规模稳居全省金融机构首位，在全国农村信用社系统排名第11位。毋庸置疑，农信社系统的治理体系与治理能力提升对全省金融业发展具有重大意义。

上述城市商业银行公司治理中的潜在问题也不同程度地存在于农村信用社系统。除此以外，全省农村信用社（农村商业银行）公司治理还存在一些较为特殊的问题，如股权分散问题较为突出，部分股东社会声誉、诚信记录、纳税记录、财务状况等难以符合法律法规和监管规定，甚至部分股东涉诉、涉黑、营业执照处于非正常状态等现象也时有发生，等等。

另外，我省部分小额贷款公司股东结构也亟待优化。

（三）各地发展不协调、不平衡

课题组根据《江西省统计年鉴》相关指标、数据进行计算分析发现，全省 11 个设区市 2011—2020 年末存贷款余额逐年同比增速均比较接近。这是江西省各地区金融发展协调性的主要表现，然而，不协调、不平衡的问题依然存在，这已在很大程度上限制了我省金融整体效能。具体来看，主要表现在以下四个方面：

一是从动态上看，各地金融发展态势不一、步调不协调。比如，吉安近两年公司上市步伐较快，鹰潭起点较好但多年来却没有新的进展（2011—2020 年，上市公司数量不变，在全省占比则不断下降），九江长期没有突破（2011—2019 年无上市公司，2020 年成功上市仅 1 家），南昌则增速不快（从 2011 年 17 家增至 2020 年 22 家）、在全省的占比下降较为明显（从 2011 年 54.8% 降至 2020 年 40.0%）。

二是从当前情况看，金融首位度、集聚度不高，江西省尚无功能完备的区域性金融中心。中部地区金融发展水平在我国四大板块中一直处于弱势，而在中部六省中，南昌金融并无竞争优势，比如，合肥、太原、长沙 2020 年末金融机构本外币存款余额分别是南昌的 1.37、1.07、1.68 倍，合肥、郑州、长沙 2020 年末贷款余额分别是南昌的 1.14、1.78、1.51 倍，2020 年合肥上市公司数是南昌的 3.41 倍。

三是业态上看，各地金融同质化仍较为明显，缺乏特色金融与金融创新。国有大型商业银行、政策性银行、城市商业银行、农村信用社、国有大型保险公司等分支机构均衡分布在我省各市县，且占主导地位，这些分支机构业务大多雷同，同质化色彩明显，今后要鼓励各地结合实际进行多层次、多元化金融创新，比如在生态产品价值实现中发展绿色金融、结合鄱阳湖自主创新试验区推动科技金融发展、结合赣南等原中央苏区振兴战略的实施大力推进普惠金融发展等。

（四）金融生态环境有待改善

金融生态环境包括区域经济、法律法规、社会信用体系、会计与审计准则、中介服务体系、企业改革的进展及银企关系等方面的内容，其中，涵盖了部分金融基础设施内容。金融基础设施是为各类金融活动提供基础性公共服务的系统及制度安排，在金融市场运行中居于枢纽地位，如支付清算体系、征信系统、反洗钱监测系统以及金融法律环境、会计准则、信用环境、定价机制、规则体系等。

根据中央财经大学绿色金融国际研究院的分析，2019 年 7 月 1 日至 2020 年 6 月 30 日，全国 31 个省份金融生态整体水平排名中，江西处在第 14 位。然而，江西在该评价体系的得分却并不够理想，江西（49.24 分）与排名第 1 位的北京（80.59 分）之间差距高达 31.35 分，而江西与排名第 28 位的新疆（40.58 分）之间的差距仅为 8.66 分，与排名第 31 位的西藏（33.64 分）之间差距仅为 15.60 分。

一方面，江西省金融业法人单位数呈下降态势迫切要求大幅改善区域金融生态环境。2014—2019 年，江西金融业法人单位数在 31 个省（自治区、直辖市）中排名呈明显下降态势，从 2014 年第 15 位下降至 2019 年第 23 位，数量也明显减少，从 2014 年的 3076 个下降至 2019 年 1670 个，与之形成鲜明对比的是，广东、北京、上海、浙江等省（市）的金融业法人单位数却大幅增加。另一方面，江西辖内银行业贷款质量问题迫切要求大幅改善区域金融生态环境。2010—2019 年，江西辖内商业银行不良贷款余额在 31 个省（自治区、直辖市）中排名从 2010 年第 20 位上升至 2018 年第 10 位，2019 年又降为第 17 位；不良贷款率波动较大，排名从 2010 年第 16 位上升至 2014 年第 2 位，此后逐年下降，2019 年为第 15 位。

（五）金融脆弱性不容忽视

客观地讲，目前我省金融领域安全隐患依然是存在的，主要有：一方面，因新冠疫情反复，我省产业链供应链面临着挑战，给银行业、保险业、征信、融资租赁等带来的压力不容低估；另一方面，因资本金规模小、公司治理不健全，不少地方法人金融机构仍处于高风险运营状态；再一方面，《江西省地方金融监督管理条例》实施时间较短，各方适应能力仍亟待提高，地方监管体制机制亟待优化，地方监管人才队伍、资源状况的改善也迫在眉睫，要围绕提升穿透性监管水平加强监管能力建设。

（六）货币政策传导效率亟待提升

这是当前和今后一个时期江西现代金融体系建设须重点考虑的问题。党中央要求持续实施稳健的货币政策，并做到灵活适度，保持流动性合理充裕。显而易见，这对货币政策传导提出了非常高的要求。

应该看到，江西货币政策传导效果呈现日益改善态势，2013—2021 年第三季度，江西社会融资规模增量在 31 个省（自治区、直辖市）中排名呈现明显的上升态势，从 2013 年的第 19 位上升至 2021 年前三季度的第 13 位。

考虑到间接融资在较长时期内仍将是我省社会融资体系的主体，从贷款方面衡量评估货币政策传导是非常必要的。总的来看，总量传导效率一般，而部分领域呈现较高的结构性传导效率。分析如下：从名义经济增速与贷款指标比较看，2021 年江西名义增速 14.86%，2021 年末江西各项贷款余额同比增速为 13.2%。贷款增速低于 GDP 名义增速，说明货币政策总量传导效率一般。然而，2021 年末江西普惠型小微企业贷款余额同比增速为 23.0%，2021 年 10 月末江西涉农贷款余额较年初增长 10.8%，2021 年前三季度江西绿色贷款余额同比增长 39.5%，这三个指标均远高于同期江西 GDP 名义增速，说明货币政策传导呈现结构性优势。

总的来看，从政策传导的精准性上看，区域经济重点领域和薄弱环节融资难、融资贵等难题还有待进一步破解，特别是：一方面，从社会融资规模存量看，江西货币政策传导仍有改善空间；另一方面，人民银行南昌中心支行在用足用好再贷款再贴现等货币政策工具、积极引导金融机构提供差异化、特色化、精准化金融服务方面，还有一定改善空间。

三、多措并举，推动构建江西现代金融体系

（一）要遵循可比性、参照高标准、因地制宜培育江西金融竞争优势

未来五年，应在可比原则下（原有基础接近、地缘关系密切）选取若干参照系，综合对比、借鉴多地金融发展经验，做到博采众长。同时，要因地制宜，以江西经济社会发展为依据，坚持需求引导供给，不断强化江西金融竞争优势，逐步形成江西金融现代化的独特路径与发展经验。

1. 以湖北、安徽为参照，充分借鉴两省金融发展经验。之所以选择湖北、安徽为发展参照系，主要是因为三省之间地缘关系密切、人文历史相似、工业化城市化进程接近、金融供给基础与金融市场需求类似等，因而具有可比性。同时，湖北、安徽两省金融发展水平均明显高于江西，其金融业态结构、空间布局、政策安排及其演进过程等均具有重要的参照价值。

2. 因地制宜，在全面建设社会主义现代化江西进程中谋划构建江西现代金融体系，将区域现代化金融体系建设融入“创新江西”建设系统工程。

（二）要以区域金融中心建设为引领带动江西金融发展进入快车道

根据必要性和可行性，要在“一圈引领、两轴驱动、三区协同”的区域发展蓝图上发挥比较优势、优化金融地理结构、谋篇布局江西金融各业态，形成各有特色、竞争互补的良好发展态势。在此基础上，逐步打造我省金融“一中心、多支点”的新发展格局。

1. 发展区域“金融支点”。以赣江新区绿色金融改革创新试验区、抚州国家生态产品价值实现机制试点市为主战场，深化绿色金融发展，为全省乃至全国绿色金融发展提供一系列可借鉴、可复制的制度安排和经验做法。以鄱阳湖国家自主创新示范区为载体、以构建“政产学研用金”相结合的创新体系为方向，全面打造江西科技金融新体系。以赣州、吉安普惠金融改革试验区为载体，创新打造普惠金融全国样板。以江西省四大综合保税区为载体，培育打造我省开放金融新业态、新支点。

2. 打造区域“金融中心”。在上述“支点”建设的基础上，根据必要性、

可行性，创新政策举措，尽快将南昌打造成为全省区域综合性金融中心，以强大的金融功能辐射和服务全省。

（三）要以强化金融功能为导向推动江西金融规模扩张与结构优化

1. 基础与支柱：健全多层次、完备性信贷市场，提升间接融资效率。从未来较长时期看，信贷市场仍是江西省金融市场的主体，也是货币政策在江西省有效传导的主渠道，因此，进一步提升江西省信贷市场运行效率至关重要，而培育健全的多层次、完备性信贷市场主体则是根本路径。

（1）培育多层次信贷市场主体框架。为更好适应多样化融资需求，需要构建大中小规模各异以及功能互补的多层次银行业和非银行业机构体系。从现有银行业结构和未来发展空间看，未来应以培育壮大地方法人中小型银行业和非银行业金融机构（“金融赣军”）为主（服务定位于以普惠金融业务为核心与基础，以绿色金融、科技金融、供应链金融等为支柱），以提升全国性股份制商业银行省域覆盖率（服务定位于以绿色金融、科技金融、供应链金融、数字金融以及开放金融等为根本，以普惠金融业务为补充）、建设国有商业银行地方特色支行（基于自身各自优势及长期植根于江西的实际，以大型项目、特色金融、开放金融、供应链金融为主导）以及政策性银行（三家政策性银行分别定位于农业开发、大型项目开发、进出口业务）为辅的模式，由此，进一步健全特色鲜明、优势互补的江西多层次信贷市场。

（2）打造完备的信贷市场主体结构。除上述银行业与非银行业金融机构外，完备的信贷市场还需要大量的中介主体的参与，完善融资增信机制，缓释民营及小微企业抵押物少、信息不对称矛盾，提升银行信贷投放意愿。由此可见，如何强化这些中介机构及其功能，对提升江西省信贷市场功能至关重要。

（3）要充分发挥中长期信贷在促进科技成果转化及产业化中的基础性作用。鼓励和引导银行业金融机构设立科技支行或科技金融事业部，建立适合科技型企业特点的贷款风险评估、授信尽职和奖惩制度，大力开展知识产权质押融资、股权质押融资以及创业担保贷款；推动发展科技型企业投贷联动业务；

改革财政科技经费使用方式，扩大科技信贷风险补偿基金规模以夯实“科贷通”基础，加快完善科技创新融资政策性担保体系，进一步充实江西省科技企业转贷基金，加大科技贷款贴息力度，从总体上提升我省科技信贷水平。

（4）加强和改善地方党委对信贷市场及其运营主体的领导，着力加强地方政府与信贷市场主体间的沟通协调与政策支持。

2. 重点与突破：利用多层次资本市场，扩大直接融资规模。大力发展证券业，培育地方法人创业投资基金，增强区域性股权市场（四板市场）服务功能，助推江西省企业直接融资。

（1）支持江西省证券业高质量发展。鉴于现有基础和国内证券业竞争态势，未来我省证券业发展总体方向应是培育4—5家具有行业或区域影响力、业务特色鲜明、与区域产业高度融合的精品券商，在此基础上，通过自身积累或兼并重组，打造1家全国大型综合类券商。

（2）实施江西省创业投资倍增计划。一方面，制定并实施鼓励国内外创业投资基金投资江西省新兴产业（如新能源、生物医药、新材料、VR产业等）的实施意见。另一方面，启动地方法人创业投资基金培育计划。为缓解初创企业“融资难”问题、帮助初创企业提升治理水平，加速江西省产业转型升级，要尽快制定促进江西创业投资高质量跨越式发展的实施意见，重点从以下几方面予以推进：建议省、各设区市及赣江新区结合自身实际与条件，依托省发展升级引导基金，分别设立规模不同、功能明确、特色鲜明的政府创业投资引导基金（如设立鄱阳湖自创区科创基金），以撬动引导专业机构风险投资；借鉴合肥经验，参照江西省物联网创投发展基金设立与运营模式，发挥国有资本投资运营平台作用，统筹规划国有金融资本战略布局，直接设立省、设区市级国资创业投资企业，充分释放国资创投活力；推动创业投资与多层次科技金融服务体系联动发展；推动创业投资和产业发展、区域发展形成合力；加强人才和政策保障；健全创业投资服务体系；加强创业投资行业自律和协会建设；等等。

要尽快出台省级地方性法规和政策，鼓励发展股权投资业，对投向种子期、初创期等创新活动的投资，加大落实相关税收支持政策力度；深入探索创新政府资金支持方式，充分发挥我省科技创新基金、科技成果转化基金、中小企业创新基金、战略性新兴产业发展基金等的引导作用，带动社会资本投入，不断壮大江西省天使投资基金和风险投资基金规模，进而建立天使投资和风险投资网络及协作平台，升级科技金融孵化器；深入实施企业上市“映山红行动”计划，既可完善风险投资退出机制，又可充分利用资本市场上风险资本的效能。

（3）增强区域性股权市场（江西联合股权交易中心）服务功能。江西省应以“培育中小微企业规范发展，并将其引入更高层次资本市场”为功能定位，以“在规范化发展前提下，增加交易活跃度和市场参与度”为导向，以“江西省区域股权市场区块链信用服务平台”建设为契机，以“将金融科技、监管科技创新应用于份额转让领域，构建基于区块链的区域股权市场基础设施”为支撑，参照新三板基础层要求设立板块层次，并建立分层分类服务体系，为优质企业成长、地方经济发展提供综合金融服务，导入企业挂牌、融资服务、上市培育、交易转让、托管登记、转板上市、管理咨询等“一揽子”定制服务，尤其要通过自身平台优势整合区域内的金融要素，丰富中小微企业融资渠道，例如通过银企联动、投贷联动等将银行、证券、担保、小贷及创投等金融公司进行资源配置，实现优势整合，帮助中小微企业解决融资难题。

3. 难点与增量：发挥保险业作用，推动保险业发展。加强保险机构建设、提升保险深度、增强保险密度、强化险资投资，推动保险业稳中求进，拓展保险业发展新空间。

要发挥保险在经济补偿、防灾减损、资金融通等方面的功能，推动风险减量管理，支持产业转型和创新升级，是江西高质量跨越式发展的迫切需要。

要统筹地方法人保险机构新设、建设与国内外知名保险公司、保险中介机构的引进，丰富保险产品，扩大保险供给，提高保险渗透率，扩容区域保险市场，扩大保费规模，不断完善我省保险生态。

要强化科技保险激励政策，进一步创新探索科技主管部门科研经费使用方式，继续推行科技保险保费补贴制度；研究保险资金支持江西省重点产业科技创新的机制与举措，探索保险资金参与江西省国家高新技术产业开发区基础设施建设、战略性新兴产业培育的方式方法。

（四）要以金融基础设施建设为依托保障我省金融运行

金融基础设施建设是一个长期系统工程，涉及如法制法规、征信与评价、会计统计制度、支付清算系统等诸多方面。除了支付系统这一具有天然的集中性和统一性的金融基础设施外（不存在国家级和地方性基础设施之分），江西省要基于问题导向、权限范围，加快补短板、强弱项，尽快部署具有地方特点与要求的金融基础设施建设相关工作，推动形成布局合理、治理有效、先进可靠、富有弹性的金融基础设施体系。

1. 大力推进区域金融中心（南昌）金融基础设施建设。为打造金融机构日益聚集，金融市场日趋繁荣，金融业态创新发展，金融辐射力和影响力不断增强的区域金融中心，必须以超常决心、超强力度建设金融基础设施。南昌金融基础设施建设必须走在全省前列，并为全省金融基础设施建设创造经验、树立典范。南昌还要发挥引领作用，将成功经验在省内各地区渐次复制，推动全省金融基础设施互联互通，进而推动全省金融一体化进程。

2. 探索创新特色金融基础设施建设。要以打造赣江新区绿色金融改革创新试验区、赣州市、吉安市普惠金融改革试验区、鄱阳湖国家自创区（建议申建“鄱阳湖国家自创区科技金融改革试验区”）等几个重要金融“支点”为契机，在完善统一共性金融基础设施的基础上，探索推进各具特色的金融基础设施建设，为各具特色的金融业态提供坚实基础。

3. 大力推进农村金融基础设施建设。一是农村数字金融基础设施建设迫在眉睫。要进一步提高我省农村移动通信和互联网的覆盖面和可达性，并在此基础上，支持各类支付服务主体开展农村地区业务，大力推动移动支付等新兴支付方式的普及应用；规划建设大数据应用平台，利用区块链、大数据等技术，加强对涉农客户信息及信用数据的整合和积累，建立农户和新型农业经营主体的数字化信用评级和授信系统，创新涉农经营主体的信用评价模式和行为模式跟踪机制，实现涉农信息实时共享和动态更新。二是加强农村金融机构物理网点改造升级、数字化转型。制定网点转型规划，对部分老旧网点进行升级改造，同时，结合市场需求发展变化适时调整物理网点布局。

（五）要以优化金融生态环境来“护航”江西金融体系

周小川曾指出，“金融生态”是一个比喻，它指的主要不是金融机构的内部运作，而是金融运行的外部环境，也就是金融运行的一些基础条件。结合江西情况，今后主要应从下面几方面培育金融生态环境：

1. 要深入推进营商环境“一号改革工程”。营商环境是金融市场赖以依存的根基，营商环境改革是一场深刻的体制变革和制度创新，是一项基础性、战略性、系统性工程。我们要以“第一等”的标准，全面打响“江西办事不用求人、江西办事依法依规、江西办事便捷高效、江西办事暖心爽心”营商环境品牌，争当全国政务服务满意度一等省份，让江西成为要素集聚的“磁场”、企业发展的“沃土”、投资兴业的“宝地”、现代治理的“范本”。

2. 要建立良好的法律和执法体系。要提高司法效率，缩短司法部门处理各种案件的时间，优化各种流程，为金融主体的法律申诉提供便利。要依法行政，特别要健全地方政府依法适度举债机制，防范化解地方政府隐性债务风险，完善隐性债务化解情况常态化核查机制，同时，防止司法过程中的行政干预。重点是要研究推进企业破产地方立法配套。

3. 要深入实施《江西省社会信用条例》。要通过清单制管理落实信用奖惩机制这两大社会信用体系运行的核心机制。抓紧研究制定江西省守信激励措施清单与失信惩戒措施补充清单，以推动全省守信激励和失信惩戒工作依法依规开展，提升全社会诚信建设的法制化水平。

4. 加强金融消费权益保护。深入开展金融知识普及活动，实现江西省各地尤其是农村地区金融宣教全覆盖。加大金融消费权益保护宣传力度，增强金融消费者的风险意识和识别违法违规金融活动的能力。规范金融机构业务行为，加强信息披露和风险提示，畅通消费者投诉的处理渠道。

5. 要提升中介机构（律师事务所、会计师事务所、评级机构等）的专业化服务水平。择优引进资产评估、会计、审计、律师、公证、评级等中介机构，支持本地优质中介服务机构发展壮大、做优做强。加强金融中介行业管理，规范执业行为，强化行业自律。推动金融中介机构开展服务创新，提升专业能力，塑造综合性、行业性、区域性金融中介机构品牌。

（六）要以金融科技为支撑提升区域金融运行效率

当前，区块链技术、大数据、云计算、人工智能、移动互联加速向金融领域渗透，我省金融机构要抓住金融科技发展的新机遇，实现自身转型升级，增强对小微企业的服务能力、加快发展供应链金融、提升风险防范的能力。

建议新建打造赣江新区金融科技产业园，引进具有国内外影响力的金融科技研究机构和在国内具有行业龙头地位的金融科技企业，加快推进区块链技术的开发应用、推动人工智能在金融领域的应用、加快推进行业大数据的融合应用、积极推动云计算的创新应用。

建议率先在南昌开展金融科技应用试点，同时鼓励其他市县根据自身定位特点在细分领域发展金融科技，坚持合规应用原则，以任务带动和提升金融科技的场景应用，重点在数字普惠金融、基于区块链技术的应用场景、支付结算应用、在供应链金融领域的应用、政务数据和金融数据的融合共享、在保险领域的应用等方面拓展空间。

支持江西省地方法人金融机构设立金融科技事业部或金融科技子公司，鼓励深化与金融科技企业合作，以市场化方式促进应用技术研发和科技成果转化，加快构建以金融科技为核心的金融服务产业链。

深化政府有关部门、高校、科研院所、金融机构以及金融科技企业之间的合作，强化金融科技基础教育和应用培训，培育多层次金融科技人才队伍。

（七）要以制度和资源为支撑强化江西金融体系韧性

1. 优化地方金融监管体制机制。省政府应组织地方监管机构认真学习研究，并密切关注中国人民银行牵头起草的《地方金融监督管理条例（草案征求意见稿）》动态，尽快贴近顶层设计要求，前瞻性布局，加强与央行等中央监管机构的协调，推动江西省监管体制机制改革先走一步、走快一步，全面维护和巩固全省金融经济安全。

一是要确立央地金融监管原则。即坚持金融管理主要是中央事权，地方金融监管为有效补充；坚持促发展和防风险并重，正确把握金融发展和金融监管的关系；坚持协调配合，共同做好金融政策的落地见效。

二是要发挥地方积极性主动性。在坚守中央金融管理部门对各类金融机构和金融活动制定统一的规则的前提下，明晰并强化省政府对小型金融机构（“7+4”类机构）的准入和监管职责（尤其是对各类复合型金融活动的性质认定和监管归属），尤其要加大对地方各类交易场所、开展信用互助的农民专业合作社、投资公司、社会众筹机构等四类机构，以及非法金融活动的监管。要建立地方金融风险监测预警机制，并加强对地方金融组织的非现场监督管理和现场检查。要强化地方金融风险处置能力。同时，还要加大对违法违规行为的处罚力度。

三是要切实加强金融监管协调。监管协调是最大程度发挥地方监管效能的关键和方法，须从以下两方面进行：从纵向看，要优化央地监管协调。省政府要充分利用中央金融委员会办公室地方协调机制（由人民银行南昌中支主要负责同志担任召集人，省银保监局、证监局、省外管局主要负责同志，省地方金融监管局主要负责同志为成员），建立地方政府金融工作议事协调机制，履行属地金融监督管理职责，并加强与中央金融监管的协作，畅通央地监管信息渠道，加强央地关于新兴金融业务的监管协调合作，完善金融风险处置机制。从横向看，要加强省内金融管理部门与各相关经济管理部门之间的监管协调。

2. 强化地方金融监管能力建设。为更好、更有效履行地方属地金融监管和金融风险处置权责，地方政府必须强化维护金融稳定的资源动员能力，并建立、完善省市县各级地方政府金融稳定资源贡献与分摊机制，确保牢牢守住不发生区域性金融风险的底线。

要加强省市县各级地方金融监管机构建设，强化责权匹配，强化各级地方金融监管机构能力建设，充实监管机构人财物资源，尤其要强化地方金融监管科技力量。同时，还须尽快建立地方金融监管职责评估和督导体系，确保地方监管机构合规监管、适度监管、科学监管，提升金融监管效率。

（八）要以普及金融教育提升区域金融软实力

发展多层次金融教育，对增强区域金融需求、提升区域金融供给、优化区域金融治理等均具有重要的基础性意义。金融教育是金融发展的基础工程，是金融供给侧结构性改革的重要内容。

1. 要尽快制定我省金融教育培训专项规划。全面提升国民金融素养是一项服务社会的“民生工程”，党中央、国务院高度重视并明确要求加强金融投资教育。

一段时期以来，国内各类金融机构、市场机构利用自身业务优势，通过营业网点、服务窗口、所属网站等渠道，通过安排投资者参加培训、调研、参观、座谈等形式，普及相关知识。这些实操性的短暂教育是必要的，但同时也存在许多不足，比如内容相对单薄、知识支离破碎、教育形式比较简单、大多为知识快餐、急功近利、传播范围不大、影响人群有限等。为此，各级地方政府有责任加强金融教育社会协同和资源整合，推动金融知识教育普及化、科学化、规范化、常态化。

普及金融教育、提升国民金融素养还是一项涉及国民经济和社会发展的基础性、战略性工程，国民金融教育培训又是一个多元化、多层次、复杂的教育体系（由学校基础教育、社会通识教育、金融机构教育宣传、财商教育等构成），需要进行全局性、长远性谋划部署，并整合各方优质资源、形成发展合力与激励机制，因此，制定专项规划迫在眉睫，要将其与江西省各级各类教育发展规划、党员领导干部培训规划、金融发展规划、区域与产业发展规划、社会事业发展规划等有效衔接起来，打通各类规划间的通道，要将金融教育培训规划全面纳入已有相关规划和各项事业中去，避免各种规划间的冲突，提高规划执行效率。

2. 打造“一极多点”省级金融教育示范基地和金融普及教育网络。要通过示范引领，以点带面，将金融教育与金融、经济、社会发展衔接起来，精心打造出别具一格、独具江西金融发展特色的“一极多点”省级金融教育示范基地和金融普及教育网络；要有效组织各方专业机构与力量，采取线上线下结合、以线下为主的方式进行教学培训，全面提升全省公民财商教育普惠化、专业化水平。

“一极”是指利用南昌的政治、经济、教育与金融资源优势，在红谷滩区打造全省核心金融教育示范基地，重点加强对全省中高级党政领导干部、大中型企业高管的金融教育培训，着力提升党政领导干部宏观金融管理能力、企业高管公司金融运营能力。

“多点”是指依托井冈山打造省级红色金融教育示范基地，并争创全国红色金融教育示范基地；依托赣江新区绿色金融改革创新试验区打造省级绿色金融教育示范基地；依托鄱阳湖自创区打造省级科技金融教育示范基地；依托赣州、吉安普惠金融改革试验区打造省级普惠金融教育示范基地；依托省内部分高校、中小学校打造省级金融基础教育示范基地，推进“金融知识进校园”，增强在校学生金融风险意识、提升学生的金融强国认识水平。

“网络”是指选择并依托部分社区、社会工作者打造全省金融普及教育网络，要增强教育的针对性、有效性和精准度，对不同的金融消费群体采用差异化教育方式，提高社会公众理财能力和金融风险防控意识。

3. 加强金融教育资源整合利用与规范力度。加强党对构建现代金融体系的领导，强化顶层设计，整合利用和规范一切有益于金融发展的金融教育资源。

一是要遴选、整合省内外党校、高校财经类专家学者、金融管理机构以及金融机构专业人员、高管和相关财富媒体专业人士等优质专业资源，组建专家讲师团，为江西省各类金融教育示范基地打造经济金融政策解读、宏观经济金融管理、政府与企业投融资实务等类型的前沿性、政策性、专业化课程与稳定的服务体系，并为地方党委、政府及企业提供定制化、专业化的决策咨询成果。

二是尽快组建江西省金融消费权益保护联合会，支持其与江西省社会工作协会积极对接中国金融教育发展基金会，并签署长期合作协议，充分发挥中国金融教育发展基金会在金融教育领域的先导作用和资源整合优势，围绕我省金融教育培训规划，重点与省级金融教育培训示范基地建设相结合（如条件允许、资源充足，也可适当突破上述省级金融教育示范基地的范围限制），多方联合发起各级各类、形式各异的公益性教育培训项目（如金融从业者、基层干部金融培训、社区特殊群体金融服务与金融纠纷化解课程、乡村新农人金融培训、乡村女性金融培训、大学生金融风险管理培训、农村中学生金融基础培训等），将有温度的、内容丰富的金融宣教活动引入我省并逐步打造区域性常态金融教育培训机制的品牌与典范，为我省各项事业发展增添内生动力。

三是要积极引入国内领先的头部财商教育服务平台，通过奖补政策对这一“重服务”新兴业态予以支持，要突破上述省级金融教育示范基地的范围限制，引导其开发符合江西特点、针对企业经营者、创业者、消费者（含投资者）、金融从业人员等各类群体实际状况需求的多层次、多元化、特色化、理财型培训课程体系和服务体验系统。值得强调的是，由于当前各地财商教育培训行业标准缺失、行业发展良莠不齐、监管乏力等问题仍较为突出，建议省政府市场监管、金融监管、教育管理等部门根据功能监管理念与原则，尽快建立多部门协同监管的框架，并强化行业自律，引导行业和机构从销售、培训、宣传等多方面合规守法经营，履行好社会责任。

最后，需要强调的是，要坚持和加强党对构建现代金融体系的领导。习近平总书记指出：“必须加强党对金融工作的领导。”要坚持党中央对金融工作的集中统一领导，并根据属地原则建立和完善地方党委总揽全局、协调各方的金融工作领导体制机制，着力抓好江西现代金融发展顶层设计，以党的领导赋能现代金融治理。

现代金融是个“综合体”，涉及金融监管、科技、财税、金融机构、企业以及相关社会组织等多方利益，因此，要在省级层面建立党委领导下的跨部门治理体制机制，可考虑建立现代金融治理委员会及现代金融公共服务平台，负责组织、协调、指导、信息服务与评估，全面落实现代金融顶层设计。

参考文献：

[1]习近平在全国金融工作会议上的讲话[N].人民日报，2017-07-16(001).

[2]吴晓求，许荣，孙思栋.现代金融体系：基本特征与功能结构[J].中国人民大学学报，2020，34(01)：60-73.

[3]马骏.论构建中国绿色金融体系[J].金融论坛，2015，20(05)：18-27.

[4]吴志远.我国绿色金融研究现状评析与展望[J].湖南社会科学，2020(05)：58-63.

[5]吴志远.对我国农村绿色金融发展模式和路径的思考[J].中国井冈山干部学院学报，2017，10(05)：118-124.

[6]吴志远.在乡村产业振兴中推动农村金融发展[N].中国经济时报，2021-11-15(004).

[7]吴志远.我国农村普惠金融发展中的协同机制研究[J].理论月刊，2019(05)：127-133.

[8]吴志远.新时代中国共产党金融工作领导制度建设初探[J].中国井冈山干部学院学报，2020，13(01)：105-113.

增强江西科技创新力研究

万高隆　于世梁　罗　天　邱祥阳　钟莉君*

【摘要】 科技创新是国家（地区）科技进步、产业发展的重要驱动力量。具备强大的科技创新能力，能够为增强综合实力提供强大支撑、为高质量发展提供强大牵引、为人民过上美好生活积极赋能。近年来，江西通过实施创新驱动发展战略，整体科技创新力不断提升，但研发投入偏低、重点高校缺乏、高能级创新平台偏少、科技创新人才不足等依然制约着江西科技创新力的提升。增强江西科技创新力，要在加大科技投入、聚集创新人才、发展数字经济、加强技术协作、构建良好创新生态等方面闯出一条新路。

【关键词】 创新力；科技创新；创新驱动；创新江西；创新型省份

一、增强科技创新力的重大意义

习近平总书记指出，我们需要在科技和创新方面拥有强大的实力，才能让中华民族伟大复兴的中国梦得以梦想成真。[①] 江西省委强调，要深入实施创

---

* 万高隆　省委党校文化与科技教研部主任、教授
于世梁　省委党校文化与科技教研部副教授
罗　天　省委党校文化与科技教研部副主任、副教授
邱祥阳　省委党校文化与科技教研部副教授
钟莉君　南昌市委党校文化与科技教研室副主任、讲师

① 习近平.在中国科学院第十九次院士大会、中国工程院第十四次院士大会上的讲话（单行本）[M].北京：人民出版社，2018：2.

新驱动发展战略、科技强省战略、人才强省战略，全力以赴打造中部地区重要区域科技创新中心，加快建设具有更强竞争力的创新江西。[①]科技创新力是国家（地区）发展的核心动力，科学技术能够为增强综合实力提供坚实支撑，为实现高质量发展提供强劲动力，为改善人民群众生活提供重要保障。

（一）科技创新为综合国力提供强大支撑

经济实力是综合国力指标的基础要素，经济实力强可以促进国家（地区）其他能力的提升。而经济实力的增强，离不开科技创新这个第一动力。对国家而言，科技创新为建设科技强国发展目标提供了强大支撑。对地区而言，科技创新能够为建设科技强省提供强大支撑。

1. 科技创新是社会生产力发展第一动力。“科学技术是第一生产力。”这里所说的“第一”不是字面上的“第一”和“第二”的意思，指的是“最重要”。综合国力的核心指标是科学技术，而科学技术的核心动能是科技创新力。习近平总书记指出，实现供给侧结构性改革，就要让全要素生产率得到提升，供给体系和需求结构要更加匹配。[②]党的二十大报告强调，要“着力提高全要素生产率”。全要素生产率是衡量经济发展质量的重要指标，它的提升标志着科学技术在经济发展中的贡献率不断增加，对于推动供给侧结构性改革，支持实体经济发展都有十分重要的意义。

2. 科技创新是综合国力提升的重要前提。党的二十大报告强调：“教育、科技、人才是全面建设社会主义现代化国家的基础性、战略性支撑。”科教兴国目标的确立意味着对综合国力有更高的要求，这就要求在科技创新方面具有较强的能力。我们在航天技术方面取得的重大突破，使我国航天强国梦向前迈进了一大步；我们在智能交通领域取得的重大科技突破，使得我国高速铁路纵横贯通，港珠澳大桥等一批国家重大交通项目得以建成。当前，面对百年未有之大变局和新的国内国际环境，我们必须掌握更多的关键核心技术，要在涉及

① 魏星，刘斐. 全力以赴打造中部地区重要区域科技创新中心 加快建设具有更大影响力更强竞争力的创新江西［N］. 江西日报，2022-08-19（01）.

② 习近平主持召开中央财经领导小组第十二次会议［N］. 人民日报，2016-01-27（01）.

国家核心利益的关键技术领域取得新的突破。

（二）科技创新为高质量发展提供强大牵引

高质量发展的核心驱动是实现科技方面的创新，科技方面的创新支撑着发展向着高质量方向前进。科技创新让发展在质量和效益方面更进一步，更是促进了可持续发展。

1. 科技创新是实现质量变革的力量支撑。实现高质量发展，功夫要下在"质量"上。尽管我国已经是世界第二大经济体，"中国制造""中国创造"的软硬实力随着经济社会发展有了长足的进步，但是我们的科技创新能力，对于助力企业转型升级、提高生产力与竞争力还存在较大差距，中国企业制造的产品依然不能满足人民对美好生活的需求。深化供给侧结构性改革，提升供给能力和供给对于需求变化的适应性，已成为高质量发展的关键一步。我们要通过科技创新，让自己的产品具有更高的技术档次和更好的质量，才能增强产品的供给能力。

2. 科技创新是实现效益提升的能力支撑。实现高质量发展的本质是要让效益得到提升。科技创新对经济效益提升具有积极的正向效应。我国要想在全球价值链分工中处于中高端地位和获得更高附加值，我们的企业要想具有更强的国际市场竞争力，必须要有较强的科技创新能力。因此，科技型企业应当在关键共性技术和颠覆性技术方面不断把握创新主动权，高质量参与全球价值链的分工。此外，应当将更多的新技术融入传统产业，把最新科技成果应用于传统产业的产能迭代、技术路径升级优化，才能促进传统产业向中高端发展，不断增强传统产业的竞争力。

3. 科技创新是促进绿色发展的关键动力。长期以来，我国依靠丰富的资源禀赋和充盈的人力资源，通过发展劳动密集型和资源密集型产业参与世界经济循环，走的是一条粗放型投入驱动经济发展的道路。薄弱的资源环境禀赋和自然资源跨代际过度使用，无法支撑经济持续增长。构建资源节约、环境友好的绿色生产方式、生活方式迫在眉睫。我们不能再走要素驱动的不可持续的老路，而应当通过深入实施创新驱动发展战略，让科技更多地促进经济的增长。

通过创新实现人与自然的和谐共生，不断突破资源与生态对经济发展的束缚，为实现经济高质量发展积极赋能。

（三）科技创新为人民美好生活积极赋能

通过科技创新，可以为人民群众提供更丰富、更优质的生活物质产品和精神文化产品，满足人民群众对高品质物质生活和高品质精神文化生活的品质型“美好生活需要”。

1. 科技创新提升人民群众的物质生活品质。中国特色社会主义进入新时代，以新材料、新能源、信息技术、人工智能、生物医药为代表的科学技术迅猛发展，把人们对美好生活的追求由量的积累转为质的变化。生物医药技术的发展，把人民群众的生命质量推上了新台阶；物联网、大数据、云计算、人工智能、北斗导航等技术的应用，给人民群众的生活带来了前所未有的高效和便利，让人民群众足不出户就能享受到高品质的服务。科技进步已经成为提升人民群众生命生活质量的主导力量。

2. 科技创新提升人民群众的精神生活品质。文化的繁荣发展总是与科学技术的发展相伴相随。回顾科学技术发展的历史，印刷术、广播、电影、电视、计算机、互联网等技术的广泛应用，为不同时期文化产品的生产、传播提供了重要的技术支持。进入新时代，中国实现了“文化科技化”与“科技文化化”的双向奔赴，科技创新在传播媒介、传播方式等领域有了突破性的发展。特别是以数字网络技术为载体的“网络文化”，使得网络文学、网络视频、网络直播等蓬勃发展，已经形成了百花齐放的发展格局。科学技术的进步，为提升人民群众的精神文化生活提供了强有力的技术支撑。

二、江西科技创新力的基本现状

近年来，江西通过实施科技创新“六个一”工程（2016 年）、创新驱动“5511”工程（2016 年）、研发投入攻坚行动（2016 年）、人才发展体制机制改革（2017 年）等科技创新工程和体制机制改革，创新型省份建设稳步推进，整体科技创新能力不断提升。

（一）主要科技创新指标

综合科技创新水平指数、研发经费投入、发明专利授权量，是反映科技创新力的重要指标。通过深入实施创新驱动发展战略，江西综合科技创新水平得到了较大幅度的提升。

1. 综合科技创新水平指数。“综合科技创新水平指数”，是采用指数法对5个一级指标（科技创新环境、科技活动投入、科技活动产出、高新技术产业化、促进经济社会发展）、12个二级指标和39个三级指标进行加权综合后得出的，能够较好反映一个地区科技创新能力水平。近年来，江西科技创新环境持续改善，科技投入持续增加，科技投入产出效益显著提高，科技对经济社会发展的推动作用日益增强，“科技创新综合水平指数”连续多年在全国排位中向前进位。表1为2016—2021年江西省科技创新综合水平指数变动情况[①]。

表1　2016—2021年江西省科技创新综合水平指数变动情况

年份	综合科技创新水平指数（%）	全国排名
2016	44.92	22
2017	50.05	20
2018	51.28	19
2019	52.11	18
2020	56.68	16
2021	61.11	16

2. 研发（R&D）经费投入。研究与试验发展（research and development，R&D）[②]，是指为增加知识存量和应用存量知识而进行的创造性工作，包括基础研究（获取新知识）、应用研究（确定基础研究成果的可能用途）和试验开发（应用研究成果转化为技术或产品）三类活动，通常采用研发投入来衡量国家

① 数据来源：中国科学技术发展战略研究院．中国区域科技创新评价报告（历年）。

② 国家统计局．研究与试验发展（R&D）投入统计规范（试行）（2019）。

（地区）的科技投入水平。近年来，江西通过实施研发投入攻坚行动，研发投入规模由2015年的173.2亿元提升至2021年的502.2亿元，研发投入强度（研发投入占GDP的比重）由1.04%提升至1.70%。表2为2015—2021年江西省研发投入变化情况[①]。

表2 2015—2021年江西省研究试验发展（R&D）投入变化情况

年份	R&D经费投入（亿元）	R&D经费投入强度（%）
2015	173.2	1.04
2016	207.3	1.13
2017	255.8	1.28
2018	310.7	1.41
2019	384.3	1.55
2020	430.7	1.68
2021	502.2	1.70

3. 发明专利申请量和授权量。发明专利是衡量科技创新能力的重要指标之一。随着创新驱动发展战略的深入实施，江西全省发明专利申请数和发明专利授权数每年都保持正增长。表3为2015—2020年江西省发明专利申请数和授权数变动情况[②]。

表3 2015—2020年江西省发明专利申请数和授权数变动情况

年份	2015	2016	2017	2018	2019	2020
受理数（件）	5722	8202	11507	14519	14101	20285
授权数（件）	1639	1914	2238	2524	2744	4407
授权数占受理数比重（%）	28.64	23.34	19.45	17.38	19.46	21.73

① 数据来源：国家统计局．全国科技经费投入统计公报（历年）。
② 数据来源：国家统计局．国家数据（https：//data.stats.gov.cn/）。

（二）科技创新能力有待提高

从纵向来看，近年来江西整体科技创新能力和科技发展水平得到了较快的提升，但是从横向来看，与广东、江苏等经济发达省份相比还存在较大的差距，即使与湖北、安徽、湖南等中部地区省份相比也还存在不小的差距。

1. 在发明专利受理授权方面。从横向看，江西发明专利拥有量与发达省份甚至与安徽、湖北、湖南等中部地区省份相比依然偏少。2020 年，全国发明专利受理数为 145035 件，其中江西为 20285 件，占全国发明专利受理数的 13.9%，居全国第 18 位，居中部地区第 5 位；2020 年，全国发明专利授权数为 63266 件，其中江西为 4407 件，占全国发明专利授权数的 6.9%，居全国第 19 位，中部地区第 5 位。表 4 为 2020 年全国及中部地区省份发明专利申请情况[①]。

表 4　2020 年全国及中部地区省份发明专利申请情况

省份	受理数		授权数		授权数占受理数比重（%）
	全国排名	（件）	全国排名	（件）	
全国		145035		63266	43.62
安徽	7	69663	7	21432	30.77
湖北	9	47767	8	17555	36.75
湖南	8	48530	11	11537	23.77
河南	13	32609	13	9183	28.16
江西	18	20285	19	4407	21.73
山西	24	9472	22	2987	31.53

从发明专利授权数占受理数比重来看，江西发明专利质量还有待提升。表 3 显示，江西发明专利授权数占受理数比重多年徘徊在 20% 左右。表 4 显示，2020 年江西发明专利授权数与受理数之比（21.73%）与全国（43.62%）

① 数据来源：国家统计局 . 国家数据（https：//data.stats.gov.cn/）。

相比仍有较大差距，且在中部地区位居末位。

2. 在技术市场成交额方面。技术市场成交额是反映企业创新能力的重要指标。2020 年，全国技术市场成交金额 28251.51 亿元，其中江西为 233.41 亿元，仅占全国的 0.82%，在全国居第 19 位，在中部地区居第 5 位。表 5 为 2020 年全国及中部地区省份技术市场成交额情况[①]。

表 5　2020 年全国及中部地区省份技术市场成交额情况

省份	技术市场成交额	
	全国排名	成交额（亿元）
全国		28251.51
湖北	6	1665.81
湖南	11	735.95
安徽	12	659.57
河南	16	379.78
江西	19	233.41
山西	25	44.98

3. 在国家科学技术奖方面。国家科学技术奖是对在科技创新和科技进步活动中作出突出贡献的机构、团队和个人进行的最高科技奖励。对于一个地区而言，获得国家科学技术奖等级越高、数量越多，表明其科技创新力越强。表 6 为 2015—2020 年中部地区省份获国家科学技术奖励统计数据[②]。

表 6　2015—2020 年中部地区省份获国家科学技术奖励统计数据（单位：项）

省份	最高科学技术奖	自然科学奖		技术发明奖		科学技术进步奖			合计
		一等奖	二等奖	一等奖	二等奖	特等奖	一等奖	二等奖	
湖北	1	0	13	0	23	4	24	99	164
湖南	0	0	8	1	16	3	9	80	117

① 数据来源：国家统计局 . 国家数据（https：//data.stats.gov.cn/）。
② 数据来源：科技部及中部地区省份新闻报道整理而成。

续表

省份	最高科学技术奖	自然科学奖		技术发明奖		科学技术进步奖			合计
		一等奖	二等奖	一等奖	二等奖	特等奖	一等奖	二等奖	
安徽	0	0	10	1	6	1	5	41	64
河南	0	0	1	0	16	2	13	91	123
江西	0	0	0	1	8	0	1	27	37
山西	0	0	2	0	1	1	3	27	34

数据显示：一是作为反映基础理论研究水平的国家自然科学奖，从 2015 年到 2020 年江西为空白，这表明江西在基础理论研究方面的水平还不高；二是国家科技奖获奖数量及特等奖（一等奖）数量偏少，说明江西科技创新能力总体上仍然不强。

（三）科技创新能力不强原因

主要有以下几个方面的原因，影响了江西科技创新力的提升。

1. 全社会研发投入偏低。随着科学研究和技术创新难度不断加大，研发所需的资金越来越多，研发投入的强度也越来越大。2020 年，我国 R&D 经费投入 24393.1 亿元，其中江西为 430.72 亿元。表 7 为 2020 年全国及中部地区省份研发经费投入情况[①]。

表 7 2020 年全国及中部地区省份研发经费投入情况

指标	全国	湖北	安徽	湖南	江西	河南	山西
R&D 投入强度全国排名		8	10	13	17	18	23
R&D 投入强度（%）	2.40	2.31	2.28	2.15	1.68	1.64	1.20
R&D 投入总量（亿元）	24393.1	1005.3	883.2	898.7	430.7	901.3	211.1

尽管江西 R&D 投入增速多年位居全国前列（例如，2019 年江西 R&D 经费投入增速居全国第 2 位、中部地区第 1 位[②]），但是研发投入依然处于较低

① 数据来源：国家统计局 .2020 年全国科技经费投入统计公报。

② 易炼红 . 开创高质量跨越式发展新境界［J］. 智慧中国，2020（11）：13–17.

的水平。数据显示，2020 年全国 R&D 投入强度 2.40%，而江西仅为 1.68%，低于全国 0.72 个百分点。

2. 高能级创新平台偏少。国家级科技创新平台是开展重大科学研究活动、进行重大共性技术研发、聚集高层次科技人才的重要载体。目前，江西国家级创新平台数量依然偏少。截至 2021 年 12 月，江西共有 6 个国家重点实验室（科技部主管）、2 个国家工程研究中心（国家发改委主管，2021 年国家发改委分两批优化整合原国家工程研究中心和国家工程实验室，最终批准纳入新序列的国家工程研究中心 191 个）、33 个国家企业技术中心（国家发改委主管）。表 8 为 2021 年全国及中部地区省份国家级创新平台情况[①]。

表 8　2021 年全国及中部地区省份国家级创新平台情况（截至 2021 年 12 月）

省份	国家重点实验室	国家工程研究中心	国家企业技术中心
全国	533	191	1636
江西	6	2	33
山西	6	0	31
安徽	11	4	93
河南	16	5	95
湖南	19	11	58
湖北	30	7	76

国家级科技创新平台数量偏少，在一定程度上制约了江西重大科技创新成果的产出，影响了高层次科技人才的培养、引进和聚集。

3. 知名重点高校缺乏。高校既是培养人才的主阵地，又是科技创新成果的重要产出地、高层次人才的重要聚集地。从 20 世纪 90 年代开始，我国先后启动了“211 工程”（1993 年）、“985 工程”（1998 年）、“双一流工程”（2017 年）等一流大学建设工程，一流大学建设迈上了新台阶。表 9 为全国及中部地区省

① 数据来源：全国数据：国家统计局 . 中华人民共和国 2021 年国民经济和社会发展统计公报；各省数据：各省科技部门公开数据。

份一流大学建设高校情况[①]。

表 9　全国及中部地区省份一流大学建设高校情况（截至 2021 年 12 月）

	985 建设高校（所）	211 建设高校（所）	“双一流”建设高校（所）	
			“一流大学”建设高校	“一流学科”建设高校
全国	39	122	42	95
湖北	2	7	2	5
湖南	3	4	3	1
安徽	1	3	1	2
河南	0	1	1	1
山西	0	1	0	1
江西	0	1	0	1

江西现有 106 所普通高校（截至 2021 年）[②]，但是既无 985 高校，也无“一流大学”建设高校。江西是基础教育发展较好的省份，但是因为没有著名高校，造成优质高中毕业生大量流失，在省外上大学的江西籍高校毕业生不愿回流，高层次人才难以引进。

4. 科技创新人才不足。人才是第一资源，是科技创新的基础。近年来，通过大力实施人才强省战略，江西全省 R&D 人员数量从 2015 年的 78771 人增加到 2020 年的 180854 人。尽管如此，江西 R&D 人员数量偏少，高层次人才数量不足问题依然突出，两院院士人数（2021 年）、R&D 人员中博士毕业人数（2020 年），在中部地区省份均排名最后。表 10 为全国及中部地区省份 R&D 人员（2020 年）及两院院士人数（2021 年）[③]。

① 数据来源：根据教育部及各省教育厅的公开数据整理而成。

② 王国强 . 江西经济社会发展报告［M］. 北京：社会科技文献出版社，2022：141.

③ 数据来源：R&D 人员数：国家统计局 . 中国科技统计年鉴（2021 年）；全国两院院士总人数：新华社 .2021 年两院院士增选结果公布［J］. 中国人才，2021（12）；各省两院院士总人数：各省科技部门公开数据。

表 10 全国及中部地区省份 R&D 人员（2020 年）及两院院士人数（2021 年）情况

（单位：人）

省份	研究与试验发展（R&D）人员					两院院士
	全国排名	人数	博士毕业	硕士毕业	本科毕业	
全国		7552986	636370	1111011	3054063	1831
河南	6	304602	13950	37857	129660	21
湖北	8	294524	27216	40044	127477	88
安徽	10	278822	21184	37884	111227	41
湖南	12	269908	19609	37288	126069	47
江西	16	180854	7624	18561	69502	5
山西	21	89039	8594	16825	31221	8

研发人员总量不足、高端人才数量偏少、科技领军人才缺乏等问题，依然是制约江西整体科技创新力提升的明显短板。

三、广东、江苏增强科技创新力的主要经验

广东、江苏是经济最发达省份，其地区生产总值连续多年位居全国前两位。这一优势的长期保持，与他们具备强大的科技创新能力密不可分。总结借鉴广东、江苏在增强科技创新力方面的经验和做法，对于加快提升江西科技创新力具有一定的现实意义。

（一）广东省增强科技创新力的经验与做法

广东以创新开放度高、创新创业活动活跃、创业环境宽松等创新优势，区域创新能力持续保持全国首位。广东在科技创新方面主要有以下具体做法。

1. 深化科技体制改革，优化科技创新软环境。推进科技领域“放管服”改革，是广东深化科技体制改革的重点内容和重点任务。在“放管服”改革过程中，广东大力实施省科技专项管理体制改革，采用“大专项＋任务清单”管理模式，将主要由地市承担组织实施的科技项目组织管理权限下放至各地市，在重大项目组织上，赋予并发挥核心科学家和项目承担单位的主导性、主动性。

为了进一步优化科研项目管理，广东在全国率先采用“揭榜”制，针对重大关键共性技术，面向全国征集研发团队和解决方案。此外，通过建立符合科技创新规律的科研项目遴选、过程管理、验收评价和审计检查等制度体系，保障科研人员心无旁骛潜心科研。

2. 突出企业主体地位，增强创新发展活力。突出企业科技创新主体地位最具体的表现就是加强企业研发机构建设。在这方面，广东通过运用财政补助、企业研发准备金制度等政策工具，支持企业建设重点实验室、研究院及产学研创新联盟等研发机构。[①]针对中小型科技型企业自建研发机构过程中遇到的问题，广东鼓励大型骨干企业向社会开放创新资源和创新平台，并通过上下游配套、创新联盟和孵化培育等方式带动中小企业创新发展。此外，广东还引导鼓励中小型企业开展“抱团式”创新，积极参与产学研技术创新联盟，通过市场机制实现企业、高校和科研机构的有效结合，构建协同创新、知识产权共享机制，齐心协力解决企业生产中的关键技术和共性技术。

3. 推动产学研相融合，提升科技创新水平。在推动产学研融合方面，为了打破行政区域对教育科技资源的限制，引导更多创新要素和资源向省内集聚，广东建立了“三部两院一省”（教育部、科技部、工信部，中国科学院、中国工程院，广东省）产学研合作模式；在产学研协同创新平台建设方面，广东通过组建以企业为主体、高校和科研院所共同参与的技术创新战略联盟、共性技术研发基地等科技创新平台，不断推动跨领域、跨行业协同创新与资源转移共享；在推动科技成果转化方面，通过完善科技成果转化激励机制等政策，引导鼓励国内外技术成果在广东落地生根。

4. 加强人才队伍建设，打造创新人才高地。为了引进更多的高层次科技人才，广东通过实施一系列重大人才计划和人才工程，不断强化人才虹吸效应。特别是“珠江人才计划”（培育和引进创新科研团队和人才）、“广东特支计划”（国家高层次人才特殊支持计划）和“扬帆计划”（为振兴粤东西北地区提供人

① 广东省科技厅．“十三五”广东省科技创新规划（2016—2020 年）．

才动力）等一批重大人才工程的深入实施，为广东引进了一大批具有国际视野的科技领军人才。值得一提的是，广东尤其注重整团队成建制引进人才，在引进高层次人才的同时，实行整团队引进模式，取得了较好的成效。

（二）江苏省增强科技创新力的经验与做法

科技创新是江苏经济走在全国前列的重要动力，多年来区域科技创新能力始终处于国家“第一梯队”，在科技创新体制改革、区域科技创新体系布局优化、创新载体平台建设、创新创业氛围营造等方面，取得了在全国具有示范和引领意义的标志性成就。

1. 加强政策推动与引导，构建富有竞争力的创新生态系统。良好的创新生态系统是提升科技创新力的重要支撑。在构建富有竞争力的创新生态方面，江苏通过实施一系列科技创新政策，不断优化科技创新生态环境。例如，为了让科技人员能够集中精力创新创业，2016 年江苏省发布的《关于加快推进产业科技创新中心和创新型省份建设的若干政策措施》，在提高科技人员科技成果转化收益、建立分类评价机制、提高科技人员薪酬待遇、放宽科技人员出境限制等方面提出了具体的措施。为清除科研体制机制上的障碍，2018 年江苏省出台的《关于深化科技体制机制改革推动高质量发展的若干政策》，通过聚焦科技体制改革亟须解决的问题，围绕科技创新重点领域和体制机制关键环节，要求各地因地制宜制定配套政策、各有关部门制定实施细则。总体上，通过科技创新政策的牵引带动，江苏全省上下创新创业创造活力竞相迸发，连续获国务院通报表扬。

2. 聚焦区域统筹，促进创新资源优化配置和高效利用。为了进一步促进创新资源优化配置和高效利用，江苏立足省内，以创新驱动发展为依托，积极探索“新苏南模式”，推动建立以区域创新融合为特色的苏南国家自主创新示范区，初步形成了无锡高新区物联网、常州高新区光伏、苏州高新区医疗器械等各具特色，南京、苏州、无锡等 8 个国家高新区和苏州工业园区协同发展的“五城九区多园”一体化创新发展格局，构建了包括协同创新平台、基础设施共享服务平台、创新政策服务平台、投融资服务平台、创新合作平台、双创服务平台等“六大功能平台”一体化的自创区一体化服务平台[①]，实现了苏南各市、各高新区互联互通。此外，江苏还利用自身区位优势，加强和上海科技创新联动，推动南京都市圈、G60科技走廊建设，强化与浙江、安徽的科技人才、科技金融、研发资源等方面在政策和规划上的协同性。

3. 布局重大科创平台，打造创新驱动发展的强大引擎。面对新一轮国家重大创新布局机遇，江苏以重大需求和重大任务为牵引，聚焦最有基础、最有优势和最需突破领域，高起点建立了国家未来网络试验设施、国家高效低碳燃气轮机试验装置、国家超级计算（无锡）中心三家重大科技基础设施，以及网络通信与安全紫金山实验室和材料科学姑苏实验室两个重量级科学研究平台，为江苏科技创新提供了有力支撑。此外，联合企业、地方、高校和科研院所等建设江苏省产业技术创新中心，依托地方产业优势资源和科学技术的长期积累，通过产业链条中的各类龙头企业、具备深厚底蕴的科研院所和高校共同组建产业研发中心、技术创新中心，对技术创新发展形成强势推动。

4. 实施创新人才集聚行动，为建设创新型省份提供坚强支撑。在培养本土科技人才方面，江苏通过实施“人才新政26条”（2017年）、“人才10条”（2018年）等人才发展政策，不断加大对科技人才培育力度。江苏十分注重对优秀青年科技人才的培养，本土入选国家杰青的有378人，数量居全国省份第一。通过提高对青年人才的支持比例，累计支持11000多位青年科研骨干开展基础研究；在引进人才方面，通过“双创计划”“江苏外专百人计划”，与海外高校院所共建联合实验室、联合研发中心、国际人才“飞地”等，聚力引进高精尖缺科技人才。通过举办“海外高层次人才交流峰会”“海外华侨华人高层次人才江苏行”等活动，着力打造江苏招才引智品牌；在留住人才方面，通过“人才投”“人才贷”“人才保”“拨改投”“拨改贷”等金融创新产品支持人才发展。通过推行知识产权和股权质押融资等，加强科技人才服务保障。通过完善科技人才医疗、住房、子女入学等配套服务，积极营造尊重知识、尊重人才、尊重

① 柯婧，陆红娟，朱军.苏南国家自主创新示范区一体化创新服务平台一站式服务中心建设现状及对策建议［J］.江苏科技信息，2018，35（10）：1-3.

创造的浓厚氛围。

四、增强江西科技创新力的对策

当前，创新驱动日益成为国家（地区）发展的强大动力，科技创新成为国家（地区）获取竞争优势的决定因素。党的十八大以来，江西科技创新能力得到了较快提升，但是重大科技创新成果还不丰富，高层次科技人才还相对不足，科技体制机制还不完善，这使得具有的良好自然资源和区位优势没有得到较好发挥。目前条件下，若能更好地配置创新要素，加大科技创新投入，加快建设高水平创新队伍，落实好数字经济发展战略，强化企业科技创新主体地位，完善科技创新服务体系，江西在科技创新引领高质量发展上必将大有可为。

（一）加大财政金融支持力度，建立科技创新长效机制

科技创新力的提升，离不开持续的高强度科技投入支撑。美国经济学家约瑟夫·斯蒂格利茨（Joseph Eugene Stiglitz）认为，政府并不是创新投入的唯一受益者和投入者，政府、企业、机构等在科技创新领域的投资都可能获得高的回报。例如，建设功能完备的高水平科技创新基础设施，可以大幅提高科技资源的利用效率，增强科技创新活动的可持续性。但是，科技创新基础设施建设，离不开科技投入和财政金融的大力度支持。因此，政府要科学运用财政、金融、政策等手段，引导鼓励社会资金投入科技创新领域，不断构建有利于增加科技创新投入的长效机制，使得科技投入水平与建设创新型省份的要求相适应。

目前，江西已经成立的投资企业和贷款担保企业主要由大型国有企业参与，民间资本和境外资本在科技创新投入方面的参与度还不高。此外，由于科技创新政策还不完善，科技经费投入相对还不充分，财政下拨的科技经费没有很好地应用于科技计划项目和扶持企业科技创新等活动，造成财政科技经费整体效能不高。为此，一要进一步加大财政对科技创新的支持力度，适度加大财政在科技投入方面的比重；二要建立完善财政科技投入资金管理监督制度，不断提升财政科技资金投入的效能；三要建立完善风险投资进入退出机制，鼓励

引导更多的民间资本和境外资本进入科技创新领域；四要加大金融对科技的支持力度，构建有利于提升科技创新力的金融支持长效机制。

（二）建设高水平创新队伍，打造科技创新人才高地

人才是第一资源，提升科技创新力的首要条件是要有一支结构合理的高素质科技人才队伍。目前，科技人才偏少、高端人才不足，科技领军人才缺乏，依然是制约江西科技创新力提升的重要短板。因此，做好人才工作，对于提升江西科技创新力显得尤为重要和迫切。但是，由于江西仍然是一个经济总量不大、发展不足的省份，科技、经济、产业、教育等实力还不强的基本省情给江西本土科技人才培养和高层次人才引进带来了不小的挑战。

加快培养、大力引进各层次科技人才，鼓励和支持科技人才为江西经济建设服务，是推进高质量跨越式发展、建设创新型省份的重要举措。为此，一要建立完善科技人才专家库、科技型企业基础数据库，以及科技人才专家与科技型企业对接联系机制，采取重金聘才与柔性引才相结合等措施，加大高端科技人才的引进力度，不断形成更加合理的人才结构和使用格局；二要不断整合江西省内的各类教育资源，推进高等院校、职业院校、科研院所、高新技术产业园区、科技型企业在人才培养方面的横向联合，多渠道、多层次培养急需的各类科技人才；三要充分发挥高能级科技创新平台聚集人才的功能，通过加快建设国家级、省级科技创新平台，为科技人才施展才华和青年科技人才快速成长提供更多更好的平台和载体。

（三）落实数字经济发展战略，提升科技创新发展新动能

当前，以新一代信息技术为重要标志的新技术，正在加速推进产业结构的深度调整，促进了以数据资源为关键生产要素的新经济形态的形成和发展。为全面贯彻落实国家数字经济发展战略，2022 年 3 月，江西省委、省政府启动了数字经济“一号发展工程”，做出了要全力打造国家数字经济发展样板区、国家新型智慧城市示范区、世界 VR 产业发展引领区、全国数字经济体制机制创新先导区的决策部署。

实施数字经济“一号发展工程”，需要培育新经济、催生新业态、创造新

模式。为此，一要突出特色优势，大力发展大数据、云计算产业。积极引进和支持企业在江西谋划大数据产业园，建设各类数据中心，强化大数据产业发展的载体支撑。积极培育云计算研发和服务企业，支持以云计算为基础的云服务平台建设。谋划布局数字经济前沿产业，紧跟虚拟现实、北斗导航等技术，积极谋划部署创新创业项目，不断拓展融合应用场景，培育数字产业未来增长点。二要突出融合赋能，实施产业数字化转型行动，加快制造、医疗、农业等特色产业数字化转型。推进工业与数字技术深度融合，实施智能制造升级工程，通过实施“设备换芯”“生产换线”“机器换工”，建设智慧工厂、数字车间等智能制造提升工程，建设若干行业级企业级工业互联网平台。深入实施“企业上云”行动，进一步拓展企业上云深度和广度。

（四）建立技术协作交流机制，强化企业科技创新主体地位

原始创新能力不强仍然是制约江西创新力提升的重要短板。解决原始创新能力不强问题需要多措并举，尤其要把打造一流科技创新发展交流平台、建立高水平技术协作交流机制，作为提升江西创新力提升的重要途径。为此，可以通过引进外商技术投资、构建跨区域创新发展体系、扩大技术扩散计划等措施，来加强江西同国内外科研机构和科技型企业的技术交流和技术合作，不断促进科技创新资源、创新成果向江西省内聚集。

新一轮科技革命和产业变革带来的重大机遇，为江西各类企业参与国内外产业链分工带来了新机遇，创造了新条件。党的二十大报告强调要“强化企业科技创新主体地位”，这给企业创新发展提出了更高要求。对于江西而言，强化企业科技创新主体地位，一是政府要做好高新技术企业认定和知识产权保护工作，为企业开展技术创新活动提供良好的制度保障；二是鼓励帮助有条件的科技型企业自建研发机构，组建较高水平的研发团队；三是积极倡导“双创”行动，运用众创、众包、众扶、众筹等方式，加强科技企业孵化器建设，通过汇聚全社会资源和“智源”，为企业进行科技创新提供更有力的外部支持；四是加强企业创新文化建设，引导企业树立走向技术前端、产品终端、行业高端的意识，不断推进企业的自主创新有核心专利拳头产品，重大成果能够

实现产业化。

（五）完善科技创新服务体系，构建良好创新生态环境

科技创新是一项高投入、高收益、高风险的活动，而高风险会大大地降低创新主体进行科技创新的吸引力。因此，政府必须建立完善有利于科技创新和科技成果转化的保障体系。为此，要充分发挥政府在鼓励引导创新主体开展科技创新活动和创新科技成果转化中的制度保障作用，通过建立科技创新和创新成果转化风险基金等措施，尽可能降低创新主体在进行科技创新和创新成果转化活动中面临的各种风险，切实解决他们进行科技创新的后顾之忧。

构建良好的科技创新生态，是提升科技创新力的重要抓手。政府应成为良好科技创新环境的营造者和建设者，应当把积极建设服务型政府作为支持全面建设创新江西的重要手段。大量事实证明，大多数经济发展不足的地区，其政府部门内部管理体制较为僵化、办事效率较低、服务效能较差，过多的各种"关卡"成为地区科技创新力提升的主要障碍。政府要利用好政策、法律、财政、金融等机制，为提升科技创新力营造良好的可持续发展环境。为此，一要完善科技创新服务体系，加快政府职能的转变，真正实现从管制功能向服务职能的转变，为各类创新主体开展科技创新活动提供更优质的服务；二要通过科学制定科技发展规划、完善政策制度法规、提供各类技术服务、建设高水平科技创新平台、提升科技人才整体质量、营造积极向上创新文化等举措，促进江西整体科技创新力的不断提升。

地方治理创新

推进“红色文化＋社会治理” 打造红色治理共同体

贾龙飞 傅李琦 周燕妮 姚 亮 吴振华 刘兰星*

【摘要】红色文化是江西鲜亮的文化底色和文化积淀。江西省第十五次党代会召开以来，全省各地纷纷破题“红色文化＋社会治理”，形成了红色治理共同体“多点开花”的新局面。为全面总结全省各地推动红色文化融入社会治理的经验做法，探索江西品牌的红色治理共同体建设路径，课题组深入多地实地调研全省基本情况。针对当前红色治理共同体建设在文化定位、体制机制、融合渠道以及效能转化等方面存在的问题，课题组提出要从“坚定治理导向、破解关键桎梏、增强发展动能、提升技术效能”等四个方面推进红色文化融入社会治理、打造红色治理共同体江西品牌的路径，以期助力江西一流的社会治理新局面建设。

【关键词】红色文化；社会治理；红色治理共同体

红色文化是江西鲜亮的文化底色和文化积淀，在社会治理中具有政治引领、协同动员、价值引导、道德教化和规范促进等重要功能。江西省第十五

* 贾龙飞 省委党校科学社会主义（政治学）教研部副主任、讲师
傅李琦 省委党校科学社会主义（政治学）教研部副教授
周燕妮 省委党校科学社会主义（政治学）教研部讲师
姚 亮 省委党校科学社会主义（政治学）教研部主任、教授
吴振华 省委党校科学社会主义（政治学）教研部副教授
刘兰星 上饶市委党校党史党建教研部副主任、讲师

次党代会召开以后，赣州、吉安等地以“红色文化＋社会治理”机制建设为抓手，纷纷破题红色治理共同体建设，探索出了“红色物业”“红色志愿服务队”“红色救援队”等一系列具有江西特色品牌的红色治理共同体，开创了社会治理新局面。

为了全面总结推进红色治理共同体建设的经验做法，课题组深入全省各地进行了实地调研。从整体情况来看，全省各地在打造红色治理共同体上亮点纷呈，效果显著，但距离省委、省政府的要求还存在一定的差距。对此，课题组通过深度剖析红色文化嵌入社会治理的卡点、堵点，特别是打造红色治理共同体的制约因素，认为要从“治理导向、关键桎梏、发展动能和技术效能”等四个方面入手，进一步推动具有江西特色的红色治理共同体建设。

一、我省推进“红色文化＋社会治理”的有益探索

中国共产党江西省第十五次代表大会提出，要积极探索“红色文化＋社会治理”机制，打造“人人有责、人人尽责、人人享有”的红色治理共同体，实现红色文化对社会治理的嵌入融合。从各地实践探索来看，相较于以往社会治理的做法和成效，打造红色治理共同体更有助于发挥人民群众的积极性，提升化解社会治理难题的效能，充分体现了红色文化推动社会治理的独特优势。

（一）建设了群众权益协调保障队伍

全省多地依托红色基因，搭建了群众权益协调保障平台，锻造了一支群众权益协调保障队伍。武宁县传承“第一个党支部”的红色基因，组建“梅友志愿服务队”，助力乡镇法治建设、矛盾纠纷调解，化解社会重大风险和社会治理难题，提升了人民群众的安全感和获得感。遂川县城东社区江南丽景小区物业在当地组织部门的主导下，坚持以居民需求为导向，探索打造“物业党支部＋物业党员＋业主”的“红色物业”，充分调动物业公司党员、小区居民和社会各方参与小区管理的积极性，以协商共治的方式有效解决“停车难、出行难、环境差”等“疑难杂症”，实现了红色文化向红色治理、党建优势向治理效能的转化，满足了小区居民对良好物业服务、小区环境、友好邻里的治理需

求。上高县敖阳街道积极发挥基层党组织领导作用，组建以辖区党员、志愿者和热心居民为主体的“红管家”志愿服务队，发挥其“信息员、调解员、组织员、宣传员”的职责，并通过“网格员＋红管家”结对入户模式，调解邻里纠纷、助力疫情防控、强化环境治理，有效促进了小区和谐稳定。

（二）推动了基层工作深度融合

“红色文化＋社会治理”坚持把党的领导贯穿于社会治理全过程，实现了基层工作深度融合。于都县潭头村把党的领导贯穿社会治理全过程，以红军后代等红色力量为主体力量、依托新时代文明实践站宣讲阵地、组建“红色调解志愿队”等方式，顺利推进乡村人居环境整治、矛盾纠纷调解、重点人员管理、社会风险防范等各项工作，实现了基层工作的有机融合、一体推动。大余县充分整合利用南方红军三年游击战争纪念馆等红色文化资源，以“红色网格员、红色志愿者、红色调解员”为主体、“多网合一、一网多能、综合利用”为目标，探索建立“1+9+61”架构的网格化社会治理体系，积极打造高效化解信访事项的“红色心桥”“蒋大姐调解室”等红色治理品牌，人民群众急难愁盼的问题得到了及时解决，影响社会稳定的信访事件以及矛盾纠纷化解在源头、消融在萌芽，形成了公共服务职能全网络覆盖、治理重心下移的社会治理新格局。作为劳务输出大县，乐安县针对劳务输出带来的留守儿童安全问题，由县委政法委牵头创设了“刘莹姐姐工作室”，从最初的 3 人发展到涵盖网格员、青年团干、教师和妇女主任等群体在内的 3000 人的社会化团体。“刘莹姐姐工作室”探索出的“4+3”工作模式，构建起了“学校、家庭、社会、政府、网络、司法”六位一体的未成年人保护网，在乐安县未成年人合法权益维护、身心健康保护和预防犯罪等方面发挥了积极作用。抚州市及时总结推广“刘莹姐姐工作室”的经验做法，成立市级“刘莹姐姐工作室”牵头负责全市各县（区）的组建运行工作，打开了抚州市未成年人保护新局面。

（三）发挥了基层党组织联系群众作用

在探索“红色文化＋社会治理”进程中，江西充分发挥基层党组织作用，密切增进党群关系，推进社会治理创新。

近年来，曾被誉为“满地红”的大坪村党支部坚持让红色文化润泽村庄治理，形成了抗美援朝老兵组织宣讲的红色治理大讲堂、“文化名人”谢九玲数十年如一日播放的红色电影、多功能一体的村党群服务中心群众服务诉求受理窗口、老干部老党员老教师等党员群众组成的“老师佬”、心理咨询师组建的“何馨工作室”、留守儿童专职“童伴妈妈”等一系列红色治理品牌。大坪村党支部探索实施的一系列红色治理举措赢得了村民赞誉、促进了村民和谐、富裕了村民荷包，不仅让大坪村获得了红色名村、文明村等诸多荣誉称号，也让村党支部荣获了“六好”基层党组织的称号。

（四）提供了积极健康的文化建设给养

红色文化中蕴含的奋斗、奉献、拼搏、进取等积极向上的文化元素，能够为新时代社会治理提供丰富的文化给养。南昌市东湖区积极把八一精神融入社区治理，通过组建“红色传唱队伍”，不断唱响八一精神，让群众感受八一精神所蕴含的大局意识、奉献精神；借助老红军等红色力量开展常态化革命传统教育，不断强化八一精神的感染力；通过举办读红色家书、讲红色故事、唱红色歌曲、观红色影展、看红色展馆为主要内容的“五红”活动，持续提升党员群众的党性觉悟，增强红色教育的吸引力；依托辖区内 18 家重点文物保护单位、新时代文明实践站、初心讲堂等场所打造文化教育“红色阵地”，开展“传承红色基因、倡导红色家风”“道德讲堂”巡讲等主题活动，发挥家风家训家规的道德示范作用，激活社会治理“家庭红细胞”；积极探索红色八一源红色驿站、“红色之家”和“红色网格”等具体举措和治理新模式，切实解决人民群众急难愁盼问题。东湖区形式多样、丰富多彩的“红色”，让人民群众始终生活在红色文化海洋中，时刻感受八一精神跨越时空的价值引领作用，营造出了党员群众争当先锋的良好氛围。

二、推进“红色文化＋社会治理”存在的问题及原因分析

当前，全省各地在探索红色治理共同体建设上取得了一定成就，但在持

续推进“红色文化+社会治理”方面仍存在一些问题，主要表现在基层党组织红色引擎作用发挥不够明显、红色文化嵌入社会治理的影响力薄弱、红色文化引领社会治理的方式方法落后等问题，制约了红色治理共同体的打造和完善。

（一）存在的问题

1. 基层党组织红色引擎作用发挥不够。改革开放以来，人们的精神文化诉求呈现出多元化发展现象，“拜金主义”“享乐主义”等一些错误思潮也对人们产生了巨大影响，给基层社会治理带来了一定的消极影响。消除这些错误思潮对基层社会治理的冲击，需要发挥基层党组织红色文化引擎作用。

基层党组织对红色文化挖掘不够深入。基层党组织是传承红色文化的主体力量，需要准确定位本地红色文化、深度挖掘红色文化内涵，才能充分发挥出红色文化融入社会治理中的精神指引作用，真正成为红色治理共同体的“红色堡垒”。就当前情况来看，基层党组织依据时空顺序精准挖掘不同历史时期的红色文化方面还不够深入细致，在推进不同历史时期红色文化的塑造和红色故事的挖掘方面还不够深入。由于缺乏对红色文化的定性分析、定量分析以及归纳提炼，使得具有地方特色的红色文化符号仍不够明显，无法充分发挥出红色文化对增强基层党组织凝聚力、提升基层社会治理效能的引领作用，最终影响了红色治理共同体建设。

基层党组织带头人影响力不够。基层党组织带头人是推进红色文化发挥治理效能的最重要的“先行者”和“示范者”，能够将党员、企业家、社会精英、乡贤能人以及广大群众等社会各阶层的力量组织起来。然而，当前部分基层党组织带头人对红色文化学习重视不够，特别是对本土红色文化推进社会治理的功能认识不够，直接影响了基层党组织带头人在红色治理共同体建设中的号召力和引领力的发挥。同时，由于红色治理共同体建设仍处于探索状态，各地对红色文化赋能社会治理的政策支持仍显不足，相关制度规范不够健全，这也在一定程度上影响了基层党组织带头人推进红色文化宣传等工作的积极性，没有及时将红色文化学习宣传纳入学习培训计划，弱化了红色文化的影响力及融入社会治理的效能。

红色文化宣讲员人才队伍仍存在短缺现象。作为红色文化宣讲传播的重要力量，红色文化宣讲员在弘扬传播红色文化、提升群众对红色文化认同方面发挥着重要作用。当前，全省各地红色文化宣讲员主要包括党校教师、学校教师、相关红色培训机构人员、企事业单位工作人员以及热爱红色文化的志愿者，这几支队伍在满足红色文化宣传培育需求方面还稍显薄弱。同时，包括社会组织、两新组织、群团组织特别是农村社会的乡贤能人、退休干部、教师、党员等五老人员这些潜在的具有红色文化宣讲能力的队伍还没有完全吸纳组织起来，极大制约了红色文化宣讲队伍的发展壮大。

2. 红色文化嵌入社会治理的影响力仍显薄弱。红色文化嵌入社会治理，不仅有助于社会治理工作，更能凝聚起实现中华民族伟大复兴的磅礴力量。当前红色文化引领社会治理的影响力还不够，红色文化治理联盟还没有真正建设起来。

地方党委部门对红色文化参与社会治理的重视度不够。建立以党委为主体、多方参与的“一核多元”红色治理主体主导下的精细化、开放型治理方式仍处于探索之中，以党委领导为主的部门协同机制还没有完全建立起来，引导、规范社会组织运用红色文化参与社会治理的体制机制、行为规范还没有健全，导致参与主体采取联盟行动的内生动力缺乏，本土红色文化资源的有效开发、保护和利用仍然不足，一定程度上弱化了红色文化嵌入社会治理的效果。一些已经建立起红色联盟的地方，红色文化的治理功能也没有有效激发出来，区域内治理主体运用红色文化治理的引擎整合功能尚未凸显，没有形成有效的全覆盖、广吸纳、动态开放的红色阵地主导的基层治理体系。

各部门对于红色资源的整合工作还不够到位。红色资源是江西最宝贵的历史资产，也是江西基层社会治理的最佳催化剂。当前，在推进红色治理共同体建设进程中，通过凝聚各方力量，整合红色故事挖掘、红色记忆寻找方面的力度稍显不足。统筹探索、规划、总结具有全省乃至全国影响力的红色文化融入社会治理的经验做法，推动“多点开花”到“全面覆盖”的红色治理局面仍有待加强。以“八一精神”为例，八一精神不仅是江西红色文化的源头，也是全国具有影响力的红色文化名片。南昌市东湖区积极探索将八一精神融入社区治理，已经积累了一定的经验做法，但当前在全省层面及时总结其经验做法并发挥示范带动作用效应还没有开展起来。除此之外，“井冈山精神”融入社会治理所展现出的敢闯新路精神、“苏区干部好作风”融入社会治理体现出的党员干部清廉为民作风，也都没有有效地开发推广开来。

3. 红色文化引领社会治理的方式方法稍显薄弱。宣传运用红色文化的方式方法较为单一。当前，各地主要还是以图书馆、教学课堂、网站以及单位组织学习观影等方式弘扬红色文化，在推动红色文化融入到政治、经济、文化、社会以及生态文明建设等各项建设中，用丰富多彩、潜移默化的方式方法唤醒人民群众对红色文化的集体记忆，积极参与到社会治理中去的方式方法还比较单一，需要进一步探索创新。

红色文化赋能社会治理的渠道不够丰富。当前，江西数字政府建设发展很快，但挖掘红色文化赋能社会治理的技术创新较少。在红色文化挖掘转化方面，缺乏统一规范的标准，在政策、技术、资金等方面无法为红色文化赋能社会治理提供有效的路径依赖；在红色文化资源保护开发、市场主体培育壮大以及数字技术利用方面，党委政府的投入力度稍显欠缺；在技术支撑和分类服务方面，还没有形成针对不同群体的精准化、细致化；在运用数字技术打造不同主体参与红色治理共同体的新路径、新平台，实现红色治理共同体的突破性创新上还不明显，更多依赖于传统经验做法。

（二）原因分析

1. 红色治理共同体的引擎机制尚不健全。红色治理共同体由基层党组织、社会精英和人民群众等主体力量共同组成，包括红色文化作用机制、红色文化治理机制以及红色治理互动机制等引擎机制。

基层党组织发挥红色文化影响力的机制不够健全。基层党组织在红色治理共同体建设中肩负着本土红色文化定位准、挖掘深、传播强、散播广等红色治理功能。景德镇“红色物业”就是基层党组织主动发挥红色文化赋能社会治理的成功案例，强化了党对社会治理的领导力和红色文化的社会治理功能。当前，各地基层党组织仍然没有建立健全发挥红色文化影响力的体制机制，导致红色文化赋能社会治理力度不足。同时，红色文化引领群众参与社会治理的体制机制也还需要做进一步的探索。

基层党组织引领红色文化治理的协同机制尚未建立。红色文化赋能社会治理的重要前提是打造红色治理共同体，即在挖掘、定位本土红色文化的基础上，推动政府部门、企事业单位、各类学校、新经济组织及新社会组织等不同主体共同参与，形成对红色文化的广泛学习、宣传、利用，以此助力并提升社会治理效能。但目前来看，基层党组织引领红色文化参与社会治理的协作机制尚未建立，各主体之间的团结协作潜能尚未激发，直接影响了红色文化的社会治理效能。

基层党组织之间的红色治理互动机制尚未形成。当前，基层党组织主要是在辖区内利用红色文化强化党组织的战斗堡垒作用，还没有形成不同辖区基层党组织之间的红色治理互动机制。新余市“党建＋颐养之家”、抚州市“刘莹姐姐工作室”在实践探索中都取得了一定成效，但由于缺乏红色文化互动机制，导致与其他辖区基层党组织之间交流互动很少。这些好的经验做法是在市委、市政府的推动下，才有跨乡镇、街道、社区的互动交流，进而形成了品牌效应。因此，探索建立基层党组织之间的红色治理互动机制，是推动江西红色治理共同体建设，开创江西一流社会治理新局面的重要举措。

2. 红色文化促进社会共同治理技术尚不完善。随着数字化时代的来临，“互联网＋”、物联网、VR、AR等新媒体技术发展迅速，为红色文化的传承和弘扬以及融入社会治理提供了最佳技术手段。当前，各地依靠数字技术推动“红色文化＋社会治理”还没有进入普及状态，江西红色文化的“互联网化”“技术化”“新媒体化”程度还有很大的提升空间。从政府角度来看，各地政府电子政务系统红色联盟还没有完全打通，基本处于空白状态，通过数字技术将红色文化教育以及意识形态等工作融合起来，推动社会资本积极介入红色文化产业链打造以及市场化推广，进而打造一批具有影响力、传播力的红色文化产业联盟还没有起步，这在一定程度上制约了红色文化融入社会治理的技术投入和开发运行。

3. 红色阵地促进社会治理的功能作用尚未深入挖掘。红色阵地是传承弘扬红色文化、深化干部群众对红色文化认同感、厚植社会治理红色元素的最重要平台，直接关系到推进“红色文化 + 社会治理”、打造红色治理共同体的成败。

当前，各地红色驿站、红色场馆、新时代文明实践站等红色阵地基本上都处于自我管理、各自发展的状态，还没有形成鲜活丰富、点面结合的红色文化阵地联盟。同时，由于红色文化资源前期挖掘开发投入不足、人才队伍建设机制尚不健全、后续维护运营资金投入短缺等原因，不仅导致人才队伍发展后劲不足，也直接影响了红色文化故事的挖掘以及传播效果，特别是这些红色阵地承载的党性教育、党支部活动、培训参观等功能没有得到有效发挥，造成红色文化宣传传播流于表面。

三、推进打造红色治理共同体的对策建议

针对当前红色文化与社会治理融合过程中存在的文化定位不准确、体制机制不健全、融合渠道不畅通、效能转化不充分等问题，应从以下几个方面探讨如何有效推进红色文化与社会治理的融合，进而打造具有江西品牌的红色治理共同体。

（一）坚定红色治理共同体的治理导向

红色治理共同体的核心理念是“共同体意识、共同体责任、共同体利益、共同体行动”，旨在通过加强党的领导、深化群众自治、推进法治建设等多种手段，实现社会治理的现代化和全面化。

1. 增强红色治理共同体意识。近年来，随着社会的发展和进步，人们的生活方式和价值观念在不断分化，增强红色治理共同体意识便显得尤为重要。增强红色治理共同体意识是一个长期而复杂的过程，需要全社会的共同努力和参与，采取一系列措施培育人们的共建、共享、共治意识。

首先，通过宣传教育培育红色治理共同体意识。各级宣传部门要充分发挥媒体的作用，通过各种形式的宣传，让人们了解红色治理共同体的意义和价值，增强共同体意识。同时，通过教育培训，不断提高干部和群众的红色意识和红色文化素养，使其成为红色治理共同体的积极参与者和推动者。比如，井冈山市依托井冈山革命纪念馆所蕴含的井冈山精神，通过展示井冈山斗争的历史和文化，让红色文化和革命精神深刻融入到当地群众的灵魂深处，不断增强红色治理共同体意识。

其次，通过组织建设搭建红色治理共同体组织架构。各级党委和政府要发挥自身在红色治理共同体组织建设中的主体作用，建立健全共同体的组织架构和工作机制，形成共同体的合力。同时，要积极推动相关部门与社会组织和企业的合作，形成共同体的多元化合作模式，实现共同体的共建、共享、共治。景德镇昌江区通过充分挖掘本地红色资源，建强基层党支部，建立“红色物业”，就是推动红色治理共同体组织架构建设的积极探索。

最后，通过制度建设构筑红色治理共同体意识保障。各级政府要加强对红色治理共同体的制度建设，建立健全共同体的法律法规和制度体系，强化对共同体的监督和管理，形成共同体的制度保障，确保共同体意识能够有效运行和发展。

2. 共担红色治理共同体责任。红色治理共同体的建设离不开全社会的共同参与和努力，需要每个参与主体承担起自己的责任，为红色治理共同体的建设贡献力量。

首先，发挥好党委政府对红色治理共同体建设的引导支持作用。相关部门应该积极推动红色治理共同体的建设，加强对基层组织和社区的支持，提供必要的政策和资源支持，为红色治理共同体的发展创造良好的环境。特别是对基层党组织，通过财政倾斜和专项补助压实红色治理共同体建设责任制，提升他们宣传红色文化的时代担当。

其次，发挥好社会各界对红色治理共同体建设的支撑作用。企业、社会组织、志愿者等社会各界力量是红色治理共同体建设的主要参与者，发挥着重要支撑作用。要积极引导企业通过捐赠资金、物资等方式支持红色治理共同体的建设；推动社会组织通过开展公益活动、提供服务等方式为红色治理共同体的建设贡献力量；鼓励志愿者通过参与社区建设、开展志愿服务等方式为红色治理共同体的建设做出贡献。南昌市原市长李豆罗，退休后利用网络平台拍摄短视频，为广大群众讲述红色故事，传承红色文化，积极推动了西湖李家村的治理水平。

最后，发挥好个体在红色治理共同体建设中的共建作用。建设红色治理共同体的关键在于“共”字，要通过宣传教育让社会上每个人都深刻意识到自己是红色治理共同体的一分子，是基层社会治理的建设者、治理者和享受者，应该关注社区的发展和建设，积极参与社区的活动和事务，为社区的发展贡献自己的力量。

3. 共享红色治理共同体利益。红色治理共同体的发展是建立在人民群众共享红色治理共同体利益的基础之上的，只有建立公平透明的利益分配机制，才能更好地实现共同体的共赢发展，为人民群众创造更加美好的生活。

首先，通过红色治理共同体内部信息共享机制，畅通参与主体之间的沟通协调。及时、准确地了解各方的需求和资源，才能更好地协调各方的利益，实现共同体的共赢发展。吉安市的“小红军宣讲团”、新余市的“老兵宣讲团”、赣州市的“草根明星宣讲队”等做法都是基层党组织依托当地红色资源，积极推动有效沟通的有益探索。此外，在基层治理的网格内，通过布置与红色文化相关的宣传片、围栏、布告等，及时传递红色信息，发挥对社会治理的引导作用。

其次，建立公平、透明的利益分配机制，激发参与主体的积极性。在红色治理共同体内部，牢固树立各方利益平等一致意识，杜绝部分人占据过多资源，其他人无法分享资源的现象发生，确保各方利益得到合理保障和分配。

最后，加强共同体内部合作，实现资源共享，避免资源浪费或重复建设。只有通过共同合作，才能更好地实现共同体的共赢发展。丰城市在打造“一核多元”的红色治理共同体过程中，坚持以党组织为核心、以网格为基础、以社会组织为支撑、以群团组织为纽带、以基层自治力量和自治组织为补充，不断扩充基层红色治理队伍，满足了人民群众的治理需求。

4. 推进红色治理共同体行动。为了进一步推进红色治理共同体行动，我们需要采取一系列措施，加强组织领导，强化宣传教育，加强监督执纪，推动红色资源共享，促进红色文化传承等方面的工作。

首先，以组织领导建立健全红色治理共同体工作机制。要明确各级党组织和红色资源单位的职责和任务，确保红色资源的有效利用和共享。要借助基层党组织的凝聚力、组织力，充分挖掘梳理本地红色文化根源，形成以党组织建设为根基的红色文化系统脉络。

其次，以监督执纪严格落实红色资源保护和利用的各项规定。要加强对红色资源单位的监督和管理，严厉打击各种损害红色资源的违法行为，确保红色资源的保护和传承。

最后，以促进红色文化传承加强对红色文化的研究宣传。要推动红色文化的创新和发展，让红色文化在新时代焕发出新的生机和活力。

（二）破解红色治理共同体的关键桎梏

坚持因地制宜、权力分散和民主参与的原则，不断破解制约红色治理共同体建设的关键桎梏，确保治理的公正性和合理性，打造更加完善和有效的红色治理共同体。

1. 破解“一刀切”的思维定式。建设红色治理共同体，要坚决摒弃“一刀切”的管理思维，充分调动社会各界的积极性，推动红色治理共同体建设更加科学、合理、人性化。

首先，加强制度建设，建立科学、合理、公正的决策机制。在制定政策和规定时，应充分考虑群众的实际需求和利益，避免“一刀切”的做法。同时，要加强对政策执行情况的监督和评估，及时发现和纠正问题，确保政策有效实施。要通过制度建设的形式对红色文化进行深度挖掘，进行定性和定量分析，归纳总结出红色文化的性质及其数量。根据不同历史时期如苏维埃时期、扩红时期等进行分类和定位。

其次，以红色文化为纽带，加强基层党组织之间的联系。在各个基层党组织、相近的红色资源党组织之间加强彼此联系，改善红色文化系统性弱化的问题。此外，夯实以红色文化为主题的联部、联组、联动工作，让不同地区的红色文化相互碰撞、相互衔接、相互结合，实现红色文化再造，不断夯实红色堡垒。

最后，加强对干部的培训和管理，提高他们的工作能力和素质。干部是政策执行的主体，他们的工作能力和素质直接影响政策的实施效果。因此，要加强对干部的培训和管理，提高他们的工作能力和素质，让他们更好地服务群众，避免一刀切的现象。特别是要指导基层干部找准本地红色文化定位。一方面，在基层党组织助力下，对当地红色文化起到了滋养作用；另一方面，以红色文化为引领，又能增强基层党组织凝聚力。

2. 破解“红色文化越界解释”的问题。要精准把握红色文化的内涵和外延，以科学的方法和原则推动本地红色文化的挖掘、整理和保护，正确引导红色文化在新时代重焕生机、传承弘扬。

首先，宣传红色文化要紧扣史实，不能随意扩大或缩小其内涵和外延。要发挥地方党史研究力量，科学定位本土红色文化，积极培育基层党支部书记、企业家党员、各界文化精英、乡贤能人等基层带头人，不断提升他们作为红色文化宣传员的文化素养、宣讲能力，确保他们宣传本土红色文化的科学性和精准性。

其次，阐释红色文化要遵循科学的方法和原则，不能根据现实需要进行凭空臆想或主观臆断。要以理论为指导、以史料为依据、以事实为佐证，在马克思主义历史观的科学指导下，坚持从党的历史文献以及众多历史资料中仔细求证历史事件的真实性、可靠性，力求做到史出有据、事出有实，确保红色文化阐释的准确性和科学性。

最后，传承红色文化要坚持正确的价值观，避免红色文化滥用现象，更不能用“红色文化”来掩盖或美化错误行为。要以正确的历史观、文化观、价值观为指导，推动“红色文化”在当代社会的传承和发展。

3. 破解“红色传人”不足的问题。“红色传人”主要指宣传推广红色文化，并使其融入社会生活的宣传者。

第一，拓展红色宣讲员队伍。贯彻直接传播理念，让人人皆可以宣讲。将红色宣讲员范围从党员、村干部、村民代表、党校教员、高校教师等传统宣讲员角色扩展到全社会，形成人人皆可为宣讲员的良好氛围。

第二，提升社会治理网格员的红色素养。红色网格员是宣传红色文化的“蒲公英”，也是服务群众、宣传群众的密切“联络人”。要让“红色文化 + 网格员”成为一种风尚，提升网格员的红色素养，以此联动群众、影响群众、发动群众共同参与治理。针对带有红色文化影响、宣传能力强的社区网格员，可加大对其红色文化素养的提升，如定期举办红色网格员的宣传、教育和培训。

（三）增强红色治理共同体的发展动能

树立红色资源共享意识，加强红色资源整合利用，推动基层治理主体搭建红色治理主体联盟，使散布在社会各个层面的“红色细胞”积极融入到社会治理中，成为红色治理共同体的强劲发展动能，共同推进红色治理共同体的建设。

1. 加强红色资源的整合和利用。红色资源是红色治理共同体的重要财富，我们要充分挖掘和利用这些资源，打造红色旅游、红色教育、红色文化等多种形式的产业，为共同体的发展注入新的动力。

要牢固树立红色资源共享意识。在政府主导下深入调研各地红色文化资源，推动企事业单位、社会团体和人民群众通力合作，采取各种生动的形式诠释和讲好红色文化故事，实现红色资源的最大化利用和价值发挥。比如，瑞金市基层党组织深挖华屋村“17 棵松”故事背后蕴含的“群众积极响应党的号召、群众参与扩红、支援革命事业的英勇精神”，通过对 17 位青壮年踊跃参军、不畏牺牲的生动演绎，有力地促进了红色文化传承，成为当地提升社会治理水平的精神指引。通过传播“17 棵松”故事、弘扬革命精神，同样可以为其他地方共同体建设提供红色文化给养。要充分利用网络信息化技术将各地已有红色资源进行盘点、网罗，便于记录和使用。比如赣州市通过实施“红旗、红土、红心”三大工程，组织“十红”（红色堡垒、红色先锋、红色网格、红色细胞、红色阵地、红色驿站、红色队伍、红色物业、红色教育、红色基地）创建活动，深度挖掘红色文化资源，极大地推动了红色文化与社会治理的有机融合。

要充分发挥红色文化产业作用。通过推动红色文化与乡村建设、乡村旅游、儿童教育、养老产业等融合，有力地促进红色文化产业在社会治理方面实现内容、形式、模式、业态的全方位效能转化。“弘扬苏区干部好作风”激发群众参与社会治理的积极性，井冈山“红色文化＋绿色旅游”助推乡村振兴，“红色移动 VR 旅游”讲好红色治理故事，这些红色文化产业已成为不少农村经济发展的新引擎，为乡村治理夯实经济基础，使乡村治理真正具有“聚神建体”的功能。

2. 增强联盟形式的多主体合力。扩大红色覆盖面，推动红色联盟建设，借助资源整合扩大影响范围，提升红色文化对社会治理的覆盖面与影响力。

一是整合基层治理主体，形成以共建共治为纽带的治理主体联盟。首先，在整合区域内红色资源基础上，联合党委、相关红色场馆阵地的负责部门（政府）、红色志愿者、社会群团组织、乡贤能人、五老等群众主体，制定规则规范主体联盟之间的参与行为，使当地红色资源能够得到有效保护和利用。其次，重点发挥区域联盟的党建引领功能，形成全覆盖、广吸纳、动态开放的基层党组织体系，让区域内的治理主体以更加精细化、多元化、开放化、整合化的方式参与红色治理的日常工作，整合治理资源，降低基层治理成本。最后，以红色文化促进社会治理为导向，制定主体联盟参与共治的“工作规范”及互联互动的“评价体系”，让共建共治更加规范化，提升区域内治理主体联盟合作的凝聚力和红色资源的转化效能。

二是对非公、非党系统的企业精英、乡贤能人、各界精英等人才进行重点选拔和培养。将一部分红色精英纳入红色头雁的队伍中来，鼓励他们发挥红色文化的宣传、引导功能；将一部分乡贤五老、民间精英等人才则通过搭建“圆桌会”“政协会议”“赣事好商量”“议事厅”等实体平台或互联网自媒体等虚拟平台，扩大红色文化传导力。

3. 激活社会各地的“红色细胞”。每一位公众个体都是潜在的红色小细胞。在推进“红色文化”与“社会治理”有机融合的过程中，需要充分激活红色小细胞，动员广大公众的广泛参与。一方面，通过打造“乡镇（街道）党委—社区党组织—党小组—群众”为主线的纵贯到底的“红色细胞”组织链，促进形成若干“红色细胞”群，通过干部联系党员、党员联系群众，充分激发江西社会治理中红色细胞的活力，达到宣传党的政策、反映群众诉求和化解矛盾纠纷等治理功能。另一方面，采取百姓喜闻乐见、接地气的宣传方式，创新红色文化宣传方式。如文艺汇报演出、开发微电影、自媒体等多种途径多元方式的运用，让每一个老百姓成为弘扬主旋律、传播正能量的红色细胞动力引擎。如新余推行的“道德积分银行”，是通过将红色文化中的“德”“善”等精神力量融入农村社会治理之中，充分调动群众“共治”积极性，激活社会治理的内生动力，让群众成为社会治理的造血细胞。

（四）提升红色治理共同体的技术效能

提升红色治理共同体的技术效能是一个长期而复杂的过程，需要各方共同努力，不断探索和创新，才能实现红色治理共同体的可持续发展。

1. 利用信息技术赋能红色文化资源的整合。要利用信息技术对红色文化资源进行有效整合并优化。特别是要对红色文化资源进行精细化、系统化整理，将红色文化进行资源归档、统计、分类，建立红色文化资源数据库。比如上高县建立矛盾纠纷调处中心，通过先进的信息手段整合治理资源，搭建“标准化”调处平台，实现对资源管理的专业化、保障化、规范化，打通资源与服务的最后一公里。同时，还要加大对红色资源的联合保护力度，尤其应该聚焦原址保护和收藏保护，建立红色资源电子档案，以最大力度留存现有的红色文化资源，方便群众和研究机构随时调取学习、参观和研究。

2. 结合江西信息技术优势赋能红色治理。江西 VR、AR、MR 等技术在全国发展排位靠前，为基于红色元宇宙、打造“红色文化 + 社会治理”提供了现实可能性。应在现有 AR、VR、MR 等科技城探索的实践基础上，进行适当探索。

首先，可在红色元宇宙概念基础上提升“一网通办”。为“一网通办”加入红色文化虚拟空间元素，利用虚拟科技把政务办事现场转化为红色虚拟人物的热情对接，既可避免漫长等待，还可以利用红色文化潜移默化地化解政务工作矛盾。

其次，可在高校、党校、中小学等各类教育场所增加红色文化教学课程。采用和结合已有VR、AR、MR等技术再现革命故事的发生情境，让群众近距离接受红色文化教育。

最后，通过网络新媒体等技术让红色文化资源活起来。例如，打造红色网站、红色微信公众号、红色抖音等，充分挖掘其中的红色治理资源。用红色人物、红色故事、红色精神教育人、感染人、激励人，从而凝聚红色力量。借助已有技术支撑，开发更多的红色文化虚拟旅游、体验项目。如南昌八一起义纪念馆已经推出“5G红色旅游示范区”取得较好效果。对外地游客而言，红色文化虚拟旅游可以节省成本，更好地向各地群众展示江西的红色文化，吸引线上线下两种类型的游客。对本省群众而言，也可以提升百姓生活休闲质量，丰富群众的精神世界，化解社会治理中的部分矛盾。

参考文献：

[1] 习近平．保护好中华民族精神生生不息的根脉[N]．人民日报，2022-03-20（01）．

[2] 本书编写组．党的二十大报告学习辅导百问[M]．北京：党建读物出版社，2022.

[3] 潘泽泉，辛星．政党整合社会：党建引领基层社区治理的中国实践[J]．中南大学学报（社会科学版），2021（3）．

[4] 周振超，侯金亮．市域社会治理法治化：理论蕴含、实践探索及路径优化[J]．重庆社会科学，2021（08）．

传承红色基因　助推基层社会治理

——吉安市红色社会治理工作模式研究

谢振华　王仕国　谢乾丰　曾泽军*

【摘要】 加强基层社会治理，是推进国家治理体系和治理能力现代化的基础性工程，也是强化“五位一体”总体布局中“社会建设”的重要工作要求。把红色基因融入基层社会治理工作，既是贯彻落实中央“传承红色基因，赓续红色血脉”重要指示要求的具体体现，也是各地区各部门创新社会治理工作的重要体现。作为革命老区，吉安市各县（市、区）把“传承红色基因，赓续红色血脉”活动与推进基层社会治理工作有机融合，走出了一条极具特色的红色社会治理工作之路。

【关键词】 红色基因；红色血脉；红色文化；社会治理；红色治理

一、引言

社会治理是我国“社会建设”的重要组成部分。构建一种团结、稳定、和谐、平安的社会，是我国社会建设的重要目标。实现这一目标，加强和改进

* 谢振华　吉安市委党校常务副校长
王仕国　省委党校哲学教研部主任、教授
谢乾丰　吉安市委党校马列主义基础理论教研室副主任、副教授
曾泽军　吉安市委党校副校长

社会治理工作是其中最重要的一条路径。特别是就基层社会治理工作而言，其重要性更是不言而喻，只有有了基层社会治理工作的实效性，才会有整个国家的社会治理工作的实效性。搞好基层社会治理工作，也是进行其他建设工作，例如政治建设、经济建设、文化建设和生态文明建设的重要基础和前提，只有拥有一种和谐稳定、平安幸福的社会态势，党和政府才能拥有更多的时间、精力等去开创其他工作。因此，加强基层社会治理工作，既是中国特色社会主义事业“五位一体”总体布局中“社会建设”的重要组成部分和重要要求，同时也是其他“四位”能够顺利开展并如期实现目标的重要基础①。“一个国家治理体系和治理能力现代化水平很大程度上体现在基层。基础不牢，地动山摇。只有不断夯实基层社会治理这个根基，才能真正实现社会主义现代化强国的目标。”②

二、红色基因与基层社会治理工作的耦合性

红色基因是我们党在长期的革命、建设和改革开放过程中孕育并不断得以继承和发扬的、能够集中表征我们党的优秀品质的精神因子，是我们党不断取得革命、建设和改革开放伟大胜利的重要密码。目前，在抓实抓好基层社会治理工作的实践中，我们必须要把红色基因融合于基层社会治理工作的全过程及每一个环节，进而取得传承红色基因与实现基层社会治理体系和治理能力现代化的双赢。就红色基因与基层社会治理工作的耦合性而言，主要有以下一些方面。

（一）注重发挥群众主体作用

始终坚持群众路线，是我们党取得革命、建设和改革开放伟大胜利的重要因素之一。革命战争年代，面对数倍于人民军队的凶恶敌人，我们党及其所

① 朱艳琳，谢乾丰．构建基层社会治理新格局的探索与思考——以江西省吉安市为研究对象［J］．老区建设，2021（2）：56-63.

② 基层社会治理，总书记这样强调［EB/OL］．https：//baijiahao.baidu.com/s？ id=1673163550941621140&wfr=spider&for=pc

领导的军队每到一处的首要工作之一便是团结群众、发动群众和宣传群众，从而有效夯实了党和军队在每一次战役中的群众基础，使敌人陷入人民战争的汪洋大海。井冈山革命斗争时期，面对国民党反动派的军事“围剿”“会剿”，以及严酷的经济封锁，以毛泽东为代表的老一辈无产阶级革命家，全面团结和依靠根据地广大群众，一方面取得了多次反军事“围剿”“会剿”的胜利，另一方面也取得了反经济封锁的伟大胜利。目前，在组织开展基层社会治理工作的实践中，各级党委、政府务必要始终坚持群众路线，充分发挥广大群众参与社会治理的主动性、积极性和创造性，以便汇聚起磅礴的群众力量和智慧，在加强党的领导和对相关工作进行规范性指导的前提下，确保民事民议、民事民决，切忌越俎代庖、指手画脚，要变“替民做主”为“让民做主”，唯有如此，才能真正契合社会治理工作中的“自治”之要求。“在中国特色社会主义新时代，不分人群，不论年龄，人人都是红色基因的传承者……在基层社会治理中，党委是领导者，政府是负责人，群体组织、经济组织、社会组织和公民是参与者。因此，传承红色基因与基层社会治理的实践主体基本一致，具有高度的契合性。”①

（二）注重发挥先锋模范作用

中国共产党党员是具有共产主义觉悟的先锋战士，发挥先锋模范作用是一名共产党员的天然职责和义务。革命战争年代，无数共产党员、指战员，为了推翻国民党反动统治，为了早日建立新中国，在残酷的斗争中抛头颅、洒热血，用自己的鲜血和宝贵生命换来了革命的胜利和新中国的成立。正是因为有着无数共产党员、指战员在革命斗争中感人肺腑的先锋模范作用，我们党的队伍也才越来越大，越来越坚强，最终为夺取各项事业的伟大胜利发挥了中流砥柱的伟大作用。井冈山革命斗争时期，由于国民党反动派残酷的经济封锁，根据地物资奇缺，广大红军将士和群众生活十分困难。食盐极度短缺就是其中的

① 陈成文，黄利平．红色基因融入基层社会治理：理论逻辑与实践路向［J］．甘肃社会科学，2021（5）：9-15.

一个典型事例。广大群众和红军将士不但菜中缺少食盐，甚至连用来给伤员清理伤口的盐水（用食盐加开水兑制）也极度缺乏。张子清师长负伤后，为了给其他伤员清洗伤口，毅然把配发给自己的食盐让给其他伤员，自己却坚持不清洗伤口，最终因为伤口严重感染而英勇牺牲。是什么力量支撑着他呢？除了坚定的理想信念之外，时刻发挥党员先锋模范作用也是一个重要原因。在基层社会治理工作中，时刻发挥先锋模范作用，也是每一名党员所应坚持的理念，要主动参与各项公益活动，带头参加各项社会治理工作并发挥示范引领作用，带头遵守各项规章制度和村规民约，勇于同不良社会现象作斗争，时刻以共产党员的人格魅力和行事魅力，带动更多更广的群众参与到基层社会治理的各方面实践，进而为基层社会建设做出更大贡献。

（三）注重发挥法治平等作用

讲究平等、尊崇法治，是我们党一贯的优良作风之一。例如针对军队中存在的“军官打骂士兵”现象，毛泽东领导的“三湾改编”确立了“在连以上建立各级士兵委员会，实行民主制度，在政治上官兵平等”的改编原则，目的就是要戒除军队中存在的官兵不平等的不良现象。在随后的井冈山革命斗争时期，逐步形成了“三大纪律、六项注意”，用以规范广大指战员的言与行。这对统一全军纪律、加强军队政治思想和作风建设发挥了重大作用。十一届三中全会后，我们党进行了包括恢复法治建设在内的全面拨乱反正建设。目前，全民的法治意识不断增强，法治政府建设取得重大成效，坚持法治思维、坚持依法执政已经成为广大党员领导干部的必要能力之一。在进行基层社会治理实践中，各级党委和政府，务必要进一步进行法治政府建设，坚决依法行政，切实维护好广大群众的合法权益，对违反法律法规的行政行为要进行严厉处置；同时，也要进一步帮助广大群众树立法治意识，严格遵守国家相关法律法规，严格依法办事，用法治手段维护自身合法权益。只有政府依法行政和群众依法办事同行同向，基层社会治理工作才能沿着法治的轨道正确前行，基层社会治理工作乃至基层社会建设工作才能取得更具实质性的成效。

（四）注重发挥理想信念作用

坚定的理想信念，是支撑一个人、团体、组织朝着既定目标笃志前行的重要精神动力和顽强意志。中外历史已经生动证明：理想信念的动摇，必将导致事业的半途而废甚至是失败。革命战争年代，之所以会有无数的革命先烈为着党的革命事业而不惜牺牲自己宝贵的生命，根本原因就是他们心中拥有无比坚定的理想信念。党自成立以来，就把实现共产主义作为自己的终极奋斗目标。革命烈士夏明翰面对敌人的屠刀，毅然写下了“砍头不要紧，只要主义真。杀了夏明翰，还有后来人”的壮丽诗篇，并一语中的地表达了广大共产党员为实现共产主义而不惜流血牺牲的坚定理想信念。在社会主义建设和改革开放年代，尽管没有了革命战争年代那种血与火的生命考验，但是在各自不同的岗位上，无数共产党员一如既往地朝着心中的理想信念而全身心投入工作，淡泊名利，克勤克俭，在危急时刻仍然冲在第一线、干在第一线，甚至不惜牺牲生命。在进行基层社会治理过程中，各级党委、政府必须进一步坚定理想信念，面对工作中存在的问题、遇到的困难，务必要沉着冷静，全面调研，科学研判并制定出台相关政策措施，一步一个脚印把问题与困难解决好，不断推进基层社会治理工作向好发展，不断实现基层社会治理工作的宏伟目标，永不言败，永不放弃。

三、吉安红色社会治理工作取得的成效

作为井冈山精神的发源地，吉安市广大干部群众牢记习近平总书记视察江西、吉安时的重要讲话精神，坚持把传承红色基因、赓续红色血脉工作要求贯穿于助推吉安经济社会高质量发展的全过程各领域，因地制宜，勇于创新，笃志前行，取得了传承红色基因、赓续红色血脉与助推经济社会高质量发展双赢双促的显著效果。特别是在红色社会治理工作方面，作为全国市域社会治理的试点单位之一，吉安市在传承红色基因与助推基层社会治理工作方面，更是取得了显著成效。

（一）平安社会建设效果突出

平安社会建设，是基层社会治理工作的重要方面，也是表征社会治理效果

的重要指标。近年来，吉安市各县（市、区）党委、政府充分发掘和梳理所在地区的红色资源，并把其中所蕴含的红色基因广泛运用于基层社会治理工作实践中，一方面，不断加强和完善平安社会建设所必需的各项基础设施建设工程。例如村（组）、社区实现“天眼工程”“雪亮工程”全覆盖，村（组）、社区警务室实现全覆盖，村（组）民间纠纷调处室实现全覆盖……平安社会建设各项基础设施建设的不断加强和完善，有力震慑了各种不安全因素的触手。另一方面，不断加强平安社会建设所需的各种软件建设。例如全面实施平安乡镇、平安社区、平安学校等“十大平安”建设工程，覆盖率达到100%。在村（社区）、村小组等基层单位组织成立红色袖章队、红色纠纷调处队等村民（居民）义务服务团体，聘请老党员、老干部、老教师、老专家、老模范等充当义务队员，就村（社区）、村小组存在的平安问题、矛盾纠纷等危及平安社会建设的问题等，进行及时处理或调处，确保矛盾消灭于萌芽状态。2021 年 12 月 15 日，吉安市荣获“平安中国建设示范市”称号，泰和县平安办被表彰为“平安中国建设先进集体”。这是吉安市贯彻落实习近平总书记关于平安中国建设的重要指示批示精神，继 2017 年获得“全国社会治安综合治理优秀市”称号之后，第二次在平安建设领域摘得国字招牌。

（二）和谐社会建设成效明显

大风起于青蘋之末。基层是社会矛盾的初源地。许多具有较大负面影响的社会矛盾，最初都源自于基层一些细微的矛盾纠纷。这些没有得到及时化解的矛盾纠纷，或是没有得到公平公正处理的矛盾纠纷，因多种因素的叠加性影响，最终酿成具有重大负面影响的社会矛盾。例如安徽池州群体性事件（2005 年 6 月）、四川达州群体性事件（2007 年 1 月）、贵州瓮安群体性事件（2008 年 6 月）、云南孟连群体性事件（2008 年 7 月）等等。这些群体性事件，都是源于起初的矛盾纠纷没有得到及时的公平公正处理，进而酿成了具有较大社会不良影响的群体性事件。习近平总书记指出：“要加强和创新基层社会治理，使每个社会细胞都健康活跃，将矛盾纠纷化解在基层，将和谐稳定创建在基层”。[①] 近年来，吉安市各县（市、区）高度重视基层社会矛盾纠纷处置工作。一方面，积极学习借鉴“枫桥经验”，全面建设“枫桥式公安派出所”。2019年11月，井冈山市公安局茨坪派出所成为全国首批命名的“枫桥式派出所”。目前，青原区值夏镇派出所等一大批基层派出所正积极开展“枫桥式派出所”创建活动。“枫桥式派出所”的创建，有力推动了基层派出所各方面建设质量的显著提升，同时也有效解决了基层社会矛盾纠纷。另一方面，把红色基因全面融入基层社会矛盾纠纷处置工作之中，及时解决邻里之间、村组之间、家庭内部矛盾纠纷。目前，一种和谐、团结、友爱、互助型的社会关系和氛围不断养成与浓厚。例如，一些县（市、区）纷纷成立人民调解室，站群众位置，说群众语言，解群众难事，帮助解决群众身边的矛盾纠纷，进而把矛盾纠纷消灭于萌芽状态，解决于村组（社区）。

（三）精神文明建设效果显著

群众的文明程度是彰显社会治理工作成效的重要方面。当然，这里的文明主要是指精神文明。精神文明建设，除了要以法治建设为主要依据之外，还必须依靠德治、自治等方式来加以促进和提高。社会治理工作，特别是基层社会治理工作，就提高基层群众的精神文明素养而言，更主要的要依靠自治和德治这两种社会治理方式。通过自治，让百姓对自己的事情进行“商议”和“决断”，有利于调动百姓参与各种集体性事务的主动性积极性，同时也有利于解决问题或困难的方式方法更符合百姓的初衷与实际。通过德治，让百姓学习身边的好人好事，从而在心里自觉地形成一种见贤思齐的向善心理。近年来，吉安市各县（市、区）党委、政府高度重视新时代社会主义精神文明建设工作，以培育和践行社会主义核心价值观为抓手，大力实施文明乡风、良好家风、淳朴民风建设工程，寓红色基因于基层社会治理之中，通过扎扎实实的工作成效，不断提升广大群众的精神文明素养，进而不断提升全市广大干部群众的精神文明程度。例如不少县（市、区）农村已经实现村规民约全覆盖，借助村规

---

① 习近平：在经济社会领域专家座谈会上的讲话［EB/OL］. https：//baijiahao.baidu.com/s？id=1675922109151348077&wfr=spider&for=pc

民约，教育与宣传群众在日常工作和生活应当做什么、不应当做什么，发挥了规范群众言行的重要作用。广大农村曾经存在的赌博、迷信、偷窃、不孝敬老人、不赡养父母等不良现象愈来愈少。同时，组织成立由村中“五老”组成的各种理事会，例如红白事理事会、村务工作理事会等，针对村中的公共性事务，交由理事会处置，既减轻了相关职能部门的工作负担，也提高了村中事务的处置速度和质量。特别是成立的各种乡贤组织，不仅为广大乡贤回报家乡、服务桑梓提供了舞台，更使广大群众在心理自觉或不自觉地产生一种崇尚乡贤、见贤思齐的思想，从而不断提高自身文明素养。目前，广大农村已经形成一种敦亲睦邻、敬老尊贤、乐善好施、守望相助的良好风气。正是得益于这种良好社会风气，全市广大群众的精神文明程度显著提升。2017 年，吉安市首次参与全国文明城市创建，并一举获得成功，获评第五届全国文明城市。全市 13 个县（市、区）有 10 个县（市、区）获评江西省文明城市。

（四）百姓幸福指数显著提升

2020 年 11 月，习近平总书记对平安中国建设作出重要指示，要求“全面提升平安中国建设科学化、社会化、法治化、智能化水平，不断增强人民群众获得感、幸福感、安全感”。不论是平安中国建设，抑或是社会治理工作，都是中国特色社会主义事业“五位一体”总体布局中“社会建设”的重要组成部分。从两者的辩证关系来看，平安中国建设包含于国家社会治理工作范畴，是社会治理工作的重要方面和重要领域。此外，平安中国建设更注重法治的力量，社会治理除了依靠法治的力量之外，还要依靠自治、德治的力量。当然，这两者的目的是相同的，即“不断增强人民群众获得感、幸福感、安全感”。幸福，是指人民群众对自身生存和发展状况的主观感受与体验。随着全面小康社会的建成，在物质财富不断得以满足的前提下，人民群众更加注重生活质量的满足状况。例如人们已经由过去对温饱的追求而转为对环保的追求，即对自身生活和工作环境的高质量追求；由“有居”转而对“宜居”的追求，由“有学上”转而对“上好学”的追求；等等。社会治理工作，作为社会建设事业中的软件性建设，涉及的领域较广，任务非常艰巨，存在的困难较多，需要的资金较大，持续的时间较长。红色社会治理工作因为融入了红色基因的缘故，就为解决好上述社会治理工作中的短板奠定了坚实的基础——汇聚了磅礴的群众力量，凝聚了无穷的群众智慧，提供了科学的方法论。近年来，吉安市委、市政府高度重视人民群众幸福指数的提升工作，以加强社会治理工作为抓手，在衣、食、住、行、学、医、游等方面，加大资金投入，加强各项软硬件建设，广大群众的获得感、幸福感和安全感不断增强。例如近十年来，全市财政支出的近七成用于改善民生福祉，城乡居民养老、医疗保险实现全覆盖，城乡环境不断向好，获评国家卫生城市、国家园林城市、国家森林城市、全国文明城市，并把解决群众身边的“关键小事”作为发力点，量力而行、尽力而为，将一揽子民生“问题清单”，逐步变为一长串百姓“幸福账单”。

四、吉安红色社会治理工作模式简析

经过多年的探索与实践，吉安市各县（市、区）在基层社会治理工作中，形成了诸多成熟的工作模式，积累了丰富的实践经验，为全市取得社会治理工作重大成绩，发挥了重要作用，做出了重要贡献，加快了吉安市治理体系和治理能力现代化建设步伐。

（一）红色宣讲＋社会治理：传承“红色基因”，为乡村治理“铸魂”

依托党员活动室、新时代文明实践站等场所，组建红色文化宣讲队，开设“红色讲堂”，邀请红军（烈士）后代、退休老干部每月向村民讲述革命故事，定期为党员上党课。同时，把红色文化宣讲延伸到校园，让学生从小接受红色文化熏陶，通过“小手拉大手”，促使邻里关系更和睦。通过日复一日的红色宣讲“润物细无声”，村“两委”干部也主动晒承诺、比业绩，党员创先争优意识进一步增强。红色宣讲铸就了党员干部政治上的“信念红”，激发了全民共治的“红色动能”，为乡村治理“铸魂”。

（二）红色网格＋社会治理：织密“红色网格”，为乡村治理“壮骨”

以党建为引领，持续推动“红色网格”管理模式。各村（组）按照自身实际情况，例如面积、人口等指标，把各村（组）划分成数量不等的红色网格，每个红色网格由一名党员负责，形成“党支部+红色网格+党员+村民”治理模式。红色网格内村民的矛盾纠纷第一时间由网格员进行调处，调处不到位的矛盾转交村（组）“五老”调解队进行调解。同时，党员干部主动在红色网格中签订“责任书”，包干“责任田”，服务“责任区”，当好“责任人”，带领群众共同推进红色名村建设、产业发展、人居环境整治等重点工作，推行“一格一群”微信工作模式，建立以党员干部为管理员，以微信为媒，搭建党群信息“连心桥”，确保微信一响，便知民情。

（三）红色队伍+社会治理：建强“红色队伍”，为乡村治理“强身”

依托村综治中心平台，以建强“红色队伍”为抓手，通过资源整合，优化引导，壮大基层治理力量，构建了“1+3+N”（“1”，即一个基层党支部；“3”，即红袖章义务巡防队、“五老”调解队、红马甲志愿服务队；“N”，即广大群众）三级组织体系，三支队伍在党支部的统领下积极发挥作用，强化风险研判，注重源头治理，坚持抓早抓小抓苗头，解决好村民迫切需要解决的生活生产问题，有效将问题发现在萌芽，把矛盾化解在基层，充分筑牢基层社会稳定基石，为乡镇治理“强身”。例如，2021年，万安县枧头镇兰田村“红色队伍”及时制止的秸秆焚烧行为就达7起，成功调处矛盾纠纷11起。

（四）红色服务+社会治理：推进“红色服务”，为乡村治理“活血”

通过建立群众需求清单和志愿者库，精准对接群众所需和党员所长，广泛开展志愿者服务，实现资源共享、精准服务。2021年，吉州区长塘镇茅山村收集群众各类需求信息80余条，招募志愿者60余人，进一步推动党组织对群众“有求必应”，办好解民忧、纾民困、惠民生、暖民心的实事好事，让村民“获得感”成色更足。2021年，新干县三湖镇山里村红马甲志愿服务队开展卫生保洁、关爱老人、矛盾纠纷调解等志愿者活动50余次，获得广大村民的赞扬和认可，实现了把群众的呼声变为掌声，为乡村治理“活血”。

（五）红色精神+社会治理：统筹“五治结合”，构建社会治理立体网络

自治、德治和法治，是社会治理的三条主路径。井冈山市公安局依托井

冈山得天独厚的红色资源，大力弘扬跨越时空的井冈山精神，在自治、德治和法治三条主路径基础上，再做好“政治”和“智治”两篇文章，多管齐下，全方位构建起社会治理工作的立体网络。

1. 政治引领：传承基因“政治红”。一是用好红色教育“资源”。把红色文化育警活动纳入长效机制，并以党建促队建，以教育促养成，常态化开展“身边好党员”“支部好声音”和清明祭英烈、红色家书朗诵比赛等党建活动，引导民警把握“公安姓党”的根本政治属性。二是建好红色教育“阵地”。通过改造现有廉政教育室、荣誉室、励警室等教育平台，新建综合性教育培训基地，红色教育阵地不断扩容。三是搭好红色教育“载体”。积极开展以“传承红色基因，永葆忠诚本色”为主题的“十个一”系列教育活动①，通过课堂教学、红色研学、警营文化、媒体宣传等多种教育形式相结合，让每位民警回望红色历史、赓续红色基因、滋养红色初心。

2. 德治教化：彰显德治“作风红”。一是以文养德。注重以文化人，以文养德，实施文化惠警工程，通过组织开展“祭英烈”“重温入党入警誓词”，以及与革命后代、道德模范开展“井冈山精神代代传”访谈式教学等一系列活动，在全警中浸润红色文化，陶冶道德情操。二是以规促德。继承和发扬井冈山斗争时期“三大纪律、六项注意”，以政法队伍教育整顿活动为契机，深入开展“警风建设年”活动，加大警示教育力度，切实解决队伍中存在的“怕、假、庸、散、慢”问题。三是以评立德。积极探索典型宣传与表彰奖励有机结合的选树工作新模式，借助官微、抖音等平台，讲述身边的民警故事，提高民警自身职业认同感，归属感。

3. 扬起法治“旌旗红”。一是以维护稳定为前提，深化平安建设。坚持总体国家安全观，扎实开展严打整治，深入推进扫黑除恶专项斗争，下大力气整治社会治安重点地区和突出治安问题。二是以严格执法为核心，提升执法素

① 即讲一个红色故事，唱一首红色歌曲，听一场红色讲座，踏一次红色足迹，看一部红色影片，读一部红色书籍，上一堂专题党课，写一篇初心感言，重温一次入党誓词，组织一次红色培训。

养。牢牢抓住“规范执法”这一生命线，健全覆盖各个执法环节和岗位的执法标准和实战指引，全面提升案件执法质量和水平。三是以依法管理为基础，推动依法行政。推行“红色治理”新模式，广泛发动群众参与社会治安管理，同时强化执法主体建设，创新依法管理制度，建立完善责任清单，确保在执法管理中充分关注民生、重视民生、保障民生、改善民生。

4. 构筑智治“防线红”。一是推动后知警务向先觉警务转变。紧紧抓住井冈山市建设“智慧城市”契机，推动“智慧公安”融入“智慧城市”，真正做到“空中有眼、地上有点、街上有警、路过有痕”，实现了先知先觉的触角延伸至“吃住行消乐”最前沿。二是推动单一警务向综合警务转变。按照信息化勤务（警务）要求，以打造“急诊科式”指挥中心为契机，逐一配齐配强六大核心岗位，科学整合警力资源，将情报、网安、视频等力量进行整合，成立合成作战室，充分发挥合成作战优势，为一线办案提供强有力的科技支撑。三是推动粗放警务向精细警务转变。积极适应科技强警战略，向科技要警力，迅速组建图侦中队，实行 24 小时视频巡视。以网格化“四定三包”[①] 巡逻防控机制为基础，建立 110 警情和视频巡逻、街面巡逻联动反应机制，切实做到“天网二十四小时巡察不眨眼”与“地面二十四小时巡逻不断人”互通互补，警力投放与防控需求“同频共振”。

5. 激发自治“力量红”。深化新时代“枫桥经验”，坚持和发扬“群众路线”这一“传家宝”，围绕“警务围着民意转、民警围着百姓转”两个理念，深入群众、发动群众、依靠群众。一是坚持源头治理，做到“矛盾不上交”。坚持以人民为中心，在每一个治安较复杂的自然村、小区、企业等组建由当地德高望重的老长辈、老教师、老退休人员、老退伍军人、老村长“五老”组成的“治安调解理事会”，健全完善多元化矛盾纠纷化解机制，真正做到“小事不出村、大事不出镇、矛盾不上交”。二是坚持以防为主，做到“平安不出事”。秉持“警力有限、民力无穷”理念，发扬“民警人人都是 110 ，群众个

① 即定民警、定巡防员、定任务、定奖惩，包片、包网格、包安全。

个都是治安员”警务工作模式，深化社区警务战略，实现“一社区（村）一警（辅警）”。建立多员联动机制，形成“1+4+N”多员叠加的网格治理模式①，构建了警民共治共建共享的基层社会治理新格局。三是坚持服务为先，做到“服务不缺位”。不断创新发展“微警务＋指尖上派出所”等科技服务手段，全面推行“一村一群，一群七员”微信创建法，每个自然村建立一个微信群，加入派出所责任警员、户籍员、交通警员、巡防员、宣传员、乡镇驻村员、村委会成员七员，为群众提供“微”服务，实现了“让数据多跑腿、让群众少跑路”的满意成效。

（六）红色文化＋社会治理：厚植红色基因，让文明观念深入人心

红色是遂川县草林镇大坪村最鲜明的色彩。作为草林圩场重要组成部分，当年曾被誉为“满地红”（意即“全村住满了红军”），有着得天独厚的红色资源。为了让这些红色记忆、红色基因牢牢刻在每个村民心中，让广大群众自觉成为和谐文明的践行者，当地以红色立村，凝聚精神力量，播种文明之花。一是红色讲堂传基因。开设红色治理大讲堂，延请年逾九十的抗美援朝老兵、退休教师郭斯行组织平安志愿者队伍，自发为青年学生、党员群众传播红色精神，不定期为周围群众、学生提供丰富多彩的课堂宣讲、公益影片展播、防邪反诈宣传、红色教学点参观学习等活动。二是红色电影育氛围。数十年服务于乡村电影放映的“文化名人”——谢九玲，所放映的红色电影是大坪村红色宣传的一张名片。浓厚的红色文化氛围影响着广大群众，时刻提醒着作为“红色名村”的一员要遵纪守法、和谐相处。红色文化氛围助推乡风文明，也助推着当地经济社会高质量发展。草林红圩特色小镇建设过程中，大坪村作为核心功能区之一，面临着征地拆迁的巨大任务和压力。然而在全村 40 多栋房屋、300 余亩土地征收过程中，没有出现大的矛盾纠纷，没有发生因征地拆迁引发的群体性事件，极大凸显了大坪村红色治理成效。

---

① 即以 1 支公安队伍为基础，统筹组织不同行业、领域群众成立红袖章义警队、五老调解队、志愿服务队、微警务队 4 支群防群治队伍，广泛吸纳清洁工、快递员、广场舞大妈等 N 支社会力量组建信息员队伍参与治安防控。

五、结语与启示

加强社会治理工作，提高社会治理工作水平和质量，是新时代加强“社会建设”工作的重要要求。习近平总书记指出，“社会治理是一门学问”，要“深化对社会运行规律和治理规律的认识，善于运用先进的理念、科学的态度、专业的方法、精细的标准提升社会治理效能”。[①] 把红色基因融入基层社会治理工作，一方面是“传承红色基因，赓续红色血脉”的时代要求，另一方面也可以为基层社会治理工作注入新的活力和动力，是提高国家和地方政府治理体系与治理能力现代化的有效路径和科学方法。作为一种创新性的社会治理工作模式，吉安市所推行的红色社会治理工作给予我们以下几点启示：一是要科学找准红色基因与社会治理工作的契合点。要在深入挖掘某一红色基因的内涵或特点的基础上，根据当地社会治理工作的实际，因地制宜地把红色基因嵌入社会治理工作实践，切忌生搬硬套或依葫芦画瓢。二是要注重传承红色基因与提高社会治理工作实效的双赢。推行红色社会治理工作，既要把传承红色基因的工作抓实抓好，同时也要把助推社会治理的工作抓实抓好，不能厚此薄彼，也不能偏废哪一方面，要促进这两者的双促双赢。三是要做好各种红色社会治理工作模式的总结、提炼、提升和推广等工作。红色社会治理工作既具有传承红色基因工作的严肃性，也具有一般性社会治理工作的严谨性。因此，要及时对当地所推行的红色社会治理工作模式的成功经验、不足之处等方面，及时进行总结、提炼与提升，确保后续所推广的工作模式能够迅速开花结果。四是要充分发挥广大人民群众的主体作用。群众的力量是无限的，智慧也是无限的。在实施红色社会治理工作的实践中，务必要充分调动广大基层一线群众的主动性、积极性与创造性，以解决好人民群众所关心关注的急难愁盼事情为出发点和落脚点，确保红色社会治理工作的“红色底蕴”分量十足、“人民至上”情怀更深。

---

① 郭金云．坚持基层社会治理为了人民［N］．光明日报，2022-07-26（06）．

江西省群团组织参与基层社会治理的现状与对策研究

乐亚山 欧阳华 易 磊 孙 晋*

【摘要】 群团组织参与社会治理是党治国理政的重要课题，也是不断推进国家治理体系和治理能力现代化的必然要求。党的十八大以来，江西省工、青、妇等各群团组织，立足自身职责和所联系的群众，积极参与基层社会治理实践活动，在协调社会关系、规范社会行为、稳定社会秩序、化解社会矛盾、应对社会风险、促进社会稳定、激发社会活力、推动社会发展等方面都发挥了巨大作用。但由于历史和现实等多方面因素，群团组织在参与基层社会治理过程中还存在着创新不足、方法单一、资源和能力有限等方面的问题。发现并解决这些问题，将为进一步提升群团组织参与基层社会治理的效能，推进“六个江西”建设发挥更大的作用。

【关键词】 群团组织；基层社会治理；国家治理体系和治理能力现代化

党的十八大以来，以习近平同志为核心的党中央高度重视社会治理问题，强调要加强和创新社会治理，逐步实现社会治理结构的合理化、治理方式的科学化和治理过程的民主化。党的十八届三中全会通过的《中共中央关于全

* 乐亚山 省委党校群团理论教研部负责人、教授
欧阳华 省委党校群团理论教研部副主任、高级讲师
易 磊 省委党校群团理论教研部高级讲师
孙 晋 省委党校群团理论教研部讲师

面深化改革若干重大问题的决定》，第一次系统性地将“国家治理体系和治理能力现代化”“建立社会参与机制，充分发挥工会、共青团、妇联等人民团体作用”与“创新社会治理”[①] 作了整体性表述，首次以纲领性文件的方式将群团组织协同参与社会治理纳入到国家治理的体系之中。2015 年出台的《中共中央关于加强和改进党的群团工作的意见》进一步明确“群团组织是创新社会治理和维护社会和谐稳定的重要力量”，并为群团组织参与社会治理进行了路径设计，“各级党委和政府要支持群团组织依法参与社会事务管理，支持群团组织以合适方式参与政府购买服务”，“群团组织要加强对有关社会组织的政治引领、示范带动、联系服务”。[②]2017 年，党的十九大报告提出：“加强社区治理体系建设，推动社会治理重心向基层下移，发挥社会组织作用，实现政府治理和社会调节、居民自治良性互动。”[③] 这为群团组织参与基层社会治理，更好发挥群团组织作用提供了政策空间。2019 年，党的十九届四中全会提出要“完善群众参与基层社会治理的制度化渠道”，“发挥群团组织、社会组织作用，发挥行业协会商会自律功能，实现政府治理和社会调节、居民自治良性互动，夯实基层社会治理基础”。[④]2020 年，党的十九届五中全会再次强调要“发挥群团组织和社会组织在社会治理中的作用，畅通和规范市场主体、新社会阶层、社会工作者和志愿者等参与社会治理的途径”。[⑤]2021 年，中共中央、国务院出台《关于加强基层治理体系和治理能力现代化建设的意见》，对推进基层治理进行了更为具体而深入的部

① 中共中央文献研究室 . 十八大以来重要文献选编（上）［M］. 北京：中央文献出版社 2014：454.

② 中共中央文献研究室 . 十八大以来重要文献选编（中）［M］. 北京：中央文献出版社，2016：313，314.

③ 习近平 . 决胜全面建成小康社会夺取新时代中国特色社会主义伟大胜利——在中国共产党第十九次全国代表大会上的报告［M］. 北京：人民出版社，2017：48.

④ 本书编写组 . 中共中央关于坚持和完善中国特色社会主义制度推进国家治理体系和治理能力现代化若干重大问题的决定［M］. 北京：人民出版社，2019.

⑤ 中共中央党史和文献研究院 . 十九大以来重要文献选编（中）［M］. 北京：中央文献出版社，2021：288.

署，提出要“统筹基层党组织和群团组织资源配置，支持群团组织承担公共服务职能”。[①]2022年，党的二十大报告进一步提出：要“深化工会、共青团、妇联等群团组织改革和建设，有效发挥桥梁纽带作用”。“完善办事公开制度，拓宽基层各类群体有序参与基层治理渠道，保障人民依法管理基层公共事务和公益事业。”[②] 上述一系列会议和文件清晰地表明，推进基层社会治理体系和治理能力现代化，是当前我国社会建设的重大课题，也是党和国家的对基层社会治理的顶层设计，群团组织作为其中的重要参与力量，具有独特的社会功能。

一、群团组织参与基层社会治理的现实意义

社会治理是指在党的领导下，由政府组织指导，吸纳社会组织等多方面治理主体参与对社会公共事务进行治理的活动，是一个以实现群众权利为核心，发挥多元治理主体的作用，针对国家治理中的社会问题，完善社会福利，保障改善民生，化解社会矛盾，促进社会公平，推动社会和谐有序发展的过程。而基层社会治理则是以基层群众为主体、直接围绕和群众密切相关的基层社会事务而开展的社会治理活动，是我国社会治理最重要的内容和最深厚的基础。在这一过程中，工会、共青团、妇联、科协、侨联、残联、记协等党领导下的群团组织以其深入基层一线、身处群众之中的巨大组织优势发挥着重要作用。

（一）群团组织参与基层社会治理是党治国理政的必然要求

加强和创新基层社会治理，是涉及党长期执政、国家长治久安和广大人民群众的切身利益的重大问题。群团组织作为党和政府联系人民群众的桥梁和纽带，是创新社会治理和维护社会稳定的重要力量。群团组织参与基层社会治

---

① 中共中央党史和文献研究院．十九大以来重要文献选编（中）［M］．北京：中央文献出版社，2021：812.

② 习近平．高举中国特色社会主义伟大旗帜为全面建设社会主义现代化国家而团结奋斗——在中国共产党第二十次全国代表大会上的报告［M］．北京：人民出版社，2022：34，35.

理，具有十分重大的意义。

首先，群团组织参与基层社会治理有利于巩固党执政的阶级基础和群众基础。党的执政基础牢固可靠的关键在于党是否能始终赢得广大人民群众的支持和信赖。群团组织作为党领导下的群众组织，其特有的政治性、先进性和群众性特点，使其在参与基层社会治理的过程中，能够始终做到紧紧围绕党和国家工作大局，始终把党的路线、方针、政策贯彻到群众中间，使基层社会治理永不偏向、永不偏航，从而有效地团结动员广大人民群众走在时代前列，在改革发展稳定第一线建功立业，为实现中华民族伟大复兴凝聚磅礴力量。

其次，群团组织参与基层社会治理有利于密切党同人民群众的血肉联系。群团组织在参与社会治理的过程中，通过自己富有成效的工作，把党对人民群众的关怀送到群众的心中，从而不断赢得人民群众的支持和拥护。群团组织始终站在党和人民的立场上，坚持为党分忧、为民谋利，把党的要求和人民的利益统一起来并贯穿在所开展的各种活动之中，通过组织、宣传、教育、动员、引导、服务等手段，发挥凝聚人心、统一思想、增进情感、化解矛盾、激发活力的作用，从而使群团组织自觉成为在群众中、在基层一线凝聚人心、坚守前哨、冲锋陷阵的战斗队和工作队。

最后，群团组织参与基层社会治理有利于推进党的事业发展。在中国共产党百年奋斗历程中，群团组织始终在党的领导下，以党的旗帜为旗帜、以党的意志为意志、以党的使命为使命，围绕党的中心任务而不懈奋斗，在参与基层社会治理方面创造了彪炳史册的贡献。早在安源工人运动时期，安源工人俱乐部就在党的领导下，以历时近十年的实践，第一次创造性地开展了统一战线、武装斗争、党的建设、宣传教育、企业管理、经济事业、青年工作、妇女儿童工作等全方位的社会治理实践活动。此后，在中国革命、建设和改革的每一个历史时期，工青妇等群团组织始终在党的领导下发挥重要的作用。在中国特色社会主义新时代，群团组织始终是党做好群众工作的重要组织载体，是党联系社会和市场之间的重要组织网络。

（二）群团组织参与基层社会治理是国家治理体系与治理能力现代化的必然要求

国家制度与社会治理是决定国家性质和国家竞争力的根本问题，也是一个国家综合国力和竞争力强弱的重要标志。以中国式现代化全面推进中华民族伟大复兴，必然要求建立健全“强起来”的国家制度体系和国家治理能力，基层社会治理是国家治理的基石，是实现国家治理体系和治理能力现代化的基础工程。群团组织扎根基层、深入群众，推进群团组织参与基层社会治理正是推进国家治理体系和治理能力现代化的必然要求。

首先，群团组织是基层社会治理中重要的治理主体。社会治理现代化既是国家治理现代化的重要支柱，也是国家治理现代化的坚实基础。通过群团组织团结、动员、引导各阶层人民群众参与基层社会治理，才能真正体现广大人民群众既是社会治理的主体，又是社会治理的客体，从而建立和完善共建共治共享的社会治理制度，助推中国特色社会主义制度更加成熟更加定型，确保党和国家事业蓬勃发展、长治久安。具体来说，群团组织作为基层社会治理中重要的治理主体，可以在参与社会公共政策制定、参与社会事务治理监督、协调社会利益关系和强化社会服务功能等方面发挥作用，推动社会治理效能的全面提升。

其次，群团组织是基层群众参与社会治理重要的组织者。中国特色社会主义进入新时代，我国社会主要矛盾已经发生了重大的变化，在吃穿住行等基本生存条件得到解决之后，广大人民群众对于教育医疗、民主法治、公平正义以及安全环境等方面有了更高的要求，对于更加广泛、深入地参与社会事务、维护自身和公众权益具有更加强烈的愿望。在这种条件下，群团组织及时团结动员基层群众参与社会治理，为广大群众最大范围的社会参与疏通渠道、搭建平台，更好体现人民群众主人翁地位，增强人民群众获得感、幸福感、安全感，使全过程人民民主具有更为深厚的群众基础。

最后，群团组织是基层社会治理不断创新的重要力量。群团组织拥有数量众多的会员，分别联系着不同群体中的广大群众，在结构上具有一呼百应的功能，它们是中国特色的政治组织创造，兼具政治属性和社会属性，既具有执政党和政府公共权力资源的支撑，又具有面向社会公众的结构延伸。[①]坚持和完善共建共治共享的社会治理制度，需要群团组织把各方面群众都团结到参与基层社会治理的全过程之中，从而提高全社会风险防范化解的能力，为全面建成社会主义现代化强国、实现第二个百年奋斗目标、实现中华民族伟大复兴的中国梦创造良好社会环境。

（三）群团组织参与基层社会治理是群团组织围绕中心、服务大局的必然要求

习近平总书记指出："服务党和国家工作大局是党的群团工作的主线。"[②]新时代，全省群团组织要坚持在大局下思考、在大局下行动，就必须以实际行动紧紧围绕全面建设"创新江西、富裕江西、美丽江西、幸福江西、和谐江西、勤廉江西"的奋斗目标上发挥职能优势，积极担当作为。

首先，群团组织参与基层社会治理是在围绕中心服务大局中找准结合点和着力点的重要体现。江西省第十五次党代会提出的"六个江西"发展目标是贯彻落实习近平总书记视察江西时对江西工作重要指示要求的工作部署，事关全省高质量发展的重大战略任务，需要凝聚各方面力量持续推进、久久为功。群团组织参与基层社会治理，可以发挥自身密切联系群众的优势，广泛听取和充分反映群众的意见，找准推进发展的工作结合点和着力点，引导各自联系的群众为实现"六个江西"的发展目标建功立业。

其次，群团组织参与基层社会治理是在围绕中心服务大局中推动改革和凝聚合力的重要举措。做好改革发展稳定的宣传和舆论引导工作，凝聚改革共识，让群众理解改革、支持改革、参与改革，必须营造和浓厚让全省人民群众心往发展想、力往发展使、智往发展聚的良好氛围。群团组织充分利用自身密

① 赵欣．推进群团组织融入基层治理［EB/OL］．http：//theory.people.com.cn/n1/2016/0324/c49150-28223730.html

② 习近平：在中央党的群团工作会议上的讲话，2015 年 7 月 6 日，http：//jhsjk.people.cn/article/29668713

切联系群众的渠道，把改革评价权交给群众，以此检验改革是否促进经济社会发展、是否给人民群众带来实实在在的获得感，正是依靠群众推动改革、凝聚改革合力的重要举措。

最后，群团组织参与基层社会治理是在围绕中心服务大局中推进全过程人民民主生动实践。全过程人民民主是党团结带领人民追求民主、发展民主、实现民主的伟大创造，是我们党始终坚持人民至上的具体体现。群团组织作为党领导下的人民团体，在参与基层社会治理的过程中，通过搭建平台、创造条件、优化环境，积极组织群众参与基层社会事务的民主决策、民主管理、民主监督、民主选举，参与国家有关法律、法规、政策的制定与修改，把人民的民主权利直接转化为最活跃最真实的民主实践，基层民主成为我国全过程人民民主重要的制度体现。

二、群团组织参与基层社会治理取得的显著成效

为全面了解江西各级群团组织参与基层社会治理的情况，从 2022 年 3 月开始，课题组通过文献查阅、问卷调查、座谈讨论、实地考察等方式对部分群团组织参与基层社会治理的情况进行了深入调查。本次调研召开小型座谈会 8 次，发放问卷 354 份，回收有效问卷 351 份，对象涉及部分省直单位领导干部和全省 11 个设区市的基层一线职工。调查显示，群团组织参与基层社会治理极大地调动各阶层群众参与社会治理的积极性，广大群众对于参与群团组织开展的各类社会治理活动积极性空前高涨。在受访者中，认为群团组织有必要参与基层社会治理的达到 100%；对基层社会治理的内涵比较了解的达到 91.43%，只有 8.57% 不知道什么是基层社会治理；参加过所在地方群团组织（工、青、妇或其他组织，以下同）开展的基层服务工作的达到 85.71%，没有参加过的只有 11.43%。针对个人是否愿意参与群团组织开展的基层社会治理活动，94.29% 的受访者表示愿意。对于群团组织在基层社会治理中的作用，有 60% 的受访者认为可以协助党政解决一些他们无法解决的问题；80.05% 的受访者认为可以把党的政策及时落实到基层群众中去；同时，认为可以团结乡

镇街道社区群众跟党走的占 60.11%；认为可以及时发现乡镇街道社区存在的各种问题的占 45.71%；认为可以在基层社会治理中深入群众，发展壮大群团组织的占 65.71%；认为可以建设和谐美丽平安家园，营造人人参与、人人管理、人人享有的社会新风尚的占 80.05%。江西群团组织参与基层社会治理取得的显著成效主要集中在以下几个方面：

（一）聚焦时代主题，在推动创新创业助力江西发展上创造新业绩

近年来，江西群团组织按照党中央、国务院和江西省委、省政府的战略部署，主动担当、积极作为，聚焦为群众办实事，努力搭建服务平台，不断凝聚起群团组织正能量，发出群团组织最强音，让广大人民群众成为基层社会治理的重要主体，全面推动基层社会治理在赣鄱大地蔚然成风，共同谱写出群团组织参与基层社会治理的江西篇章，为推动“六个江西”建设做出重要贡献。如围绕加快新旧动能转换，省总工会持续开展的“争先创优劳动竞赛”，极大地推进企业全员创新和职工创新创效，为江西高质量发展赋能加力；围绕更高标准打造美丽中国“江西样板”，共青团实施的“赣鄱好青年”选培计划，为凝聚江西发展力量发挥青年生力军、突击队作用；围绕打造对外开放新高地，江西侨联深化“创业中华”品牌活动，为支持和引导侨商侨企助力江西发展，发挥桥梁纽带作用。

（二）强化维权意识，在化解社会矛盾维护社会稳定上做出新贡献

长期以来，非公企业职工维权问题一直是工会工作的薄弱环节。2015 年，江西省总工会开始探索运用“三师一室”的新模式在工业园区内进行维权服务。其中，“三师”团队由律师、劳动关系协调师、健康工程师组成。融合了“三师”队伍的阵地放到工业园区，让关口前移，服务下沉，充分运用群众性、专业化、市场化、社会化的方式为职工服务，力争实现劳动争议不出工业园区、不出企业，打通了服务企业和职工的“最后一公里”。[①] 截至 2021 年底，共有约 2000 名“三师”服务团队在全省的 112 个工业园区，共计为约 48.9 万

① “三师一室”让矛盾纠纷不出企［EB/OL］. https://www.163.com/dy/article/FML37QMS055090RG.html，2020-09-16.

名非公企业职工提供“三师一室”的工会维权服务。工会维权模式的创新有利于更好地协调劳资双方的利益，柔性化解劳资矛盾，劳动关系也随之呈现出更加和谐稳定的局面。近两年来，江西省总工会将“三师一室”维权模式从线下延伸至线上，通过“互联网 +”的模式不断深化、优化工会维权服务工作。

近年来，江西省各级妇联组织推动“法律明白人”培育工程深入实施，不断强化社区妇女“法律明白人”培养质量，充分发挥社区妇女“法律明白人”的骨干作用，推动其积极有效地参与社区公共法律服务、法治宣传和法治创建，影响和带动身边社区居民遵法、学法、守法、用法，切实在基层治理体系中彰显“半边天”作用。“法律明白人”培育工程提升了妇女群众的法治意识和维权意识，助力更高水平的平安江西建设。如吉安市妇联打造“吉先锋巾帼红”品牌，在“两新”组织中成立妇委会，积极参与社区妇女“法律明白人”培养工作，开展公益普法宣传；整合各级妇联执委、村妇女小组长、妇女“法律明白人”等骨干力量组建“井冈红嫂”志愿服务团，常年活跃在基层一线，积极参与法治实践、纠纷调解、移风易俗等基层社会治理。

（三）打造服务品牌，在推动社会发展促进社会和谐上展现新作为

江西省各级工会组织引领职工自觉践行社会主义核心价值观，扎实推进职工道德大讲堂、职工读书活动，全省范围内现有全国工会职工书屋示范点346 家。目前，江西已形成春送岗位、夏送清凉、金秋助学、冬送温暖和技能培训促就业、农民工平安返乡等工会品牌。十年来，发放送温暖款物 20.63 亿元，资助困难职工子女就学 40 余万人次，组织技能培训 26.5 万人次；工会职工服务（帮扶）中心实现市、县全覆盖，帮扶困难职工 166.6 万人次，投入帮扶款物 13.32 亿元；建成工会户外劳动者服务站点 1500 多家，被广大职工称为“爱心驿站”“温暖港湾”。

共青团江西省委不断创新工作思路，打造服务群众新品牌。2019 年，共青团江西省委开始进行“童心港湾”项目的试点，并不断推动“童心港湾”纳入省委党建工作要点、省委改革项目清单、省政府民生实事清单以及全省农村留守儿童留守老人“关爱工程”“幸福江西”建设内容。截至 2022 年底，共青团江西省委以深化童心港湾建设为载体，筹资超 1 亿元、建设 1857 个童心港湾、开展活动 3 万余场次、直接关爱留守儿童 5 万余名，切实把省委、省政府的关心关怀送到孩子们身边。[①] 三年多来，江西各级团委始终坚持建章立制、久久为功，努力把“童心港湾”打造成打基础、管长远的民心工程。

（四）坚持党建引领，在弘扬主旋律构建文明新风尚上实现新发展

江西省各级妇联组织认真遵照文件精神，不断推动“党建带妇建，妇建服务党建”，积极参加基层社会治理。例如，九江市妇联为加强两新组织妇女的政治引领，通过下发文件、召开推进会、现场会、督导会等措施，通过“五定三引”的工作方法，积极推动两新组织党建带妇建工作，团结引领广大妇女听党话、感党恩、跟党走。截至 2022 年初，该市率先在园区、电商、物业、商圈、楼宇、市场、乡村农旅等两新组织建立妇联组织 446 家，打通联系和服务妇女的“最后一公里”。又如，新余市妇联积极发挥村妇女小组长作用，选配 3655 名“渝妗村嫂”，紧紧围绕党政中心工作，积极融入乡村治理“大舞台”，服务全市改革发展大局，充分体现党领导下的新时代巾帼力量。[②]

江西省各级工会组织始终坚持加强对职工的思想政治引领，大力弘扬劳模精神、劳动精神、工匠精神。截至 2022 年 9 月，江西省 1933 人获评全国、省劳动模范和先进工作者，419 个集体获评全国、省五一劳动奖状，1543 人获评全国、省五一劳动奖章，1161 个班组获评全国、省工人先锋号。各级工会组织以弘扬工人阶级伟大品格和社会主义核心价值观为主线，创新宣传理念，丰富宣传形式，加强劳模宣传工作，持续开展“中国梦・劳动美”主题教育，在全社会营造尊重劳模、学习劳模、关爱劳模的良好氛围。

---

① 王晓芸，周颖，张镘雯 . 用心用情 打造“童心港湾”建设“江西样板”［J］. 中国共青团，2022（17）：34-35.

② 刘旭，刘小施 .“渝钤村嫂”融入乡村治理“大舞台”［EB/OL］. https：//finance.sina.com.cn/jjxw/2022-03-29/doc-imcwiwss8667064.shtml ？ cref=cj，2022-03-29.

三、群团组织在参与基层社会治理过程中面临的问题

通过对调查问卷的梳理以及实地走访调研，课题组注意到：一方面，群团组织作为党联系群众的桥梁和纽带，在参与基层社会治理中积极作为，勇于作为，愿意作为，获得了基层群众的认可和期盼；另一方面，群团组织在参与基层社会治理中依然存在一些问题。问卷统计显示，有 91.43% 的受访者认为群团组织参与基层社会治理有一定的困难，认为有很大困难的占比 8.57%。在受访者中，80.05% 的人认为资金筹措最困难，其次是人员组织困难，占比为 60.11%，再就是沟通协调困难，占比 42.86%，还有就是活动组织困难，占比 39.84%。通过调研分析，课题组认为当前群团组织在参与基层社会治理中存在以下问题：

（一）职能交叉重叠，缺乏统筹规划

群团组织响应党中央号召，积极参与基层社会治理，为构建我国社会治理体系现代化作出了重要贡献。但各级群团组织在参与基层社会治理过程中，存在职能重叠、职责不清、统筹不够、协调不足的现象。如共青团组织开展的“童心港湾”，主要对象是留守青少年儿童；工会组织也有针对留守儿童开展的暑期夏令营等活动；妇联组织亦有关爱女童的相关方案和活动。有关组织在方案制定、活动开展、评价考核等方面往往各自下发文件、各自开展活动，没有统一的协调机构进行统筹兼顾，导致本就有限的资源分散使用，未能产生协同效应。

（二）工作后继乏力，缺乏长效机制

座谈中，不少受访者感觉群团组织在参与基层社会治理过程中存在前期工作热情高涨、一哄而上，后期劲头不足、虎头蛇尾、效果不显的现象。究其原因，主要是对基层社会治理的内涵认识不清，对基层社会治理的重要意义理解不透。一些群团组织还存在通过短促出击获得短期效果的情况；一些群团组织存在应付了事的思想，若上级无深入要求，则立马偃旗息鼓；一些群团组织用文件落实文件，力量和资源没有往基层倾斜，导致基层疲于应付，动力不

足。从整体和全局来看，虽然党中央提出了群团组织参与基层社会治理的要求，但部分群团组织目前尚未形成一套有效且能长期坚持和执行的办法与机制，容易使群团组织积极参与基层社会治理的美好初衷悬在空中，难以落地见效。

（三）活动资金欠缺，缺乏内生动力

基层社会治理涉及乡镇街道社区方方面面，牵涉部门众多。各部门资金投入不同，有的是属于本职工作，资金投入理所应当；有的是协助部门，资金投入勉勉强强；有的是文件要求鼓励参与，资金投入明显不足。群团组织基本都属于鼓励参与，并且基层社会治理覆盖面广，资金就像撒胡椒面，虽然面面俱到，却是蜻蜓点水、雨过地皮湿。例如，每个“童心港湾”项目每年付给童伴妈妈的补贴是 3 万元，1857 位童伴妈妈的补贴就是 5000 多万元，如果作为一项长期支出，必然会给共青团组织带来不小的经济压力。由于资金欠缺，使群团组织开展的一些基层社会治理活动面临中途夭折、半途而废的窘境。并且乡镇街道社区本身缺乏资金，在开展基层社会治理工作中更多是得到了上级政策支持和其他社会组织的资金支持，有钱办事、无钱停摆的思维观念依然存在，缺乏内部造血功能，内生动力受到影响。

（四）人力资源不足，缺乏有效激励

群团组织各项工作繁重，在参与基层社会治理方面存在人力不足、精力不够的现实问题。例如，工会组织除承担提升产业工人队伍素质的整体协调推进任务外，还有推进自身“六有六规范”建设以及抓好九大群体入会、开展职工民主管理等本职工作，如果再安排人手参与基层社会治理，颇有一些困难。再比如，要求每位童伴妈妈周六周日都要安排 5 个小时陪伴留守儿童，一些童伴妈妈感觉压力很大。上面布置工作多，基层做事人员少，形成了一对较为突出的矛盾。与此同时，群团组织使用人员过程中，重使用不重管理，重业绩不重发展，给予工作人员的激励有限，激励效果不大，人员流失率较大。

（五）城乡偏向严重，缺乏衔接融合

通过调研，课题组发现，在脱贫攻坚和乡村振兴大背景下，群团组织更侧重于参与农村基层社会治理，而投入城市街道社区基层治理总体不足。即便

在一些街道社区开展基层治理活动，也存在时间短暂、内容单一、拍照留痕、雁过留声等形式主义问题，缺乏更加制度性、规范化的可行性措施，且与农村基层社会治理缺少有效衔接和相互融合，导致城乡治理一重一轻、一热一冷两张皮。究其原因，一方面与政策方向有一定关系，另一方面也与乡村社会治理资源相对薄弱，需要优先补充的现实要求有一定关系。在基层社会治理过程中，群团组织应当统筹城乡基层社会治理，破解城乡基层社会治理不平衡不充分的难题，促进城乡基层社会治理相互衔接、融合发展、共同繁荣，为实现城乡基层治理现代化作出应有贡献。

四、推进江西省群团组织参与基层社会治理的对策建议

党的二十大报告指出，要“健全共建共治共享的社会治理制度，提升社会治理效能”。[①] 根据群团组织参与基层社会治理工作中存在的实际问题，课题组认为，要推进江西省群团组织参与基层社会治理，应该从强化党建引领、注重协调推进、实现功能衔接、加强能力建设等方面抓住关键环节，做好各项工作。

（一）强化党建引领，确保群团组织参与基层社会治理的正确方向

群团事业是党的事业的重要组成部分，党的群团工作是党治国理政的一项经常性、基础性工作，是党组织动员广大人民群众为完成党的中心任务而奋斗的重要法宝。群团组织参与基层社会治理，必须加强党的领导，坚持党建引领。

一是发挥基层党组织在基层社会治理中的核心作用，使基层党组织成为基层社会治理的主心骨。一方面要在党组织的领导下建立基层党组织牵头、群众广泛参与的基层治理制度化渠道，形成城乡基层治理组织体系；另一方面要在党组织的领导下制定和完善基层治理相关政策，协调各方利益关系，确保基层社会治理的目标、方向始终体现党和人民的意志，代表最广大人民群众的根

---

① 党的二十大文件汇编［M］. 北京：党建读物出版社，2022：41.

本利益。

二是发挥基层党组织在基层社会治理中的顶层设计作用，明确群团组织工作职责。针对群团组织在基层社会治理过程中存在的职能交叉重叠、缺乏统筹规划等问题，基层党组织应加强顶层设计，通过有效的制度安排，协调群团组织的力量和工作重点，明确各自的工作对象与工作内容、方法，发挥优势、形成合力。

三是完善党建带群建工作机制，不断扩大群团组织的覆盖面。积极探索群团组织参与基层社会治理的途径和载体。加强群团组织党的建设，将党建引领群建工作纳入基层党组织和群团组织党建工作考核的重要内容，提高基层党组织领导协调基层政权组织、自治组织、群团组织、经济组织和社会组织的能力，丰富基层党组织组织群众、宣传群众、凝聚群众、服务群众的手段。

（二）注重协调推进，集聚群团组织参与基层社会治理的强大合力

群团组织响应党中央号召，积极参与基层社会治理，为构建我国社会治理体系现代化做出重要贡献。

一是成立群团组织参与基层社会治理统筹协调工作领导机构。为了有效推动群团组织参与基层社会治理，应该成立省、市、县（市、区）委领导的基层社会治理统筹协调工作领导小组，对群团组织参与基层社会治理的内容进行分门别类归纳整理，实现资源整合，齐步推进，凝聚群团组织参与基层社会治理的最大合力，真正落实和形成“党委领导、政府负责、社会协同、公众参与、法制保障”的社会治理体制。

二是建立群团组织参与基层社会治理协调机制。针对以往各群团组织在开展基层社会治理中存在的既职能重叠、职责不清，又各自为政、力量分散的现象，各群团组织应建立相应的协调机制，定期研究参与社会治理中存在的共性与特色问题，明确共同的目标与各自不同的着力方向，协调各群团组织的力量和行动，凝聚群团组织参与社会治理力量和智慧。

三是充分发挥群团组织对社会组织的协调作用。联系引导社会组织工作是党中央赋予群团组织的重要使命，也是推动群团改革创新、加强和改进自身

建设的内在要求。群团组织要有效利用联系引导社会组织的优势，充分挖掘社会组织的潜力，多途径拓展参与社会治理的路径，探索形成组织覆盖与项目带动共同推进的工作机制，有效延伸服务手臂，使各种社会组织主动参与到社会治理的具体行动中，真正凝聚起民间的智慧和力量。

（三）实现功能衔接，优化群团组织参与基层社会治理的资源配置

进一步落实《中共中央关于深化党和国家机构改革方案》要求，促进党政机关同群团组织功能有机衔接，支持和鼓励群团组织承接适合由群团组织承担的公共服务职能，增强群团组织团结教育、维护权益、服务群众功能，充分发挥党和政府联系人民群众的桥梁纽带作用。

一是坚持通过先行试点，精选服务内容，优化工作程序。群团组织响应党中央、国务院号召，积极投身基层社会治理，形成有效基层社会治理格局，切忌一拥而上，切忌各自为政，切忌形式主义。省、市、县（市、区）基层社会治理统筹协调工作领导小组应深刻领会党中央的决策部署，明确组织责任，照顾各方利益，建好评价体系，采取试点方式，努力形成可复制可推广的运行模式。在试点过程中，要细心对比试点前和试点后的效果，重点分析试点过程中存在的决策和资金等方面问题，进一步优化各方责任分工，深刻剖析基层群众在参与中存在的问题，寻找出群团组织参与基层社会治理的共性问题和运行规律。

二是坚持因地制宜开展相关治理活动。统筹推进乡镇（街道）和城乡社区治理，是实现国家治理体系和治理能力现代化的基础工程。群团组织参与基层社会治理，既不能把单位治理视同为基层社会治理，也不可把市域治理等同于基层社会治理，更不可眉毛胡子一把抓，在乡镇（街道）和城乡社区采取单一的治理模式。应该根据乡镇（街道）和城乡社区各自存在的问题和特点，针对城乡治理主体异同，因地制宜，因地施策。

三是建立资金保障渠道。群团组织参与基层社会治理，面临的一个较大的困难就是资金的来源和使用问题。协调小组应统筹资金来源渠道，如党政有关部门划拨的涉及基层社会治理的专项资金、群团组织开展基层社会治理的自

筹资金、基层组织的自筹资金（比如从村集体经济收入中支出）、来自于其他社会组织和个人的捐赠（比如乡贤、商会等）。多方筹措资金，确保基层治理有资金启动，有资金运转。资金使用应本着统筹、有效、节约的原则，避免摊子铺得大，资金捉襟见肘。

（四）加强能力建设，打造群团组织参与基层社会治理的长效机制

基层社会治理，面向的是乡镇（街道）和城乡社区的广大人民群众。人民群众既是基层社会治理的对象，更是基层社会治理的主体。

一是各群团组织要为基层社会治理配备充足的力量。群团组织要坚持重心下移，力量配备、服务资源向基层倾斜，采取切实措施解决基层缺人、缺钱、缺物等实际问题，着力加强各群团基层组织带头人队伍建设，采取专、兼、挂等方式为基层配备干部，同时解决好他们的待遇，充分调动他们参与基层社会治理的积极性。

二是加强对群团基层干部的培训工作，不断提高其从事基层社会治理的能力和素质。各群团组织要按照干部培训规划要求，制定分层分类培训群团基层干部计划，并将其纳入各级党委组织部门干部培训的总盘子。通过培训，帮助群团基层干部加强对党和政府各项惠民政策的了解和把握、提高对社会公共事务的治理水平、提高做好群众工作的本领，强化服务意识和服务能力，不断提高从事基层社会治理的能力和素质。

三是充分发挥积极分子参与基层社会治理的主动性和积极性。基层治理需要依靠外嵌和输入等方式进行介入式治理，更要充分发挥基层人民群众尤其是积极分子参与基层社会治理的主动性和积极性，培育基层社会治理的内在动力，这样才能凝聚基层人民群众的智慧和力量，实现基层社会治理的目标。如赣州市用积分制引领乡风文明、乡村振兴工作，其中安远县各行政村普遍用集体经济的部分收入作为积分制工作的资金保障，同时依靠本村村民组成志愿服务队，激发村民参与志愿服务热情，营造以村民为主体参与的向上向善的良好社会风气。